Um psicólogo no Tribunal de Família

Hélio Cardoso de Miranda Júnior

Um psicólogo no Tribunal de Família

a prática na interface Direito e Psicanálise

2ª EDIÇÃO

Artesã

Um psicólogo no Tribunal de Família: a prática na interface Direito e Psicanálise

2ª edição

DIRETOR
Alcebino Santana

DIREÇÃO DE ARTE
Tiago Rabello

REVISÃO
Antônio Carlos Santini

CAPA
Artesã Editora

PROJETO GRÁFICO E DIAGRAMAÇÃO
Conrado Esteves

Catalogação na publicação
Elaborada por Bibliotecária Janaina Ramos – CRB-8/9166

M672p

Miranda Júnior, Hélio Cardoso de

Um psicólogo no Tribunal de Família: a prática na interface direito e psicanálise / Hélio Cardoso de Miranda Júnior. – 2. ed. – Belo Horizonte: Artesã, 2024.

264 p.; 16 X 23 cm

ISBN 978-85-7074-117-2

1. Direito de família - aspectos psicológicos. 2. Psicanálise. 3. Psicologia jurídica. I. Miranda Júnior, Hélio Cardoso de. II. Título.

CDD 346.81015

Índice para catálogo sistemático
I. Direito de família - aspectos psicológicos

IMPRESSO NO BRASIL
Printed in Brazil

(31) 2511-2040 (31) 99403-2227
www.artesaeditora.com.br
Rua Rio Pomba 455, Carlos Prates - Cep: 30720-290 | Belo Horizonte - MG
/artesaeditora

Para minha família,
sobretudo para os meus pais,
e para Camille e Janice.

O verdadeiro problema não é estudar como a vida humana se submete às regras – ela simplesmente não se submete – o verdadeiro problema é saber como as regras se adaptaram à vida.

MALINOWSKI

O Verbo não é simplesmente para nós a lei onde nos inserimos para portar, cada um de nós, a carga da dívida que faz nosso destino. Ele abre para nós a possibilidade, a tentação de onde é possível nos maldizermos, não somente como destino particular, como vida, mas como o próprio caminho onde o Verbo nos conduz, e como encontro com a verdade, como hora da verdade.

LACAN

LISTAS DE SIGLAS

CF – Constituição da República Federativa do Brasil

CC – Código Civil

CPC – Código do Processo Civil

CP – Código Penal

CPP – Código do Processo Penal

CFP – Conselho Federal de Psicologia

ECA – Estatuto da Criança e do Adolescente

SUMÁRIO

INTRODUÇÃO

Muito tem sido produzido recentemente sobre a interface Direito, Psicologia e Psicanálise. Além das proximidades discursivas, há que se lembrar de que entre aqueles chamados pelas instituições judiciárias a trabalharem nessa interface, compondo equipes técnicas ou exercendo a função de perito, estão também os psicanalistas.

Porém, pouco se produziu até o momento sobre a práxis do psicanalista na instituição judiciária. Ademais, tal produção ainda carece de fundamentação adequada em muitos aspectos e, talvez por isto, não consiga convencer plenamente que a utilização da psicanálise nessa interface possa não se reduzir a um mero instrumento teórico de interpretação dos fenômenos, o que desvirtua sua potencialidade questionadora, cujo fundamento está na noção de desejo e no seu mal-estar inerente.

Em vários trabalhos anteriores, a preocupação que nos guiou foi a de destacar a prática do psicanalista nessa interface, tentando compreender as possibilidades e os limites do trabalho na instituição judiciária que trata das questões de Direito de Família[1]. A proposta de pesquisa, delineada a seguir, tem como foco essa questão.

Direito, Psicologia e Psicanálise

A Justiça moderna tende a absorver cada vez mais contribuições de diversos campos do saber. A interface Psicologia e Direito, apesar de não ser recente, é foco de pesquisas e publicações no Brasil há

[1] Alguns textos serão indicados no decorrer deste trabalho.

pouco tempo. Os psicólogos chamados para trabalhar nessa interface estão prestando serviço ao judiciário na forma de perícias, trabalhos de acompanhamento, orientação, entre outros.

Historicamente, a primeira demanda feita à Psicologia em nome da Justiça ocorreu no campo do exame e da psicopatologia. Desde cedo, a ciência médica foi chamada a se posicionar sobre questões de direito por meio da atividade do exame. Conforme Foucault (1993), desde suas origens, a psiquiatria encontra-se justamente nesses interstícios discursivos do saber que articulam subjetividade, direito, moral e poder. Essa função surge primeiramente no campo da criminologia. Neste mesmo esteio, os psicólogos eram chamados a fornecer um parecer pericial no qual, pelo uso "neutro" dos instrumentos e das técnicas de avaliação psicológica, emitiam um laudo informando à instituição judiciária, via seus representantes, um mapa subjetivo do sujeito diagnosticado. O objetivo era melhor instruir a instituição para as tomadas de decisões supostamente mais fundamentadas e, portanto, mais justas. Os profissionais que executavam esse tipo de trabalho, geralmente realizavam a avaliação com base na ideia de uma subjetividade individual descontextualizada e objetivada; em outros termos, reificada. Nesse sentido, podemos dizer que nas primeiras décadas do século XX, a ciência psicológica serviu como mais uma das técnicas de exame. Um exemplo dessa visão centrada na psicopatologia e na criminologia pode ser encontrado no livro *Manual de Psicologia Jurídica*, de Mira Y López (1945), cuja primeira edição é de 1936.

Esse tipo de avaliação psicológica continua a ser realizado hoje, geralmente com procedimentos aperfeiçoados e com postura mais crítica. É esse trabalho pericial (ou de exame/avaliação) que responde mais diretamente à demanda própria da instituição jurídica, pois está a serviço da produção de uma verdade que auxilie a tomada de uma decisão judicial.

Desde os seus primórdios, a Psicanálise também foi chamada a participar da busca da verdade jurídica. Vale registrar as observações de Freud (1906/1980) sobre os limites dessa aplicação. Sua argumentação, justamente a respeito da área criminal, tem como base a ideia de que o método psicanalítico, apesar do objetivo intrínseco da investigação, tem particularidades que dificultam sua aplicação aos objetivos judiciários.

Apesar disso, a Psicanálise continuou a ser utilizada nessa interface, o que podemos constatar pelo próprio Freud em texto de 1930 intitulado *O parecer do perito no caso Halsmann* (Freud, 1930/1980).

As práticas atuais

O trabalho do psicólogo vinculado ao campo do Direito e da Justiça cresceu em termos quantitativos ao longo das últimas décadas. Isso pode ser verificado na participação dos psicólogos no trabalho com as crianças e com os adolescentes, desde as décadas de 70 e 80, em instituições como a FEBEM e a FUNABEM e, mais recentemente, sua inserção em programas e projetos vinculados à proteção aos direitos deste público em órgãos do Poder Executivo[2]. A partir de 1988, época da promulgação da Constituição Federal, a legislação, absorveu e caucionou o discurso científico-psicológico e estabeleceu como necessário, em muitos casos, a participação do psicólogo no âmbito judiciário. Um exemplo disso é o Estatuto da Criança e do Adolescente (ECA), de 1990, que veio afirmar de forma incisiva a necessidade da presença do psicólogo na lida com as questões próprias da área. (Art. 150 e 151) Com isso, registra-se um reconhecimento social importante para a Psicologia e a concomitante absorção de psicólogos nos Tribunais de Justiça por concurso público. Alguns estados brasileiros, como São Paulo, absorveram psicólogos no Tribunal de Justiça por meio de concursos públicos antes mesmo da aprovação do ECA. Esses trabalhos pioneiros foram muito importantes para a efetivação e transformação da prática do psicólogo nessas instituições.

Recentemente, a Lei nº. 11.698/2008 que modificou os artigos 1583 e 1584 do Código Civil, referentes à guarda de crianças e instituiu a guarda compartilhada, também menciona que "para estabelecer as

---

[2] Em Belo Horizonte, é marcante a participação de psicólogos e psicanalistas no Programa de Liberdade Assistida e no Programa de Prestação de Serviços à Comunidade, nos quais são acompanhadas as execuções de medidas socioeducativas aplicadas pelo Poder Judiciário ao adolescente autor de ato infracional. Podemos citar também os Serviços de Orientação Sociofamiliar, os Conselhos Tutelares, entre outros.

atribuições do pai e da mãe e os períodos de convivência sob guarda compartilhada, o juiz, de ofício ou a requerimento do Ministério Público, poderá basear-se em orientação técnico-profissional ou de equipe interdisciplinar". (Art. 1.584 § 3º).

A inovação da definição do lugar do psicólogo judicial presente no ECA e a nova demanda que aí se criou, juntamente com o fortalecimento da rede de proteção da criança e do adolescente por meio dos Conselhos Tutelares e da maior participação do Ministério Público, suscitaram questões referentes ao exercício da função pericial exigida anteriormente.

Tanto a redação do ECA quanto a modificação legal dos artigos 1583 e 1584 do Código Civil favorecem a colocação do psicólogo na situação de uma encruzilhada, como afirmam Ramos e Shine (1994) e com a qual concorda Denise Silva (2003), entre a ética do cuidado (ideal terapêutico) e a lógica da Justiça (produção da "verdade")[3]. Sua função oscila entre limitar-se à tarefa de avaliar o indivíduo e a família ou intervir no conflito familiar e, assim, transcender o dualismo certo/errado, ganhador/perdedor, inocente/culpado esperado pelo Judiciário.

A partir dessas questões, os psicólogos passaram a discutir a chamada "psicologia jurídica" no campo da família, da criança e do adolescente para tentar definir sua sustentação teórica, sua função social e suas principais práticas. Hoje, há literatura ampla sobre o tema, porém ainda pouco convergente. Como é comum ao campo científico brasileiro, muitas práticas e teorizações ainda são locais, não divulgadas para um fórum de debates.

Os autores, os teóricos e os profissionais implicados no campo do direito de família se dividem em, basicamente, três posições a respeito dos pontos citados anteriormente.

Um primeiro grupo defende que a prática do psicólogo junto às Varas de Família tem caráter pericial, não mantendo uma distância

---

[3] É importante citar também a Lei nº 12.318, de 26 de agosto de 2010, conhecida como Lei da Alienação Parental, que também prevê exame a ser realizado por psicólogo para instruir o processo e auxiliar na decisão do magistrado. Não trataremos especificamente deste tema neste livro.

muito grande em relação à perícia propriamente dita. Nesse grupo, inserem-se mais explicitamente os psicólogos que utilizam testes para a avaliação psicológica. Um segundo grupo, em geral influenciado pela Psicanálise, defende que o trabalho do psicólogo não é pericial, devendo se pautar pela escuta da singularidade e pela intervenção na dinâmica familiar. Nesse grupo, também podem ser incluídos os psicólogos com formação em teoria sistêmica, presentes também na literatura que defende a intervenção no conflito. O terceiro grupo oscila entre os dois primeiros. Os autores defendem a prática em seu caráter pericial, mas procuram delimitá-la em função de peculiaridades do campo e do exercício da Psicologia, em um esforço para indicar as particularidades da perícia psicológica. Em tal grupo podem ser encontrados autores de perspectivas e orientações diversas, sejam de cunho estritamente clínico-psicológico, sejam de cunho social.

A questão de pesquisa

Os posicionamentos dos autores relativos à bibliografia pesquisada no texto citado se distinguem em relação direta com as diferenças de compreensão sobre o objeto, o objetivo, o foco de atenção do trabalho e a própria organização da instituição.

Avaliar (investigar) e intervir continuam sendo nomes dos polos de oscilação do trabalho. A questão é: Em quais lugares epistemológicos se assentam essas duas possibilidades?

Nossa posição situa-se no segundo grupo, e a questão central nesta pesquisa é, portanto, verificar a possibilidade de trabalho do psicanalista em uma instituição jurídica no trato com as questões do direito de família na interface entre a demanda institucional e a ética que orienta a sua práxis.

A pergunta que inicia a discussão com base no posicionamento citado é: É possível afirmar que o psicanalista nesse lugar institucional não executa uma perícia?

Se a resposta for a de que o psicanalista executa uma perícia, será preciso questionar o uso da Psicanálise para a produção de um saber normatizante em meio ao biopoder, quer dizer, em meio às técnicas de controle dos corpos e das subjetividades, das quais a Psicologia faz parte no entendimento de Foucault (2005). Roudinesco (2003, p. 87) também aponta a utilização da Psicanálise nessa mesma vertente pelas mais diversas correntes político-ideológicas durante o século XX, entre elas a dos próprios psicanalistas que enxergaram no complexo de Édipo[4] "um modelo psicológico capaz de restaurar uma ordem familiar normalizante na qual as figuras do pai e da mãe seriam determinadas pelo primado da diferença sexual". Assim, cada filho era chamado a se tornar o rival de seu pai, e cada filha a ser concorrente de sua mãe. Para ela, quando a Psicanálise se encerra nessa leitura do complexo, "arrisca-se a se transformar em um procedimento de perícia que merece a hostilidade a ele reservada" (p. 90).

Portanto, quando nas primeiras décadas do século XX a família se torna objeto de política de controle centrada na prevenção das anomalias sociais e psíquicas a fim de garantir o desenvolvimento de seus membros, a Psicanálise compõe o projeto profilático juntamente com a Pedagogia, a Medicina (em especial a Psiquiatria) e a Psicologia. Donzelot (1980) chamou os trabalhadores especializados neste campo de "técnicos da relação". Já nas décadas de 60 e 70 surge uma terminologia técnica, relacionada à noção de parentalidade, de origem anglófona, a partir da qual se avaliava a qualidade de ser pai e ser mãe, a faculdade de exercer bem tal função. Para Roudinesco (2003), tal terminologia indica o fim da configuração romanesca e mítica que alimentara o discurso sobre as relações entre os homens e as mulheres, entre os sexos e os gêneros, entre o destino e o sujeito durante muitos séculos, produzindo um "universo funcionalista de onde fora evacuado todo o sentido do trágico" (p. 157).

Sabe-se que, no rigor de sua proposta, a Psicanálise confronta as idealizações e as psicologizações do indivíduo moderno. Contra toda forma de conhecimento que é chamado de ciências humanas, Jacques Lacan opõe sua noção do sujeito representado no liame entre os significantes, cujo caráter material e contingencial não pode ser desprezado. Entretanto, sabemos também que qualquer teoria, inclusive

---

[4] O Complexo de Édipo é um conceito importante que utilizaremos várias vezes. Para facilitar a escrita, registraremos apenas *Édipo*, porém é a esse conceito que estaremos nos referindo.

a Psicanálise, pode servir para explicar e justificar formas de controle e de exercício do saber-poder.

Por outro lado, retornando à questão que inicia nossa discussão, se a resposta for a de que o psicanalista não executa uma perícia, devemos nos perguntar, então, o que ele faz, pois ao final do seu trabalho, o qual em geral tem um tempo delimitado, emite um laudo como qualquer outro psicólogo no mesmo lugar, submetido ao mesmo discurso e, assim, fornece ao juiz um saber escrito que, como documento com valor de prova, compõe os processos judiciais, influenciando as atitudes posteriores dos envolvidos no conflito e, talvez também, a decisão judicial a ser tomada.

O judiciário é palco de histórias e cenas familiares. Ali, o sofrimento que psicanaliticamente advém do mal-estar inerente à cultura encontra uma forma particular de se expressar e de demandar alívio. Mas não é um palco passivo, pois, na verdade, fornece uma linguagem, um discurso, que também ajuda a constituir essa família. Porém, para o psicanalista que recebe uma família a ser escutada (avaliada?), a dimensão do trabalho poderia se reduzir às idiossincrasias desse discurso articulado pela norma? Como considerar o registro do conflito, do pulsional, do eu que não é senhor de si, no seio da normatividade engendrada pelo biopoder?

Os principais textos existentes sobre o assunto utilizam conceitos como o de entrevistas preliminares e retificação subjetiva para nomear as possibilidades de intervenção no conflito familiar. Mas como entender a retificação subjetiva sem fazer referência à transferência? Qual a possibilidade de manejo da transferência em um trabalho institucional? A demanda do sujeito que fala é dirigida a quem? Seria possível deslocá-la para uma posição de questionamento acerca do desejo?

Considerando essas questões, o desafio a que nos propomos neste texto é verificar a possibilidade de adjetivar como psicanalítica uma prática vinculada ao exercício da escuta no âmbito dos processos judiciais em direito de família.

Para buscar uma resposta a tal desafio, fundamento-me em minha inserção como psicólogo judicial no Tribunal de Justiça de Minas Gerais, Fórum Lafayette, em Belo Horizonte, desde 1994, trabalhando com processos judiciais em direito de família.

O ponto central de trabalho são as questões de família que, inseridas no discurso jurídico, estão a demandar uma decisão ou uma legitimação. Tais questões se transformam em processos judiciais que são tomados como "casos". Para fazer a interface entre os dois campos, direito e psicanálise no âmbito da família, utilizamos a noção de *cena* da forma como esboçado no percurso a seguir:

O capítulo 1, *A Cena Jurídica*, introduz o leitor no mundo jurídico por meio de um percurso sucinto pelas ideias de norma e regra, presentes em todas as sociedades e apropriadas na nossa por um corpo de conhecimento específico que é o direito. Indicam-se as concepções sobre o direito na modernidade e contextualiza-se a família no âmbito do direito positivado – das leis escritas e legitimadas socialmente – para permitir compreender no que se constitui um processo judicial em direito de família. Expõe-se também o trabalho do psicólogo nas Varas de Família, em Belo Horizonte, em seus procedimentos básicos. Por fim, propõe-se uma leitura do processo judicial como cena social, como montagem discursiva que organiza os fatos e os valora com fins de obter a solução de um conflito e a manutenção da ordem social.

O capítulo 2, *A Cena Psicanalítica*, se propõe a articular teoricamente a noção da outra cena, a cena do inconsciente, constatada pela Psicanálise em sua prática e teorizada com base em conceitos, como complexo de Édipo e fantasia. Nesse capítulo, trata-se também da *cena psicanalítica e a família* para propor uma leitura das relações familiares à luz da noção de cena inconsciente. É esta a cena familiar aberta ao psicanalista quando ele se coloca à escuta dos sujeitos que compõem a família.

É por esse caminho que podemos propor novas maneiras de compreender a cena familiar em sua relação com a norma e com o desejo. As chamadas novas configurações familiares demandam essa reflexão. Hoje, como exemplo dessas novas configurações familiares, além das famílias chamadas reconstituídas, cujos laços e alianças se expandem em direções diversas, há famílias chamadas homoparentais, cuja emergência traz em seu bojo questões sobre, por exemplo, a identificação e a filiação. Encontramos também as famílias construídas sobre relações diretas com a ciência, nas fecundações *in vitro*, no esperma congelado e colocado em testamento ou nos óvulos cedidos de uma mulher para serem fecundados por um homem e colocados em outra mulher para que, no nascimento, a criança seja entregue a uma terceira pessoa que o encomendou; esta última, juridicamente, a mãe da criança. Roudinesco (2003) dá vários exemplos em seu texto.

No capítulo 3, *O Psicanalista no Tribunal de Família*, explicitam-se as questões críticas sobre a posição pericial do psicólogo na área de família, tendo por base Foucault e Lacan, e se propõem as bases metodológicas para o trabalho com os casos no âmbito jurídico a partir da posição do psicanalista na escuta e no manejo da transferência em meio às cenas que se superpõem. Isso significa abordar a questão da chamada "Psicanálise aplicada" e compreender que, se a diferença do trabalho do psicanalista com o trabalho pericial não está simplesmente no uso da teoria, ela só pode ser localizada na *posição do psicanalista frente ao sujeito que fala*. Esta asserção encontra-se embasada nas proposições de Lacan acerca da estrutura da experiência analítica, e é o ponto desenvolvido também neste capítulo. Tais bases fundamentam também a leitura teórica dos casos.

O capítulo 4 apresenta a exposição dos casos escolhidos para este trabalho. Como o interesse central é o de verificar a possibilidade de sistematizar a prática do psicanalista na instituição jurídica, os casos foram escolhidos por representarem conflitos familiares que indicavam a necessidade de intervenção. Em cada um deles, discutem-se as possibilidades e os impasses da intervenção no âmbito jurídico[5].

No capítulo 5, retomamos o percurso feito e retiramos dele as conclusões possíveis, tanto com relação às possibilidades do trabalho quanto com relação aos impasses desta experiência. Nesse capítulo, também procuramos indicar outros pontos que merecem novas pesquisas.

---

[5] Como já mencionado antes, não trataremos de casos nomeados como alienação parental. As questões que envolvem os acontecimentos e fenômenos relacionados a esta questão podem ser percebidos nos casos apresentados, porém, no tempo de consecução da pesquisa que originou a redação desse livro ainda não havia sido aprovada a lei referente à alienação parental. De qualquer forma, as questões relacionadas a casos assim nomeados no discurso jurídico são as mesmas que existem em diversos conflitos de família, principalmente aqueles relacionados à convivência parental, como é possível perceber no capítulo 4.

Empreender este trabalho é importante para podermos colher desta interface, além de uma resposta possível sobre a prática do psicanalista na instituição jurídica, questões que movimentem ambos os campos, problematizando conceitos e aplicações conceituais que não respondem mais à realidade atual. Acreditamos que enfrentar tal desafio é andar no fio da navalha da interface, já que ela exige muito do pesquisador. Porém, também indica a possibilidade de bons frutos.

1. A CENA JURÍDICA

As instituições judiciárias e o discurso jurídico serão tomados aqui como parte do cenário social que auxilia a sustentar o laço que mantém a sociedade humana. Nesse sentido, elas se constituem como cena, como ritualização de aspectos fundamentais da realidade humana que sustentam a convivência em sociedade. Sociedade esta que não existe sem o intercâmbio e sem a regra para o intercâmbio.

Para isso, empreendemos um percurso sobre o discurso jurídico e a formalização da realidade que ele promove ao solucionar conflitos e indicar um dever-ser. A ciência que sustenta tal discurso em nossa cultura é o Direito e nela fomos buscar as fontes para compreender o formato judicial de resolução dos conflitos de família judicialmente. Temos a clara noção de que o fizemos de forma esquemática, cotejando textos importantes e recortando o corpo de conhecimentos jurídicos grosseiramente. Porém, não há meio de contextualizar a família no âmbito jurídico sem nos arriscarmos dessa forma. Ademais, talvez o texto possa incitar a curiosidade do leitor a se aprofundar em questões específicas.

Para aqueles que não são operadores do direito, o percurso sobre a formalização do conflito no âmbito jurídico pode ser penoso devido ao vocabulário específico e a lógicas próprias que movimentam este discurso. Contudo, é um percurso necessário a fim de que possamos compreender a família no Tribunal e a proposta sobre a atuação do psicanalista convocado por esse discurso. Além do mais, este percurso demonstra o esforço de rigor e racionalidade dos representantes deste discurso que, apesar disto, não consegue capturar plenamente o movimento da vida em suas determinações. Na verdade, a vida cria outra situação nova após cada nova norma. O constante fracasso da racionalidade, depois de cada sucesso, é talvez o fundamento daquilo que é apaixonante no discurso jurídico e que sustenta o debate político inerente a este discurso.

1.1 – A lei demasiada humana

Não há grupo humano que não tenha regras. Isto é um fato. Para muitos filósofos, juristas, psicólogos e psicanalistas, é justamente a enunciação de regras que nos faz distintos dos grupos de outros animais. Alguns animais têm um nível de organização curioso em seus grupos, mas nenhum deles, pelo que se sabe até hoje, criou as regras que segue ou as modificou a partir de uma atividade mental ou de um ato de vontade. Além disso, nenhum deles tem uma forma de transmissão da regra pela linguagem.

Pensar a origem do direito é cogitar sobre as regras que ordenam a convivência desde tempos dos quais temos apenas resquícios de um quebra-cabeça no qual faltam muitas peças.

Para muitos autores, desde que o grupo humano estabeleceu normas de convivência pelo costume, pela autoridade ou pela escrita, surgiram os rudimentos do que hoje nossa sociedade nomeia como direito[6]. Regras de aliança com grupos rivais ou inimigos, regras de convivência entre os pertencentes ao mesmo agrupamento, regras de parentesco e matrimônio (que também servem para a aliança com outros grupos), regras sobre domínio e posse, regras para diferenciar crianças de adultos, regras sobre as trocas sociais e o comércio, sobre a herança, sobre o uso do trabalho alheio, regras sobre os crimes e as punições... uma extensa lista.

Quanto mais se tornava complexa a sociedade humana, mais regras foram necessárias e mais claras elas precisavam ser. Com isso, tornou-se imprescindível, em organizações sociais como a nossa, a criação de normas sobre como se fazem as normas – a legitimidade do ato de legislar – e também sobre como se julgam as transgressões e os conflitos – a legitimidade do ato de julgar.

---

[6] *Ubi societas, ibi jus* – não há sociedade sem direito nem direito sem sociedade.

O fato é que a necessidade de ter regras bem estabelecidas, que permitissem as trocas serem realizadas nos grupos humanos, e também os julgamentos, encontra-se, hoje, descoberta em diversas fontes históricas. Exemplos conhecidos são o Código de Lipit-Istar, vigente na Suméria em 1900 a.C.; o Código de Bilalama, da Babilônia de 1970 a.C.; o Código de Ur-Namu, de 2.050 a.C.; e um outro, da sociedade babilônica, que é mais conhecido, o célebre Código de Hamurabi, de cerca de 1.750 a.C.[7]. Isso para não falar de outras leis constituintes do discurso judaico-cristão: os Dez Mandamentos, a Lei de Talião, etc.

Mesmo em sociedades tribais, as normas que regem o grupo são fundamentais. Três estudos clássicos podem ser citados para demonstrar isso: Malinowski (2003), que estudou a submissão à lei e à ordem para as sociedades "selvagens"; Mauss (2003), com o "Ensaio sobre a dádiva", no qual estuda a regra que, nas sociedades arcaicas, obriga a troca de presentes, a circulação das coisas entre as pessoas[8] e, por fim, Lévi-Strauss, com seu texto "Estruturas Elementares do Parentesco" (1982), no qual propõe a formação das alianças em sua relação com o tabu do incesto.

É também digno de registro que as leis e as normas estiveram ligadas, desde cedo, a fatores místicos e religiosos. Conceder autoridade a alguém investia o líder de uma aura divina e, em algumas sociedades, tal investidura foi fundamental para a união em torno de sua imagem, em torno do exercício do poder. Ademais, conforme Mauss (2003), o ritual religioso, como o próprio nome diz, é um acontecimento carregado de regras que visa, muitas vezes, ao cumprimento de uma outra regra de troca entre os homens e as divindades.

A norma em seu sentido amplo regula as ações e as condutas, diminui o poder de todos em benefício, teoricamente, também de todos. Porém, é preciso que alguns sejam investidos de maior poder para exercer as funções de governar, orientar, administrar, julgar. As razões da escolha daquele que exercerá estas funções sempre variaram

---

[7] Cf. compilação feita por Nascimento (2004).

[8] O autor afirma que visava a atingir, "de certo modo arqueológico", conclusões acerca da natureza das transações humanas, antes da instituição dos mercadores e da invenção da moeda.

muito: idade, inteligência, descendência, força física, etc. São muitas as histórias e os seus desfechos; entretanto, em todas elas esteve presente a noção de realização da justiça. As leis não têm eficácia duradoura se não permitem manter a ideia de justiça.

E a justiça, a realização de um justo, de uma medida, é necessária mesmo considerando o conflito entre a lei rigorosa e o uso legalizado, entre o desvio tolerável – pois a lei não espera que todos vivamos de acordo com as normas ideais – e o desvio que gera a reação da sociedade ou de uma instituição, como afirma Bohannan (1966); ou entre aquilo que pode ser transgredido sem se tornar público e a necessidade de punir o que se torna de domínio público, como destaca Malinowski (1926/2003). Em torno da realização da justiça criou-se, na sociedade ocidental, a ciência do Direito.

A palavra "direito" formou-se da junção latina entre *dis* (muito, intenso) e *rectum* (reto, justo), donde *disrectum*, e depois, *directum*, que significa, então, "muito reto" e "muito justo". Curiosamente, *directum* é do latim popular e também se relaciona ao verbo *dirigere* (dirigir, ordenar, endireitar), donde se deduz o sentido do que, sendo reto, segue uma só direção, ou seja, tudo que é conforme a razão, a justiça e a equidade. No latim clássico, utilizava-se a palavra *ius* (ou *jus*), provavelmente originada do sânscrito *iás*, relativa ao recinto sagrado em que se ministrava a justiça. O *jus* romano enfatizava a ideia de proteção e salvação, ideia que faz do direito uma faculdade e não uma norma obrigatória[9].

Nosso direito pertence à linhagem jurídica romano-germânica, ou seja, o direito romano – Direito de Roma, que não separava o direito em ramos diferenciados – mesclado às contribuições dos povos bárbaros que dominaram as regiões do Império Romano na época de sua decadência. No período feudal, na Alta Idade Média, o Direito não se encontrava sistematizado; predominava o Direito Canônico para as

---

[9] O que segue sobre a história do Direito tem por base: NASCIMENTO, W. *op.cit.*; BITTAR, E. C. B.; ALMEIDA, G. A. **Curso de Filosofia do Direito**. 4 ed. São Paulo: Atlas, 2005; FIÚZA, C. **Direito Civil**: curso completo. 9 ed. Belo Horizonte: Del Rey, 2006; FERRAZ Jr., T. S. **A ciência do direito**. 2 ed. São Paulo: Atlas, 1980; SILVA, De Plácido. **Vocabulário Jurídico**. 20 ed. Rio de Janeiro: Forense, 2002.

questões internas da Igreja, instituição essa que se firmou e se unificou naquele período, e os costumes locais para dirimir os conflitos em geral. Foi um período caracterizado também por uma tradição oral no Direito, pois ainda não havia o direito escrito, e pelas ordálias, termo que designa as provas por meio das quais os indivíduos solucionavam conflitos e produziam a verdade da justiça. Alguns exemplos são os duelos e jogos divinos, os juramentos, a prova pelo fogo, a prova de bebidas amargas, a prova da água fria, etc.

Na Baixa Idade Média dominaram os glosadores, juristas que tomaram por base os textos do Imperador Justiniano e deram-lhe um tratamento metódico, desenvolvendo uma técnica especial de abordagem de textos pré-fabricados e aceitos por sua autoridade. Dessa confrontação entre o texto estabelecido e o seu tratamento explicativo nasceu a dogmática jurídica. O texto era a própria encarnação da razão e o trabalho dos juristas era o de harmonização na elaboração de uma concordância. Um dos métodos mais simples era a subordinação (hierárquica) de autoridades. Daí o caráter exegético de seus propósitos.

O direito que nos interessa é o direito nascido no século XVI, quando o pensamento jurídico dos glosadores começou a sofrer críticas, sobretudo acerca da falta de sistematicidade. Naquele período, a sociedade ocidental estava às voltas com a consolidação das nações e com o problema da submissão dos povos a um soberano, e depois, a um Estado, o Estado Nacional Absolutista. Outros acontecimentos compuseram o mesmo período e foram marcantes para o movimento em direção à modernidade. De forma resumida, tal época foi marcada por certa pacificação na Europa, pelo surgimento do mercado, da indústria, do comércio ampliado, dos bancos e da circulação monetária, das grandes navegações, da urbanização, da criação das universidades e das Escolas de Direito, pelo Renascimento e o estudo dos clássicos, e pela ênfase na racionalidade, com o incremento da atividade científica. É a partir daí, com as leis escritas, que vai se instituir com mais clareza a diferença entre o *direito subjetivo* – o fato de alguém considerar que tem um direito, a faculdade de exigir proteção de um interesse em nome de uma lei, ou seja, o *jus* romano citado antes, compreendido como a fruição e o gozo do que nos pertence ou do que nos foi dado – e o *direito objetivo* – a soma de preceitos, regras e leis, com as respectivas sanções, que regem as relações entre os homens em sociedade, promovem o reconhecimento deste direito pelos outros homens, cuja característica dominante é a coação social. Todo direito de alguém implica a obrigação de outrem em respeitá-lo e encontra respaldo para isto na proteção social e na coação social. Implica também um titular do direito, chamado sujeito do direito, e um objeto do direito, no qual incide sua fruição ou gozo a partir de uma relação jurídica.

Com a secularização do direito e a consolidação do Estado, a atividade legislativa se intensificou e a Justiça se tornou mais centralizada com a criação dos tribunais. Os juízes se profissionalizaram e o direito se tornou mais patrimonialista, individualista e racional. Os sistemas de prova das ordálias, baseado em duelos e jogos divinos, foram substituídos por outros baseados em meios racionais de prova.

Vamos destacar três "roupagens" que o pensamento jurídico assumiu na sua proposta de se apresentar como ciência a partir daí: o Jusnaturalismo, a Escola Histórica e o Positivismo.

Do Jusnaturalismo podemos também destacar três versões fundamentais que reúnem as diversas concepções sobre o direito natural: a lei ditada por uma vontade divina; a lei conatural aos seres animados, a guisa de instinto; e a lei ditada pela razão, ou seja, a ideia de que o Direito é um conjunto de princípios básicos cuja fonte é a natureza humana, sendo que as características de tal natureza podem ser descobertas por meio da observação racional. Nesse sentido, o direito é um conjunto de normas logicamente anteriores e eticamente superiores às do Estado. Hoje, as ideias fundadoras desses direitos se encontram, por exemplo, na defesa de direitos individuais como os de vida, liberdade, dignidade e dos direitos patrimoniais que asseguram a existência do homem.

A maior contribuição do jusnaturalismo moderno ao direito privado foi o conceito de sistema. A partir da sistematização das normas, que pressupõe a correção e a perfeição formal de uma dedução, a jurisprudência passou a possuir o caráter lógico-demonstrativo de um sistema fechado. A redução das proposições a relações lógicas é um pressuposto da formulação de "leis naturais", universalmente válidas, com as quais toda a ciência da época se via implicada a partir do projeto da descoberta dos elementos simples e de sua composição progressiva – o que indica o projeto de uma ordenação exaustiva. De acordo com Foucault[10] (apud FERRAZ JR. 1980, p. 25), tal projeto se associa a um método de estabelecimento de identidades e diferenças por aproximações sucessivas. Tal redução aplicada ao direito conferiu a este uma dignidade metodológica especial.

Com o Jusnaturalismo moderno, a ciência do Direito rompe com o *procedimento* dogmático fundado na autoridade, mas não com o *caráter* dogmático, que na verdade tentou aperfeiçoar dando-lhe a qualidade de *sistema* construído em nome da razão. Sistema não só conforme o rigor lógico da dedução, mas instrumento de crítica da realidade do direito posto em nome de padrões éticos contidos nos princípios reconhecidos pela razão.

Tal sistema ganha a qualidade da contingência com a Escola Histórica. Os representantes dessa escola questionavam a "crença ilimitada" na razão humana presente entre os jusnaturalistas. Para eles, era preciso compreender a ciência jurídica como ciência histórica, donde a dogmática jurídica como história do direito, que tem sua essência dada pela História[11]. Dessa escola originou o pandectismo, movimento que se dedicou à pesquisa dos *Pandectas* ou *Digesto* do Imperador Justiniano, compilador dos textos romanos. Na França, destacou-se a Escola da Exegese, que se constituiu por meio da discussão do Código de Napoleão de 1.804 advogando a codificação das normas – emanadas do povo – sem deixar espaço ao direito natural. Na Inglaterra, destacou-se a Escola Analítica, que também advogava a codificação das leis emanadas do soberano.

Acrescente-se a esses movimentos a jurisprudência dos interesses, a qual defende uma perspectiva sociológica e elege o interesse como mola propulsora do direito. Isso significa enfatizar o caráter concreto da aplicação da norma ao caso específico, *em contraposição* à qualidade lógico-abstrata que caracterizava a nova concepção sobre direito que tomava força – o Positivismo – que, nascido do próprio Jusnaturalismo em sua perspectiva mais radical, passou a confrontá-lo e contradizê-lo.

---

[10] Foucault, M. *Les mots et les choses*. Paris: Gallimard, 1966.

[11] Ferraz Jr. (1980) comenta que a História defendida por esta escola acabou se tornando mais uma "estilização sistemática da tradição" pela "seleção abstrata das fontes históricas." (p. 29).

O positivismo jurídico foi uma reação contra o jusnaturalismo, do qual manteve apenas o conceito de sistema. Resumidamente, pode-se dizer que o movimento de codificação do direito, época coincidente com o apogeu do positivismo, teve como principal objetivo organizar o caos do direito não escrito (natural e consuetudinário) e oferecer ao Estado um instrumento de controle da vida em sociedade, fundamentalmente visando à segurança da sociedade burguesa.

A denominação "positivismo" não é unívoca. Designa um movimento amplo que congrega autores divergentes, inclusive. De qualquer modo, podemos sintetizar a concepção que sustenta o positivismo: o reconhecimento da impossibilidade de atingir as causas imanentes e criadoras dos fenômenos, o que leva, então, a aceitar os fatos e as suas relações recíprocas como único objeto possível da investigação científica. Nesse sentido, o positivismo jurídico procura se restringir à compreensão da norma e do sistema jurídico no qual ela está inserida. Seguindo a trilha aberta por Comte, o positivismo jurídico pretendeu negar toda a metafísica e teleologia da liberdade e da vontade, dando preferência às explicações causais e ao determinismo. Ele afastou também as referências à sociologia, à história e à antropologia visando a fornecer uma melhor compreensão lógico-sistemática do direito. Daí que o que não pode ser provado racionalmente não pode ser conhecido.

Nessa perspectiva, o sistema normativo constitui uma totalidade formal que tende a fechar-se sobre si mesma, na qual as lacunas aparentes devem sofrer correção, no ato interpretativo, pela redução de determinado caso à lei superior na hierarquia lógica.

Como sistema "textual", o direito, assim, refere-se ao que foi validado e se encontra registrado nas leis escritas, podendo ser alterado de acordo com procedimentos específicos. Conforme Bobbio (2000), para o positivismo, numa perspectiva radical, só há o direito estabelecido pelo Estado, cuja validade independe de qualquer referência a valores éticos. O maior expoente dessa tendência foi Hans Kelsen[12].

---

[12] Voltaremos a citar este autor nos capítulos seguintes devido às articulações que outros pesquisadores propõem entre algumas de suas teses e a teoria psicanalítica. Cf. KELSEN, H. **Teoria Geral das Normas**. Porto Alegre: Fabris, 1986.

Esses três eixos, ou roupagens do Direito, como diz Ferraz Jr. (1980), não esgotam a riqueza histórica e filosófica desta ciência. As tendências atuais e os debates em torno das posições filosóficas e políticas podem ser acompanhados nos livros que serviram de referência no percurso empreendido até aqui.

Interessa agora contextualizar a família, não sem antes registrar algumas linhas sobre o direito civil no Brasil.

No Brasil, o direito se organizou a partir das Ordenações Filipinas de Portugal, um código datado do século XV (aproximadamente 1.603) que representou à época uma reação contra o direito canônico. No século XIX, Portugal organizou seu Código Civil, mas o Brasil manteve intacta a parte relativa ao Direito Civil das Ordenações. Somente no final desse mesmo século, empreendeu-se no Brasil a tarefa de compilar um Código Civil, cujo expoente maior foi Clóvis Beviláqua. Há quem entenda, como Orlando Gomes (2003) e Leite[13] (*apud* Fachin, 1999), que o Código Civil de 1916, elaborado num período de transição, tem características monarquistas, escravagistas, paternalistas e reflete a divisão da sociedade brasileira entre a elite e os pobres ainda não proletarizados. Sua elaboração foi realizada por uma classe média composta por burocratas e militares subservientes à elite agrária e aristocrática, portanto com um cunho bastante conservador. Isso se percebe pela ênfase na livre iniciativa e a falta de inovações de fundo social. Gomes (2003) acrescenta que os interesses da elite agrária eram coincidentes com os da burguesia emergente. O mesmo autor afirma que o Código reflete também um "privatismo doméstico", denunciado na preponderância do círculo da família despoticamente patriarcal, mesmo que contenha elementos de tolerância e afetividade. O próprio Beviláqua afirmou que o direito brasileiro era um "direito afetivo", pois continha predisposições inspiradas em causas sentimentais.

No ano de 2002, foi instituído o novo Código Civil (lei nº 10.406) e ele será a referência ao abordar a família no que vem a seguir.

---

[13] LEITE, E. O. **Tratado de Direito de Família**: origem e evolução do casamento. Curitiba: Juruá, 1993.

1.2 – A Família na Cena Jurídica

1.2.1 – A Família

Etimologicamente, a palavra família provém do latim *famulus*, que significava o conjunto de empregados de um senhor na Roma Antiga. Porém, sob esse significante, "família" pode ser descrita com um extenso leque de formas de organização social, modos de relação e ideais de realização pessoal que se encontram registrados ao longo de toda a história humana.

Linton (2000) oferece uma definição interessante pelo seu caráter universal: unidades cooperativas intimamente entrelaçadas e internamente organizadas que ocupam lugar intermediário entre o indivíduo e a sociedade total de que ele faz parte. Para o mesmo autor, há também a expectativa de que essa unidade seja o centro principal dos interesses e da lealdade daqueles que a ela pertencem e que têm obrigação de cooperar entre si, auxiliar-se mutuamente e colocar os interesses de seus membros acima de interesses estranhos. Além disso, ele cita que é esperado que a interação das personalidades dentro da família seja íntima e contínua, por meio de laços de afeição e de interesse.

Nessa definição não aparece a questão das alianças matrimoniais e de filiação, secundárias à imagem protípica de adultos dividindo tarefas, gerando crianças e cuidando delas. É secundário justamente porque há uma enorme variedade de formas de organização e de modos de relação pessoal que regulam as alianças matrimoniais, a filiação, a autoridade parental e os papéis sexuais. Os exemplos colhidos por muitos pesquisadores dão conta da diversidade quase pitoresca das muitas possibilidades de se organizar para acasalar, cuidar de crianças e transmitir a herança.

Para considerar esses registros em uma mínima universalidade, pode-se compreender família como um grupo humano unido por laços de parentesco e/ou alianças sexuais que convive e se auxilia mutuamente para a satisfação das necessidades básicas de sobrevivência. Tal definição é extremamente restrita para o que se conhece e se nomeia hoje como família, mas é uma tentativa de produzir uma imagem que reúna toda a diversidade que os pesquisadores já encontraram sob a forma de família. Essa imagem, a de adultos convivendo com crianças ou adolescentes sob certas regras, é prototípica de qualquer grupo organizado. Toda criança advém de uma cópula[14] e, com raras exceções antropológicas, para sobreviver deve ser cuidada durante algum tempo por um adulto. Ao ser cuidada por um adulto, essa criança é inserida em um universo simbólico de regras, lugares, alianças, deveres, obrigações e direitos no qual, em geral, permanecerá e se reproduzirá no acasalamento. Para registrar mais uma definição, lembremos Lévi-Strauss. Para ele, sob a palavra família podemos entender

> um grupo social que possui, pelo menos, as três características seguintes: 1) Tem a sua origem no casamento. 2) É formado pelo marido, pela esposa e pelos filhos(as) nascidos do casamento, ainda que seja concebível que outros parentes encontrem o seu lugar junto do grupo nuclear. 3) Os membros da família estão unidos por a) laços legais, b) direitos e obrigações econômicas, religiosas e de outro tipo c) uma rede precisa de direitos e proibições sexuais, além de uma quantidade variável e diversificada de sentimentos psicológicos tais como amor, afeto, respeito, temor, etc. (Lévi-Strauss, 1980, p. 14).

Não cabe no escopo deste texto uma história das formações familiares e de sua variedade, história que acompanha as transformações dos modelos de organização social. Há literatura extensa sobre o tema[15]. Interessa-nos compreender que a família com que lidamos hoje, mesmo não tendo uma definição nem um formato únicos, tem certa configuração que, mesmo em transformação, permite aproximações didáticas.

Para considerarmos coerentemente a família no interesse deste trabalho, destacaremos dois temas relevantes para compreendê-la: as

---

14 É importante lembrar, desde já, que hoje a ciência já permite não haver cópula.

15 Para citar algumas, mais conhecidas: ENGELS, F. **A origem da família, da propriedade privada e do Estado**. Rio de Janeiro: Civilização Brasileira, 1982; POSTER, M. **Teoria crítica da família**. Rio de Janeiro: Zahar, 1979; BADINTER, E. **Um amor conquistado**. O mito do amor materno. Rio de Janeiro: Nova Fronteira, 1985; LINTON, R. *op.cit.*

alianças – casamento / matrimônio e parentesco – e a criação dos filhos, temas que repercutem diretamente no provimento da sobrevivência e na regulação da sexualidade. A partir destes temas, privilegiaremos a forma conhecida como família nuclear, cujo modelo é o dos pais biológicos convivendo com os filhos em um ambiente particularizado.

A denominada família nuclear surgiu no século XIX a partir de formas variadas e de sistemas de parentesco mais amplos, de acordo com as regiões, as tradições, os meios sociais e culturais. A Revolução Industrial e a urbanização já haviam interferido na organização e no funcionamento das famílias europeias, estabelecendo, inclusive, diferenças importantes entre a população rural e a urbana e entre as classes sociais. Para alguns, os filhos eram numerosos e se transformavam rapidamente em mão de obra na luta pela sobrevivência. Para outros, os filhos eram criaturas a serem investidas de proteção para a formação de herdeiros.

Aos poucos, com a interferência crescente do discurso médico e do Estado, as regras de aliança, as práticas sexuais e o cuidado com as crianças tenderam a se homogeneizar, pelo menos discursivamente. Por isso, a família nuclear passa a ser louvada como célula social, tanto por libertários quanto por conservadores, e tendeu a absorver todas as funções da regulação social. Centro de uma moralidade "natural" e princípio do Estado, ainda hoje a família oscila entre exigir a submissão de seus membros às determinações familiares e inseri-los em uma organização social que passa a ter o desempenho individual como medida.

Foi justamente o fortalecimento da noção de indivíduo autônomo que instituiu, a partir da Revolução Industrial e da organização social liberal e democrática, o *status* como fruto de uma competição regulada por normas universais e padronizadas, o que fez da família na sociedade ocidental uma instituição de formação do futuro indivíduo por meio da disciplina – uma instituição com função distinta daquela em vigor na época da patronagem e da herança, características da sociedade aristocrática. Conforme Casey (1992), a criança e o adolescente passam, então, a serem preparados para a competição social por meio do conhecimento e da autorregulação, formação na qual a escolarização incentivada pelo Iluminismo passa a ter papel crescente. Isso justificou a intervenção cada vez maior do Estado no seio da família – fundamentalmente na família pobre: a criança passa a ser o capital mais precioso do Estado.

Nesse percurso, a família se torna um grupo autônomo e íntimo, a "célula social", mas passa a ser constituída por indivíduos e não por membros, como destaca Perrot (1999). Espaços privados, valorização das diferenças individuais e demanda por tratamento igualitário, no sentido de direitos e deveres, crescem paulatinamente. Por isso, cresce também o número de indivíduos que recorrem à Justiça contra as determinações familiares. Daí também que tendem a desaparecer progressivamente as leis que concediam privilégios de herança ou autoridade aos primogênitos.

Pode-se destacar aí um movimento paradoxal: a família fecha-se sobre si mesma na intimidade, ao mesmo tempo em que aceita a regulação da sexualidade pelo discurso médico, buscando a legitimação do Estado tanto para a sua constituição quanto para o reconhecimento de direitos individuais no próprio seio da família.

Um processo histórico semelhante ocorre no Brasil do século XIX: a família volta-se sobre si mesma num processo de interiorização (intimidade), e a rua passa a ser vista como lugar perigoso ou indevido, visão que acompanha a crescente urbanização brasileira. De acordo com Costa (1989), tal processo sofreu um forte incremento com a absorção do discurso médico-higiênico pelo Estado e a sua aplicação à população. Este tipo de discurso foi muito poderoso no Brasil em fins do século XIX e início do século XX, sendo caracterizado por uma tentativa de normatizar o comportamento dos indivíduos segundo concepções médicas sobre a higiene corporal e mental. Desde esta época, o cuidado com os filhos e a ênfase na sua educação passam a ser sinais de afeto, de amor.

O modelo idealizado de família hoje é, em geral, o de um grupo que conta com a presença de adultos, genitores da criança, dividindo as tarefas políticas e econômicas de manutenção de uma unidade chamada lar e cuidando de seus filhos com afeto, o que implica o amparo material e moral, além de permitir-lhes certa autonomia e o desfrute de bens de consumo. Os filhos, nesse modelo, seguiriam as determinações parentais e procurariam se inserir socialmente pela via da educação e do trabalho, mantendo o vínculo de afeto com seus pais, prestando-lhes auxílio na velhice. Evidentemente, é apenas um modelo. A realidade é muito distinta, pois os fatos não se encaixam na imagem.

Na verdade, os fatos mostram que tanto a concepção de família modificou-se com o tempo quanto a concepção dos papéis e das funções de cada um de seus membros em relação aos aspectos econômicos, religiosos, sexuais, afetivos, sociais. Apesar de refletir um modelo idealizado, a legislação tende a se modificar para acompanhar as mudanças sociais.

Perdeu-se a clareza quanto aos papéis sociais a serem desempenhados pelos membros adultos. Na verdade, a concepção dos "papéis sociais" de gênero é mais complexa do que possa parecer à primeira vista. No livro organizado por Del Priore (1993), por exemplo, constata-se que em muitas épocas, ainda regidas por uma divisão de papéis mais rígida que a atual, as mulheres assumiam diversas funções e tarefas prioritariamente masculinas nos períodos de ausência prolongada dos homens, provocados por alguns tipos de atividade laborativa ou por conflitos armados. Assim, a divisão de tarefas a qual ao homem cabia o domínio público da profissão e à mulher o domínio doméstico, centrado no cuidado da casa e na educação dos filhos, é uma divisão que deve ser contextualizada, pois seu caráter idealizado muitas vezes está distante da prática.

Em tempos mais recentes, a entrada das mulheres no mercado de trabalho como força produtiva e de renda necessária para a economia doméstica e a luta pelos direitos individuais femininos levaram o homem a deixar de ser o "chefe" da família, o "cabeça do casal", e a mulher, juridicametne, deixou de necessitar da aprovação do marido para se representar socialmente no trabalho ou na gestão de seu patrimônio. Neste sentido, tal divisão também cedeu lugar a outras concepções e necessidades, apesar de as tarefas domésticas ainda serem delegadas em grande parte às mulheres, tanto quanto o acompanhamento da educação formal dos filhos.

Também os papéis sexuais, antes mais demarcados, perderam força. As mudanças de atitude e de concepção sobre a sexualidade advindas da intervenção da ciência em sua vertente higienista e preventiva, além do aparecimento da pílula anticoncepcional e da disseminação do controle da natalidade, modificaram as relações de gênero e colocaram na pauta dos casais o planejamento familiar e a reivindicação de satisfação sexual. Também se tornaram mais comuns os casais homossexuais ou homoafetivos. O exercício da sexualidade, antes vinculada a regras prescritivas mais definidas, foi ganhando espaço na vida das novas gerações, incentivado pela ciência e pela mídia.

No seio das famílias, a criança e o adolescente gradativamente ganham espaço privilegiado. Tal processo histórico se relaciona às mudanças relativas ao lugar que eles ocupam na sociedade. Ariès (1978) indica que a partir do final da Idade Média, cada vez mais, a família passa a se organizar em torno da rotina das crianças. Elas, progressivamente, ocupam posição de representar o futuro da família e passam a ser objeto de valorização crescente. Isso se relaciona às concepções burguesas de ascensão social; à pedagogização / escolarização das crianças, que destacou a infância como período de vida importante como preparação para o futuro e com características próprias; e à Medicina que, por meio do higienismo e da prevenção, destacou o valor desse período particular de vida para a construção do futuro cidadão saudável e produtivo. O Estado, absorvendo esse discurso sobre a infância, passa a intervir na família por meio de políticas específicas em nome da proteção às crianças e aos adolescentes e, por extensão, da proteção da própria sociedade, da *nação* – significante de destaque na época em que tal discurso tomou maior relevância. O mesmo processo pôde ser verificado no Brasil, com as suas particularidades, por Del Priore (1991).

Em trabalho anterior (Miranda Jr., 2000), acompanhamos como esses discursos, munidos de concepções psicológicas sobre o desenvolvimento infantil, interferiram na construção dos textos legais destinados à infância e à adolescência no Brasil.

Todos estes discursos e processos afetam a sociedade, mas devemos convir que as concepções sobre família são distintas entre as classes econômicas e as regiões culturais. As questões acerca dos papéis econômicos, sexuais e intergeracionais, tanto quanto suas funções se modificam dependendo de fatores sociais variados, como afirma, por exemplo, Kallas[16] (apud Pereira, 2004). A legislação, contudo, tende a refletir as concepções dominantes em certa época, lugar e economia.

---

16 KALLAS, M. L. Do outro lado do muro: da instituição à comunidade. Um estudo da família de baixa renda. In: __________. **Debate social**: família ontem, hoje e amanhã. Rio de Janeiro: CBICISS/PUC Rio, 1990.

A diversidade de formas de organização familiar em nossa complexa sociedade deixa entrever que continua não ser possível encontrar *uma* definição de família. Contudo, o direito precisa estabelecer definições e estas, por meio das leis e da doutrina, permitem explicitar os interesses e os discursos hegemônicos na atual sociedade. Ao estabelecerem legitimações sobre as relações familiares, o direito e a justiça tornam claros os intermináveis jogos de poder que atravessam e são atravessados pelas mudanças sociais.

Entretanto, apesar da existência dos modelos ideais e de sua reprodução, pode-se afirmar que, em função dos processos sociais expostos anteriormente, a família hoje se assenta em bases menos rígidas e, portanto, mais transitórias e também mais imprevisíveis.

Diversos estudos tomam a família por objeto, tanto para caracterizar as formas familiares (em nomes como monoparentais, reconstituídas, homoafetivas, etc.) quanto para caracterizar as relações que se estabelecem nelas entre os indivíduos que a compõem de acordo com suas próprias características (hetero ou homossexual, crianças, adolescentes, pai, mãe, avós, etc.)[17].

1.2.2 – O Direito de Família

A regulação do matrimônio e do parentesco sempre foi um dos principais temas das regras do que hoje se nomeia como direito de família. A variação de tais normas em termos históricos e culturais é muito ampla. Como exemplo, pode-se citar a possibilidade ou a exigência de núpcias entre parentes, o repúdio ao companheiro e o divórcio, o dote à noiva ou da noiva, são temas recorrentes nas legislações comparadas. Pode-se destacar como pontos comuns nesses estudos, de acordo com Nascimento (2004), a necessidade da realização de um "contrato" ou de um "pacto" de caráter público, quer dizer, que inclua testemunhas do ato de aliança realizado. Envolta em mística própria, a formação de uma família geralmente é acompanhada de um caráter também religioso, conforme a proximidade entre as normas e o elemento

[17] Ver, por exemplo, o livro de Féres-Carneiro, 1999.

religioso nas sociedades e, mais ainda, a proximidade entre o elemento religioso e a família.

O Direito Privado é o direito que regula as relações jurídicas entre particulares, que organiza juridicamente os interesses de ordem individual[18]. Nele se insere o Direito Civil, o qual regula os direitos da personalidade (nome, estado, etc.), o direito das coisas e bens, das obrigações, da família e das sucessões. No sentido subjetivo dos direitos, podemos dizer que o direito civil regula duas ordens de direito: as patrimoniais e as pessoais. O Direito de Família é um ramo do Direito Civil, apesar de aquele envolver o interesse público de forma mais direta que outros campos deste. A concepção jurídica de família, que sustenta o ordenamento no direito civil, pode ser encontrada no art. XVI §2º da Declaração Universal dos Direitos Humanos (1948): "A família é o núcleo natural e fundamental da sociedade e tem direito à proteção da sociedade e do Estado". Tal concepção se reflete no art. 226 da nossa Constituição Federal.

O direito de família constitui o complexo de normas que regulam a celebração, a validade e os efeitos do casamento, as relações pessoais e econômicas da sociedade conjugal e também a sua dissolução, a união estável, as relações entre pais e filhos e o vínculo de parentesco. Abrange ainda os institutos da tutela e da curatela, de caráter protetivo e assistencial. Tais normas regem as relações pessoais, patrimoniais e assistenciais entre cônjuges ou conviventes, filhos e pais, tutelados e interditos. Cabe destacar que o direito de família não tem conteúdo econômico a não ser indiretamente, pois cuida de interesses superiores aos do indivíduo. Esse aspecto incitou doutrinadores, como são chamados os estudiosos que discutem a dogmática jurídica, a sugerirem sua inclusão no campo do Direito Público; afinal, sobressai a importância do elemento social e ético que constitui a família no papel intermediário entre o Estado e o indivíduo. Por esse mesmo motivo, o direito de família é exercido,

---

[18] O que se segue tem por base as seguintes referências: SILVA, De Plácido, *op. cit.*; DINIZ, M. H. **Curso de Direito Civil Brasileiro**. 21 ed. v. 5. São Paulo: Saraiva, 2006; WALD, Arnold. **O novo direito de família**. 15 ed. São Paulo: Saraiva, 2004. Citaremos a referência específica somente ao considerarmos necessário.

idealmente, menos no interesse individual de cada um dos membros do que em favor do interesse comum da família, que é superior como realidade autônoma, pois, do ponto de vista jurídico, a solidez da família influi no desenvolvimento e na vitalidade do próprio Estado.

Pelo mesmo motivo, a maioria das disposições em direito de família tem reflexos importantes na vida social. Daí não admitirem modalidade. Por exemplo: quem reconhece um filho não pode fazer um reconhecimento condicional. Neste sentido é que Diniz (2006) afirma que a maioria das normas em direito de família são cogentes, quer dizer, de ordem pública, nas quais a autonomia da vontade sofre muitas limitações. Os vínculos são estabelecidos e os poderes outorgados mais para impor deveres que criar direitos.

Além disso, o direito de família é menos universal que outros campos do direito, pois implica os valores e a ideologia dominante de cada época, o que inclui as tradições e as crenças religiosas também dominantes. Apesar disso, o direito de família influencia todos os ramos do direito público e do privado[19].

A definição de família, em termos do direito brasileiro, é complexa e varia de acordo com o critério adotado pela legislação que a define. Tais critérios permitem inferir o sentido técnico do termo em cada situação prevista, mas não configuram uma definição comum ou universal de família. Diniz (2006) cita cinco critérios das legislações para a definição de família: sucessório, alimentar, da autoridade, fiscal e previdenciário. Em cada legislação, o termo família abrangerá mais ou menos indivíduos de acordo com determinantes históricos e sociais das mais diversas ordens.

A mesma autora extrai de todas essas definições um sentido técnico de família no direito: "É o grupo fechado de pessoas, composto dos pais e filhos e, para efeitos limitados, de outros parentes, unidos pela convivência e afeto numa mesma economia e sob a mesma direção." (Diniz, 2006, p. 5).

---

[19] No Direito Civil: direito das obrigações (alienação de bens, etc.), direito das coisas (hipoteca legal), direito das sucessões. No Direito Público: direito constitucional, direito tributário (isenções, etc.), direito administrativo (remoção de cargos públicos, etc.), direito previdenciário (pensões alimentícias), direito processual (suspeição do juiz, etc.), direito penal (crimes contra o estado de filiação, etc.).

Os princípios que orientaram a atual concepção jurídica de família, ainda segundo Diniz (2006), são: a) a afeição como fundamento básico da vida conjugal, o que faz da extinção da *affectio* uma justificativa legítima para a ruptura da união; b) a igualdade jurídica dos cônjuges e dos companheiros no que atina aos seus direitos e deveres, o que modificou principalmente a posição de submissão jurídica da mulher; c) a igualdade jurídica de todos os filhos, proibindo-se denominações diferenciadas, como filho legítimo, ilegítimo, natural, etc.; d) o pluralismo familiar, expresso na Constituição Federal de 1988 (art. 127), que, mesmo mantendo a diferença entre *família*, que se refere ao conjunto de pessoas unidas pelos laços do matrimônio e da filiação, ou seja, os cônjuges e a prole, e *entidade familiar*, a comunidade formada pelos pais que vivem em união estável ou por qualquer dos pais e descendentes, abriu a possibilidade de conferir legitimidade jurídica a diversas formas de família, inclusive a chamada família monoparental ou unilinear; e) a consagração do poder familiar, que substituiu o poder marital e o paterno, antes denominado pátrio poder, pela categoria de autoridade parental, o que quer dizer que o poder-dever de dirigir a família é exercido conjuntamente por ambos os genitores; f) a liberdade, relacionada à escolha da forma de organização da vida familiar, incluindo o planejamento familiar; g) o respeito da dignidade da pessoa humana, relacionado ao pleno desenvolvimento de seus membros, principalmente da criança e do adolescente.

Convém registrar também que a família é o objeto de preocupação das legislações que tratam prioritariamente da criança e do adolescente. No preâmbulo da Convenção Internacional sobre os Direitos da Criança (ONU, 1989), ratificada pelo Brasil no Decreto n. 99.710/99, define-se a família como "grupo fundamental da sociedade e ambiente natural para o crescimento de todos os seus membros, em particular, as crianças". Termos semelhantes podem ser encontrados no art. XVI da Declaração Universal dos Direitos Humanos, já citada.

Não é difícil perceber a estreita relação entre essas concepções e modelos ideais: o indivíduo livre, igual, que forma a família a partir de laços afetivos (de amor) e fornece (ampara) o novo indivíduo nascido em seu seio no exercício de seu direito ao desenvolvimento de suas potencialidades.

Trataremos agora de alguns pontos sobre os vínculos jurídicos relativos ao direito de família. Comecemos pelo casamento e o divórcio.

O matrimônio implica que os cônjuges passam a ter deveres recíprocos: a mútua assistência; sustento, guarda e educação dos filhos; fidelidade física (relações sexuais exclusivas) e moral (lealdade); respeito e consideração mútuos. A violação de qualquer deles pode dar ensejo ao fim da união conjugal.

Wald (2004) acrescenta que há deveres conjugais não previstos na lei, mas "ditados pela moral conjugal" (p. 143), que podem ser motivo da separação. Entre eles podemos destacar o chamado *débito conjugal*, o direito de exigir do outro a satisfação sexual.

O fim da sociedade conjugal se dá pelo divórcio e extingue o vínculo conjugal, assim as pessoas divorciadas podem se casar novamente. A história do divórcio no Brasil dá conta das dificuldades inerentes à nossa cultura a respeito da concepção sobre a indissolubilidade do vínculo conjugal.

Um dos efeitos do fim da sociedade conjugal se refere à pensão alimentícia. Alimentos são prestações, em dinheiro ou *in natura*, a serem pagas para atender às necessidades imprescindíveis à vida daquele que, por si, não as pode prover. O direito à prestação de alimentos é recíproco entre pais e filhos e extensivo a todos os ascendentes, recaindo a obrigação nos mais próximos, uns na falta dos outros. (CC art. 1.696). Deve haver proporcionalidade na sua fixação, entre as necessidades do alimentário e os recursos econômico-financeiros do alimentante, sendo que a equação destes dois fatores deve ser feita em cada caso, levando-se em consideração que os alimentos são concedidos enquanto a necessidade indicar. Hoje, a lei estabelece que o direito de ser pensionado pode não ser exercido, mas não pode ser renunciado. (CC art. 1.707).

Nesse tema, é possível perceber nos comentários especializados sobre a lei, a permanência de concepções sobre a divisão do trabalho e sobre o gênero.

A constituição de uma sociedade conjugal pode se dar também pela união estável entre o homem e a mulher. Conceituada como entidade familiar (CC art. 1.723), implica, para o seu reconhecimento, critérios como diversidade de sexo e a convivência pública, contínua e duradoura cujo objetivo seja a constituição de família. Alguns autores entendem que seria necessário também haver critérios como o lapso de tempo ou a existência de prole. A intenção de normatizar essas uniões adveio do reconhecimento do alto número em que elas existem em função de muitas variáveis como, em certa época, a proibição do novo casamento civil, mesmo para os divorciados. Também pode-se citar, além do formalismo e das despesas para habilitação ao casamento civil, as mudanças culturais que indicam a existência de opção pela relação marital sem a celebração do casamento. Em muitas situações, rompida a relação, os ex-companheiros permaneciam desprovidos de sustento ou prejudicados em relação ao patrimônio comum ou a outros aspectos. A legislação brasileira e a jurisprudência foram vacilantes por muito tempo e mesmo hoje se discutem questões curiosas. Discute-se, por exemplo, sobre a questão de dar legitimidade à família de fato e, por isto, desacreditar a instituição do matrimônio. Discute-se também sobre a diferença entre união estável e concubinato, sendo que alguns sugerem que este último termo se refira ao parceiro (geralmente uma mulher) que mantém relações com um cônjuge adúltero (geralmente um homem), utilizando-se, então, o termo companheiro para a união estável e concubino para a relação adúltera (ver CC art. 1.727). Para o concubino, provar a existência de uma sociedade de fato, que implica questões patrimoniais, é mais difícil que para o companheiro. Por isso, temas como alimentos, pensão previdenciária e direito sucessório são fontes de debate em torno deste instituto jurídico.

Ao ocorrer o rompimento da relação de união estável, a ação judicial correspondente é a dissolução da sociedade de fato.

Há muitas situações concretas diversas que atualmente são consideradas e avaliadas no leque possível de tipos de relacionamento que geram direitos.

A filiação é outro tema fundamental no direito de família. A história das concepções e legislações sobre a condição de filho ou a legitimidade da filiação mostra como as concepções morais e os valores culturais permeiam a redação e a interpretação da lei[20]. O Código Civil

[20] A legislação comparada permite verificar isso de forma consistente. As Ordenações Filipinas, de Portugal, não reconheciam direito sucessório aos filhos naturais

de 1916, por exemplo, utilizava a terminologia filiação natural quando a filiação resultava de procriação, ou seja, envolvia a relação sexual, e filiação civil, quando decorrente de adoção. A filiação natural era dividida entre legítima e ilegítima: a primeira, relacionada aos filhos advindos do casamento, o que os legitimava; a segunda, relacionada à existência de impedimentos para que os pais se casassem ou quando os filhos fossem frutos de relações adulterinas ou incestuosas. Estas denominações geravam efeitos diversos de acordo com o tema tratado (herança, alimentos, legitimidade para propor investigação de paternidade, etc.), chegando a influir em discussões sobre a "honestidade da mulher", por exemplo. Tais noções foram modificadas em diversos períodos históricos por leis, acórdãos e súmulas. Hoje, o Código Civil, seguindo a tendência em priorizar o direito da criança e do adolescente, diz que "os filhos, havidos ou não da relação do casamento, ou por adoção, terão os mesmos direitos e qualificações, proibidas quaisquer designações discriminatórias relativas à filiação." (CC art. 1.596). O reconhecimento do estado de filiação é, hoje, "direito personalíssimo, indisponível e imprescritível, podendo ser exercitado contra os pais e seus herdeiros, sem qualquer restrição, observado o segredo de justiça." (ECA – art. 27).

A investigação de paternidade e maternidade é legítima nos casos em que a certidão de nascimento averbada no Registro Civil não inclui o nome do pai ou quando se quer provar haver neste documento erro ou falsidade. A investigação de maternidade é mais rara, justamente pela costumeira publicidade do parto. Já a investigação de paternidade é bastante comum e, antes do advento do exame de DNA e de sua disseminação, tal tipo de processo judicial era muitas vezes permeado de provas como fotografias, diários, cartas e, claro, testemunhas, além de argumentos morais, como o de que a mulher tinha relações sexuais com outras pessoas além do réu, no mesmo período. Em 29 de dezembro de

---

da aristocracia, mas o reconheciam para a família plebeia. O Código Napoleão proibiu a investigação de paternidade. A lei francesa de 1912 admitiu a investigação de paternidade em casos especiais. Já a legislação alemã admite amplamente tal investigação para fins de alimentos, mas não para direito sucessório (Cf. WALD, 2004, p. 191).

1992, foi promulgada a Lei 12.004 na qual se estabelece que a recusa do suposto pai em submeter-se ao exame de DNA gera a presunção da paternidade.

Ao pai e à mãe é concedido exercer o poder familiar, um poder-dever jurídico exercido por eles em nome do Estado no interesse da família (CC art. 1.631). Esse poder corresponde ao dever de guarda, sustento e educação dos filhos menores e não pode ser extinto pelo Estado por carência de recursos materiais (ECA, art. 22), como outrora aconteceu em decorrência de previsões legais do Código de Menores de 1979.

Crianças e adolescentes que não têm os pais, ou cujos pais perderam o poder familiar, devem ser colocados sob tutela. (CC art. 1.728). O tutor deve exercer o papel dos pais, mas tem a liberdade de decisão limitada nas questões relativas aos bens e valores do tutelado, além de ser obrigado a prestar contas no fim de sua administração. (CC arts. 1.748 a 1.764).

Uma forma de filiação legitimada juridicamente e distinta da filiação biológica é a adoção. Ela pode ser considerada uma ficção jurídica que cria o parentesco civil, gera laços de paternidade e filiação entre pessoas para as quais, em termos de Wald (2004, p. 200), "tal relação inexiste naturalmente".

No Brasil, a adoção e os seus efeitos jurídicos também sofreram modificações no tempo. Direito a herança, a alimentos e os impedimentos ao matrimônio são alguns tópicos que podem ser citados nesse sentido. O ECA incluiu a adoção na Seção sobre a família substituta. No art. 41, o texto legal define que a adoção cria os mesmos vínculos, direitos e obrigações que a filiação legítima, inclusive no plano sucessório, desvinculando totalmente o adotado de sua família de origem, exceto para respeitar os impedimentos matrimoniais. Além disso, há regra para que o adotante tenha pelo menos 16 anos a mais que o adotado. A adoção plena depende de sentença judicial e só é possível mediante o consentimento dos pais biológicos do adotado, quando são conhecidos e têm o poder familiar. Quando o menor tiver mais de 12 anos de idade, deverá ser escutado judicialmente sobre a adoção.

Após ocorrer o fim da sociedade conjugal do casal, é importante definir a guarda dos filhos. Guarda de menor (ou dos filhos) é locução que indica o *direito* ou o *dever*, que compete aos pais ou a cada um dos cônjuges, de *ter em sua companhia* ou de *proteger* as crianças e os adolescentes, nas diversas circunstâncias indicadas na lei civil. *Guarda*, nesse sentido, tanto significa a *custódia* como a proteção que é devida aos filhos pelos pais. Com relação à proteção da criança e do adolescente, a guarda obriga a prestação de assistência material, moral e educacional, conferindo ao detentor o poder de opor-se a terceiros, inclusive aos pais. Destina-se a regularizar a posse de fato e confere à criança ou ao adolescente a condição de dependente, para efeitos previdenciários inclusive. (art. 33, ECA).

A guarda compartilhada foi sancionada em junho de 2008 e alterou os artigos 1.583 e 1.584 do CC. Guarda compartilhada significa "a responsabilização conjunta e o exercício de direitos e deveres do pai e da mãe que não vivam sob o mesmo teto, concernentes ao poder familiar dos filhos comuns". A aprovação dessa alteração no Código foi fruto da mobilização de diversos segmentos sociais envolvidos com o Direito de Família: juízes, promotores, serventuários da Justiça, pesquisadores de campos diversos e institutos. O problema que gerou essa modificação, e que ainda hoje é muito comum, é o dos genitores não guardiões que se afastam de seus filhos ou são afastados deles pelos guardiões por meios objetivos, como a mudança de rotina da criança, ou por meios subjetivos, como a manipulação, nem sempre intencional, das imagens e dos valores que o genitor não guardião tem para a criança.

Na verdade, a definição desse tipo de guarda veio apenas enfatizar o fato de que o genitor não guardião (chamado também de descontínuo) não perde o poder familiar, ou seja, em tese, ambos os genitores continuam a ser responsáveis pelas crianças fruto da relação entre eles e têm direitos em relação a elas. Nesse sentido, alguns autores defendem que a guarda é, desde sempre, compartilhada. Contudo, na experiência, verifica-se comumente o afastamento do genitor não guardião das atividades cotidianas dos filhos por motivos variados. Muitas vezes, a definição da guarda para apenas um dos genitores levava o outro a se considerar apenas um "visitante". Comumente era o pai que se encontrava com os filhos nos finais de semana alternados, o que gerou a figura do "pai de fim de semana". Na verdade, parece que até hoje essa continua sendo a opção de muitos homens, entretanto, há muitos outros que requerem compartilhar as tarefas, os deveres e a convivência com os filhos. Atualmente, há muitos homens exercendo a guarda dos filhos, e as mulheres não guardiães também solicitam este tipo de compartilhamento de guarda.

É preciso entender que a guarda compartilhada não significa necessariamente dividir o tempo de convivência com os filhos de forma igualitária. A alternância de residência de crianças e adolescentes comumente necessita de condições favoráveis em termos sociais e econômicos. Para muitos deles, esta alternância funciona bem. A frequência à escola e a rotina básica da criança não é afetada. Porém, devemos lembrar que isso implica a capacidade social e econômica dos genitores de administrar a rotina dos filhos. Acompanhei casos em que ambos os genitores tinham condições sociais e econômicas para se organizarem e estarem acompanhando diretamente os filhos a cada quinze dias. A mudança de rotina interna à casa e os problemas de transporte e alimentação, por exemplo, eram administrados de forma eficaz por cada um dos genitores. Acompanhei também casos os quais ambos os genitores tinham pouca condição econômica, mas nos quais o auxílio nas tarefas diárias de acompanhamento das crianças feito por parentes que residiam na vizinhança favoreciam a boa condução da alternância de residências e, assim, a divisão igualitária do tempo de convivência. Por isso, é importante verificar o caso concreto.

De qualquer forma, havendo ou não a divisão igualitária do tempo de convivência, na concepção de guarda compartilhada, o fundamental é a divisão de tarefas, responsabilidades e decisões. Muitas vezes, as crianças ou os adolescentes têm uma residência fixa, mas as definições sobre seu cotidiano e sobre seu desenvolvimento são fruto de negociações entre os genitores, o que implica a manutenção de um diálogo mínimo entre eles.

Ainda é cedo para avaliar os efeitos dessa nova legislação. Já existem discussões sobre pontos controversos da nova redação. Contudo, ela implica a disponibilidade de diálogo dos genitores ou responsáveis pelas crianças e pelos adolescentes e a presença mais efetiva de ambos os genitores na vida dos filhos. Brito (2004), pesquisadora do tema, defende que é preciso construir a noção de coparentalidade e não reduzir a guarda compartilhada à distribuição de tarefas.

Nos casos em que a guarda compartilhada não seja possível, define-se a guarda para um dos genitores, aquele que apresentar melhores condições para exercê-la. Ressalte-se que as condições econômicas não são as determinantes da apreciação sobre esse ponto. Apesar das mudanças legais, permanecem concepções conservadoras que podem facilmente ser encontradas entre os comentadores da lei, como alguns comentários sobre a habilidade ou disponibilidade da mãe para o cuidado e a educação dos filhos em comparação com o pai[21].

A guarda pode ser revogada a qualquer tempo, por meio de ato judicial, ouvido o Ministério Público. (art. 35 ECA). Ela sempre pode ser questionada judicialmente, desde que haja motivos que justifiquem a mudança de guardião, relacionados com o "maior interesse da criança". Um guardião considerado adequado pela Justiça, hoje, pode se tornar inadequado posteriormente. Por isso, as ações de modificação de guarda. Porém, na prática, somente algumas circunstâncias graves costumam servir de argumento para a mudança de guardião.

Determinada a guarda compartilhada ou unilateral com um dos ex-cônjuges ou com outro parente – os avós, por exemplo – cabe ao outro o direito de convivência, assim chamada a determinação judicial sobre os horários e dias de encontro entre o não guardião e seus filhos[22]. Não há regras fixas a serem observadas e o regime ideal de convivência depende de cada situação. O não cumprimento dessa determinação pelo guardião, quando obsta os encontros ou quando os impede, é um dos motivos mais frequentes de conflito familiar transformado em processo judicial.

Atualmente, é digno de nota o aumento das ações de regulamentação de convivência movida pelos avós da criança contra o guardião. Pereira (2004) indica que parece haver um aumento da participação dos

21 Wald, por exemplo, afirma que crianças de tenra idade ou menor adolescente devem permanecer com a mãe (2004, p. 153). O mesmo autor cita Virgílio de Sá Pereira: "Criar o filho é função que a natureza impõe à mulher porque é mãe..." (2004, p.196).

22 O ECA substituiu a expressão "visitas" por "convivência familiar", mais adequada à ideia de participação ativa e efetiva do adulto na vida da criança. O mesmo aconteceu na redação do novo Código Civil.

avós na vida dos netos, o que resulta no argumento do vínculo afetivo entre essas gerações e na demanda institucional pela normatização dos encontros, muitas vezes independentemente da posição particular do próprio genitor não guardião.

Além da riqueza de debates suscitada pelas questões frequentes em torno das definições legais citadas antes, o Direito de Família enfrenta novos desafios em temas relevantes e ainda polêmicos. Um deles é o dos casais homoafetivos, que se relacionam com a adoção homoafetiva e com as filiações relacionadas às técnicas de inseminação artificial.

Outro tema atual que faz tangência com o anterior e que gera debates é o da paternidade socioafetiva. Há quem defenda, como Almeida (2002), que o princípio da dignidade da pessoa humana como fundamento do Estado Democrático de Direito (CF art. 1º, III) e o princípio da solidariedade (CF art. 3º, I) provocaram a "repersonalização das relações entre pais e filhos", deixando para trás o traço patrimonialista que os ligava e engendrando um novo sujeito de direito nas relações familiares e até mesmo uma nova face da paternidade: o vínculo socioafetivo.

A determinação da paternidade jurídica passa por parâmetros baseados na presunção de paternidade, como citado anteriormente. Porém, com o advento do exame de DNA (ácido desoxirribonucleico), que tem 99,999% de probabilidade de indicação do pai biológico e 100% de probabilidade de indicar o falso pai, a legitimação da paternidade jurídica passou a se basear amplamente nesta prova pericial científica cuja base é a biologia genética. Contudo, se a verdade biológica define questões importantes acerca da descendência, a justa definição de paternidade exige mais que o elo biológico. Questões relativas à inseminação artificial heteróloga, por exemplo, não podem ter o DNA por base.

Então, os operadores do direito caminharam no sentido de discutir e legitimar a paternidade, considerando também o dado cultural ou histórico relativo a esta função. Assim é que se fala dc paternidade socioafetiva quando há vínculo de afeto entre o adulto e a criança ou o adolescente independentemente da situação biológica ou jurídica, vínculo que deve ter alguns parâmetros para sua avaliação. Tais parâmetros são aqueles relativos também ao chamado estado de filiação:

o uso do nome, o tratamento dado e o reconhecimento público. Por tais critérios, poderia avaliar se o indivíduo tem a "posse de estado" de filho para aquele pai ou para aquela mãe.

Conhecer a sua ascendência é considerado direito fundamental[23], mas conhecer o pai biológico não significa ser reconhecido por ele, do ponto de vista afetivo. A paternidade pode ser, antes de tudo, biológica, mas o vínculo entre pai e filho é, principalmente, socioafetivo, como preconizou o pioneirismo de Villela. (1979).

Denise Bruno (2002) propõe utilizar o termo parentalidade socioafetiva, argumentando que não se trata somente do pai social, mas também da mãe social, casos bastante comuns nas classes com menor poder econômico.

A "posse de estado" é entendida por alguns autores, como Caio Pereira[24] (*apud* Pereira, 2004, p. 650), como o conjunto de comportamentos e atitudes que refletem uma relação de afeto e, portanto, correlativa a uma "verdade afetiva" e uma "verdade sociológica", para além da verdade biológica.

Como se percebe, o termo "afeto" tem se tornado cada vez mais presente no direito de família. Ramos (2005) chega a falar de um princípio da afetividade. A progressão do uso desse termo e suas articulações com o direito de família podem ser seguidas nos anais de congressos nacionais realizados pelo Instituto Brasileiro de Direito de Família, desde 1997. Nesse rico material, também podem ser encontrados muitos outros temas cujo aprofundamento pode ser pesquisado nas bibliografias correspondentes aos textos.

Cabe citar aqui como ainda é forte o discurso em torno do "laço de sangue". Isto pode ser facilmente observado tanto no cotidiano da fala das pessoas, "sangue do meu sangue", quanto, por exemplo, nos exames de DNA. É comum que, mesmo existindo opções pelo tipo de material a ser colhido para o teste, a grande maioria ainda insista em que este material seja o sangue. É curioso também o enredo melodramático

---

23 Há, porém, discussões importantes sobre esse direito no caso, por exemplo, de inseminação artificial heteróloga.

24 PEREIRA, C.M.S. **Reconhecimento de paternidade e seus efeitos**. Rio de Janeiro: Forense, 1998.

das novelas brasileiras, nos quais sempre existe o elemento de um pai biológico desconhecido ou, menos comumente, uma mãe biológica desconhecida.

1.2.3 – A formalização / institucionalização de um conflito

Para reclamar do Estado o exercício de sua função jurisdicional, a pessoa deve exercer o seu direito de ação, sua prerrogativa de que seja movimentada a máquina do Poder Judiciário para a resolução do conflito. Tal direito implica uma resposta do Estado desde que sejam preenchidos certos requisitos consubstanciados nas condições da ação e nos pressupostos processuais.

O Direito Processual Civil[25] é o complexo de regras instituído pelo poder público que determina as formas pelas quais a justiça protege os direitos, ou seja, é o direito regulador dos processos pelos quais se reivindica judicialmente uma pretensão, a forma a ser dada à demanda de intervenção do Poder Judiciário na resolução dos conflitos e a forma de seu andamento em termos de ações ajuizadas. Por isso, é um direito formal, pois estabelece a maneira e as medidas para se protegerem ou se defenderem os direitos-faculdades (subjetivos) assegurados pelos direitos-normas (objetivos).

Os requisitos mínimos para qualquer ação são o interesse processual, a legitimidade das partes e a possibilidade jurídica do pedido. A ação deve conter os seguintes elementos: a) as partes processuais, b) a causa a pedir, c) o pedido.

As partes de uma relação jurídica, e então do processo, são o autor, ou seja, aquele que exercitou o direito constitucional da ação, e o réu, a pessoa em face da qual foi movida a ação, contra a qual foi externado o pedido formulado pelo autor.

---

[25] Para o que se segue, as referências utilizadas foram: MARQUES, J. F. **Instituições de Direito Processual Civil**. Campinas: Millenium, 1999 v. III; MONTENEGRO FILHO, M. **Curso de Direito Processual Civil**. Teoria Geral do Processo e Processo de Conhecimento. v. 1. São Paulo: Atlas, 2005; THEODORO JR., H. **Curso de Direito Processual Civil**. Rio de Janeiro: Forense, 2005 v. 1; SILVA, 2002 *op. cit.*

A ação se materializa no instrumento do processo, que é a operação destinada a obter a composição de um litígio. O processo desencadeia-se pelos atos processuais praticados pelas partes do processo, pelo juiz e pelos auxiliares da Justiça. A sucessão desses atos representa a forma como o processo se desenvolve chamada de *procedimento*.

O processo em direito de família é um procedimento ordinário. É o mais complexo e de maior duração, pois admite muitos atos processuais[26]. Na fase postulatória, fase da propositura da ação, encontram-se a petição inicial do autor da ação e a resposta do réu, que pode ser a contestação, a exceção ou a reconvenção. A petição inicial é o veículo de manifestação formal da demanda, ato pelo qual alguém pede ao Estado a prestação jurisdicional. Entre seus requisitos está a descrição escrita – firmada por advogado – dos fatos e dos fundamentos jurídicos do pedido. Segundo o princípio da substanciação, tal descrição deve indicar o direito subjetivo que pretende exercitar e apontar o fato de onde ele provém. Não somente o fato material, mas também o nexo jurídico capaz de justificar o pedido. De acordo com Theodoro Júnior (2005), a petição inicial é "a chave que abre" o processo, pois revela e formata a pretensão do autor, sendo a forma de exercer o direito de ação.

A citação do réu estabiliza a relação processual que interliga o autor ao réu por meio do Estado-Juiz. A defesa do réu pode se dar no plano da relação processual (conteúdo apenas formal) e no plano do direito material (cujo conteúdo é o mérito da causa, ou seja, o fato jurídico arguido pelo autor). Essa defesa é chamada de contestação e é, conforme Theodoro Júnior (2005, p. 350), "o instrumento processual utilizado pelo réu para opor-se, formal ou materialmente, à pretensão deduzida em juízo pelo autor". É interessante ressaltar que a contestação deve abarcar toda a matéria da petição inicial, não sendo possível abordar em fases posteriores do processo matéria presente na petição inicial e não arguida na contestação. Os fatos narrados na petição inicial e não contestados (impugnados) podem, inclusive, ser tomados como verdadeiros.

---

26 Diferentemente do procedimento sumário, caracterizado pela tentativa de pôr fim ao processo em menor espaço de tempo. Exemplo: os Juizados Especiais.

A reconvenção, de acordo com o mesmo autor, não é simplesmente uma defesa, mas o próprio contra-ataque do réu, quando este propõe mudar o posicionamento dos polos da relação.

Após essa fase, o juiz designa audiência preliminar de tentativa de conciliação. Frustrada essa tentativa, e havendo a necessidade de ser colhida prova pericial ou oral, é designada a audiência de instrução e julgamento, na qual serão ouvidas as testemunhas. Colhidas as provas na audiência, enseja-se a apresentação das razões finais sob forma escrita ou oral. As provas admitidas como típicas são: testemunhal, depoimento pessoal da parte, documental, pericial, inspeção judicial e confissão.

Participam, então, do processo em direito de família as partes processuais, o juiz, os advogados representantes das partes, os serventuários da Justiça e também os membros do Ministério Público. O Ministério Público é uma instituição voltada à defesa dos interesses sociais e individuais indisponíveis. Atualmente, o Ministério Público, por meio dos promotores de justiça, intervém obrigatoriamente nos processos em direito de família, assumindo o papel de *fiscal da lei*. Isso porque se entende que, em tais processos, há interesse público em jogo, pois eles se relacionam com ações concernentes ao *estado de pessoa*, quer dizer, ao complexo de direitos e de obrigações inerentes ao ser humano – filiação, nacionalidade, estado civil, relações de parentesco, etc. – os quais o Estado assumiu para si o encargo de regulamentar. É a própria natureza da relação jurídica que dá origem à demanda judicial que justifica a intervenção do Ministério Público.

1.2.4 – A prova pericial

A perícia é um tipo de prova judicial e se insere na fase de instrução do processo. Parte-se do princípio de que todo pretenso direito subjetivo se origina de fatos[27]. O juiz necessita se certificar da verdade do fato alegado para que a relação de direito litigiosa esteja garantida por uma regra de direito correspondente. Por isso, as provas têm dois sentidos: um objetivo, referente ao instrumento ou meio hábil para

[27] *Jura novit curia e da mihi factum dabo tibi jus* (Dá-me o fato que eu te darei o direito).

demonstrar a existência do fato; outro subjetivo, referente à certeza originada quanto ao fato, o que leva à convicção formada no espírito do julgador[28].

O objeto da prova é o fato e não o direito. O fato comporta interpretações variadas e, por isto, vem-se abandonando a preocupação com a verdade real e sobrelevando-se a denominada verdade formal, ou seja, a verdade sobreposta para a realidade da demanda judicial. A lei se preocupa com a verossimilhança do que é sustentado pela parte. A verdade absoluta é uma utopia, fundamentalmente no campo dos fatos controversos, por isto optar-se pela verossimilhança, quer dizer, pela ordem de aproximação e probabilidade[29].

A prova documental, a testemunhal e a pericial são as mais comuns no direito de família brasileiro. A prova documental consiste no registro material (não necessariamente escrito) da ocorrência de um fato. Seu valor depende de quem a produziu e em que circunstâncias. Tais provas devem ser apresentadas desde a formulação da petição inicial, mas não se restringem a este momento. A prova testemunhal se refere à oitiva de testemunhas em audiência de instrução e julgamento.

O procedimento da perícia é estabelecido no Código de Processo Civil Brasileiro (CPC) no seu artigo 464: "A prova pericial consiste em exame, vistoria ou avaliação". A perícia objetiva fornecer esclarecimentos ao magistrado a respeito de questões técnicas que extrapolam o conhecimento científico do julgador, podendo ser de qualquer natureza e originada de qualquer ramo do saber humano.

Nesse sentido, de acordo com Theodoro Júnior (2005), a perícia é uma declaração de ciência, pois é relato de percepções colhidas representativas dos fatos verificados, e/ou afirmação de juízo, pois se reduz, ao final, a parecer que auxilia o juiz na interpretação e apreciação dos fatos em causa. O autor diz que são quatro as características da prova pericial:

---

28 O sistema de liberdade conferido ao magistrado é denominado sistema de *livre convencimento motivado* ou da *persuasão racional*.

29 "Não verdade, senão verossimilhança: é dizer, aparência (que pode ser também ilusão) de verdade" – Piero Calamandrei, *apud* Montenegro Filho, *op. cit.* p. 460.

1. o objeto: os fatos litigiosos deduzidos pelas partes;
2. a finalidade: formação da convicção em torno dos fatos;
3. o destinatário: juiz;
4. a necessidade de obtenção por meio de métodos determinados.

A atuação do psicólogo nesse campo está incluída na categoria do *exame*, que é, segundo João Carlos Pestana Aguiar Silva[30] (*apud* MONTENEGRO FILHO, 2005, p. 535), "inspeção direta feita pelo perito sobre pessoas, animais e coisas móveis em geral, para a verificação de algum fato ou circunstância que interesse à decisão da causa"[31].

A nomeação do perito é feita pelo magistrado de acordo com a natureza do exame, da vistoria ou da avaliação que se pretende realizar. Então, as partes são conclamadas a apresentarem os assistentes técnicos, em geral profissionais da mesma área do perito que serão seus auxiliares no acompanhamento e na avaliação do trabalho pericial. As partes podem apresentar também quesitos para a perícia.

Ao nomear o perito, o juiz também estabelece um prazo para a realização da perícia.

O juiz não pode desconsiderar o laudo, apesar de ter a prerrogativa de decidir contrariamente ao seu conteúdo. Se o laudo for considerado pelo juiz insuficiente para a conclusão sobre a decisão judicial, ele pode determinar que seja realizada nova perícia. (CPC art. 480).

É como peritos que o psicólogo e o psiquiatra são convocados a atuar no âmbito do discurso jurídico. Neste lugar, limitado pela atuação "imparcial" esperada do perito, cuja máxima é *visum et repertum*[32], o profissional deve utilizar seu saber para produzir um documento que

---

[30] SILVA, J. C. P. A. **As provas no cível**. Rio de Janeiro: Forense, 2003 p. 283.

[31] As outras categorias podem ser genericamente definidas assim: vistoria – relativa a bens imóveis; avaliação – em regra tem como objetivo a apuração de valor monetário.

[32] Para muitos operadores do Direito, essa é a máxima que define a ação do perito e que poderia ser grosseiramente traduzida por "ver e repetir", ou seja, o perito é aquele designado para, a partir de um saber reconhecido, encontrar a verdade e descrevê-la ao juiz. De acordo com Maria Helena Diniz, em seu Dicionário Jurídico, tal expressão significa a "descrição completa do objeto da prova pericial, após inspeção ocular." (1998, p. 749).

agregue conhecimento ao juízo e assim contribuir com a atividade judicativa. É permitido acesso ao perito a qualquer tipo de documento que o auxilie em sua tarefa, mas ele não pode propor soluções para o conflito ou mediar interesses, sob o risco de cair em suspeição.

1.2.5 – O psicólogo judicial

Em 1990, o Estatuto da Criança e do Adolescente, absorvendo e caucionando o discurso científico-psicológico, em muitos casos, estabeleceu como necessário o trabalho do psicólogo nas questões relativas às crianças e aos adolescentes, incluindo aí a família[33]. O Estatuto obriga o Poder Judiciário a manter uma equipe interprofissional destinada a assessorar a Justiça da Infância e da Juventude. Em tese, tal equipe não estaria vinculada às Varas de Família, pois a Justiça da Infância e Juventude se relaciona com as crianças e com os adolescentes em situação de risco pessoal e social e, por isso, os temas relativos ao abandono (e também à adoção), maus-tratos, negligência, abuso sexual, infração legal, etc., geram ações da competência das Varas da Infância e Juventude. Ações em que não há risco pessoal ou social, ligadas, então, à existência de núcleo familiar, como as citadas guarda, regulamentação de convivência, etc., são da competência das Varas de Família.

O trabalho que serve como base para este livro se fundamenta na experiência de mais de vinte anos como integrante da equipe que presta serviço às Varas de Família em Belo Horizonte.

Em Minas Gerais, de forma comumente encontrada no restante do Brasil, somente as comarcas com muitos habitantes, cuja infraestrutura, portanto, é maior, têm separação de equipes interprofissionais para cada tipo de Vara citado acima. Nas comarcas menores, todos os tipos de ações e processos que envolvam crianças ou adolescentes podem ser encaminhados à referida equipe, sem distinção.

Na capital, as equipes são divididas da forma como o exposto acima. Evidentemente, na prática, tal divisão nem sempre corresponde

---

[33] A legislação mais ampla estabeleceu essa necessidade também em outros campos, como o prisional. Contudo, interessa-nos aqui o direito de família.

à necessidade ou realidade com a qual o discurso jurídico lida. Por exemplo, em ações nas Varas de Família, pode ser levantada a questão do abuso sexual de crianças como impedimento às convivência do genitor não guardião. Pode acontecer também, nas Varas da Infância e Juventude, um processo de guarda devido aos maus-tratos infligidos a uma criança.

É certo que alguns tipos de ação se enquadram melhor nessa divisão, como a adoção e o tratamento da infração da lei por adolescentes, competências das Varas da Infância e Juventude.

Contudo, o que queremos destacar referente à atuação do psicólogo judicial encontra-se no art. 151 do ECA. Neste, afirma-se que a equipe interprofissional tem a atribuição de fornecer, por escrito, ou verbalmente em audiência, subsídios para o julgamento do processo – o que se alinha com a ideia de perícia – mas o artigo acrescenta outros trabalhos a serem desenvolvidos por esta equipe, como "aconselhamento, orientação, encaminhamento, prevenção" e outros que a legislação local lhe reservar.

Com essa redação, positivação legal da existência da equipe e de suas atribuições, o ECA agregou ao trabalho do psicólogo, no âmbito jurídico, funções que não se restringem à perícia *stricto sensu*.

Isso não eliminou a função pericial, muito menos a nomeação de psicólogos para exercerem essas funções nas questões relativas ao direito de família, o que continua acontecendo. Muitos juízes preferem as informações de profissionais de sua confiança, fora da instituição judiciária. Em Belo Horizonte, há muitas ações em Varas de Família enviadas para avaliação pericial por profissionais não serventuários da Justiça que recebem honorários das partes processuais pelo seu trabalho, como qualquer perito.

Os processos judiciais que são enviados à equipe interprofissional são aqueles em que o juiz confia no serviço da equipe e/ou aqueles em que as partes não querem ou não podem pagar os honorários de peritos particulares.

Outra diferença, porém, é interessante registrar. O psicólogo nomeado perito pelo juiz, profissional externo à instituição judiciária, examina e informa; o psicólogo judicial (ou judiciário), pertencente à instituição, pode realizar outras atividades além da avaliação e do informe, apesar de ser esta, ainda, a principal demanda da instituição. Em geral, os Tribunais de Justiça, incluindo os Juizados da Infância e Juventude, em função das previsões legais do ECA, não enquadram institucionalmente o psicólogo judicial (servidor da instituição) como perito, mas fornecem a ele um *status* similar ao do perito, por considerar suas atribuições de avaliação, suas suspeições e também o resultado final do trabalho: um laudo ou relatório que serve como prova pericial nos autos dos processos.

Como citamos na Introdução, a redação do ECA favorece a colocação do psicólogo que atua no campo do direito de família na situação de uma encruzilhada entre a ética do cuidado (ideal terapêutico) e a lógica da Justiça (produção da "verdade"). Sua função oscila entre limitar-se à tarefa de avaliar o indivíduo e a família ou a de intervir no conflito familiar e, assim, não responder ao dualismo certo/errado, ganhador/perdedor, inocente/culpado esperado pelo Judiciário.

1.2.6 – O psicólogo judicial no Fórum

Nas Varas de Família do Fórum Lafayette, o juiz determina nos autos do processo a realização de um Estudo Técnico[34]. A terminologia utilizada atualmente já demonstra um percurso histórico interessante. É de se observar que os juízes não determinam perícias, mas "estudos". Evidentemente, mesmo com uma terminologia diferente, a demanda institucional continua sendo a de uma avaliação que possa auxiliar na tomada de decisão. Entretanto, é interessante registrar que, em alguns

[34] Os termos variam, e os mais utilizados atualmente pelos juízes e membros do Ministério Público em Belo Horizonte são: estudo psicológico, estudo técnico, estudo psicossocial, estudo social, avaliação psicológica, reavaliação psicológica. Muitas vezes, os operadores do direito utilizam o adjetivo "social" (estudo social, por exemplo) para indicar um estudo psicológico ou ambos, o estudo social – realizado pela Assistente Social – e o estudo psicológico. O ECA procura diferenciar "estudo social" e "perícia" em vários artigos nos quais cita a equipe interdisciplinar (ver arts. 157 § 1º; 161 e 167). Porém, tal distinção não é clara e, provavelmente, é mais um dos determinantes da forma como os operadores do direito utilizam estas terminologias.

processos, o juiz determina o *acompanhamento* do caso (por sugestão do próprio psicólogo que avaliou ou estudou o caso anteriormente e registrou tal sugestão em seu relatório). A existência de determinações judiciais fora do âmbito da perícia já é indicação de uma demanda de trabalho para além da avaliação pericial.

Não há procedimentos rígidos para a realização desses estudos. Há variáveis que podem interferir de maneira incisiva, como prazos (que também podem ser dilatados), audiências das partes processuais com o juiz e determinações judiciais que dependem em grande medida das idiossincrasias do próprio julgador e de seu estilo pessoal. Entretanto, em geral, os procedimentos adotados para a realização desses Estudos em Varas de Família são muito flexíveis.

É interessante registrar também a adoção de novas técnicas pelos psicólogos judiciais, aproveitando justamente a determinação contida no ECA e já citada. Uma dessas técnicas é a mediação, cuja extensão, em termos de literatura e de debate, não cabe aqui discutir. Basta ressaltar que, apesar de nascida na perspectiva da resolução de conflitos no âmbito extrajudicial, a mediação tem sido discutida dentro dos Tribunais inclusive[35].

Todas essas modificações no trabalho do psicólogo judicial, e até mesmo a sua absorção institucional pelo Poder Judiciário, amparam-se em um tema que é, para o direito, um orientador-mestre nos dias atuais: o melhor (ou maior) interesse da criança. Em nome deste interesse é que se justificam, juridicamente, as intervenções judiciais na família. E como qualquer outro significante-mestre, esse "melhor interesse" não diz nada em si mesmo, mas é capaz de produzir muitos efeitos, como abordamos em outro texto. (Miranda Jr., 2000). Nós podemos tentar aproveitá-los.

---

[35] Remetemos o leitor a algumas indicações bibliográficas: BARBOSA, Á. A. Mediação familiar: uma vivência interdisciplinar. In: GROENINGA, G. C.; PEREIRA, R. C. (Coords). **Direito de Família e Psicanálise**. Rumo a uma nova epistemologia. Rio de Janeiro: Imago, 2003. p. 339-346; SALES, L. M. M. **Justiça e Mediação de Conflitos**. Belo Horizonte: Del Rey, 2003; SCHNITMAN, D. F.; LITTLEJOHN, S. (Orgs.) **Novos paradigmas em mediação**. Porto Alegre: Artmed, 1999; SIX, J.-F. **Dinâmica da Mediação**. Belo Horizonte: Del Rey, 2001.

1.3 – A cena jurídica e o teatro social

1.3.1 – Em torno da cena jurídica institucionalizada

Pode-se compreender a instituição do Poder Judiciário, e fundamentalmente o processo judicial – o dispositivo que institucionaliza a demanda por legitimação ou o julgamento de um conflito –, como a montagem de uma cena social. Tal cena organiza os fatos e os insere em um sistema simbólico para permitir a resolução dos conflitos e manter a coesão social pelo ideal de realização da justiça.

O direito não se reduz a essa cena. Para além, compõe um corpo de conhecimentos que regula a vida em sociedade e institui procedimentos e ações que, por intermédio do Estado, conferem legitimidade aos atos e fatos sociais, antes mesmo de traduzi-los para a sua entrada no discurso jurídico (judiciário) propriamente dito. Porém, estamos interessados no fato já ingressado no discurso jurídico pela via dos processos judiciais em direito de família.

Antes, vamos delinear a forma como o âmbito jurídico, o Poder Judiciário, pode ser pensado como cena. Para isso, estaremos nos baseando nas ideias de Georges Balandier e Johan Huizinga acerca do exercício do poder por meio das instituições jurídicas.

Balandier (1982) entende que o exercício do poder na sociedade está ligado a formas de dramatização. Ele defende que o poder, para se manter, deve exercer certas teatralizações que, mesmo variando com o tempo e o contexto, estão sempre presentes. "Todo sistema de poder é um dispositivo destinado a produzir efeitos, entre os quais os que se comparam às ilusões criadas pelas ilusões do teatro." (p. 6). De acordo com ele, há um parentesco entre as palavras "teoria" e "teatro", no duplo sentido grego do drama: agir e representar.

A manutenção da sociedade não depende somente da coerção de forças legitimadas, "mas também do conjunto de transfigurações de que é, ao mesmo tempo, o objeto e a realizadora." (Balandier, 1982, p. 21). Para este autor, a manutenção da ordem depende da manutenção e reprodução de dramatizações que sustentem hierarquias, valores e crenças. O poder não consegue se manter somente pelo domínio brutal ou pela justificação racional. Ele só se realiza e se conserva "pela transposição, pela produção de imagens, pela manipulação de símbolos e sua organização em um quadro cerimonial." (p. 7).

Para Balandier, essa ideia está presente de forma explícita desde Maquiavel. O grande ator político comanda o real pela manipulação do imaginário, do jogo de imagens via espetáculo que, em nossa sociedade, conta com o ingrediente importante da mídia e da valorização da técnica. Apesar de laicizados, os poderes modernos não eliminaram os investimentos míticos necessários ao seu funcionamento, apenas os encobriram, fazendo com que o exercício do poder tenha mais aparência de ordem técnica que simbólica.

Não cabe aqui uma exposição detalhada das ideias de Balandier, o que implicaria discutir, por exemplo, suas conclusões sobre a dicotomia ordem e desordem. Vamos nos restringir àquilo que pode ser útil na leitura dos processos judiciais em Vara de Família.

O outro autor de referência, Johan Huizinga (1980), defende, em texto de 1936, que o jogo é elemento central na cultura, é forma "significante" e tem uma função social. Para ele, o direito e a justiça também compõem campos de jogo. Ele destaca as culturas nas quais o julgamento se dá por jogos de azar, por uma competição ou por batalhas verbais (por exemplo, o torneio de insultos) e também aquelas em que esteve presente a ideia de decisão por oráculos ou pelo juízo divino ou mesmo pela sorte, nas quais explicitou-se mais claramente o caráter agonístico (e lúdico) do ganhar ou perder, aquém ou além da questão ético-jurídica do bem e do mal. Para Huizinga, somente quando o estoicismo "entrou em moda", surgiram os esforços para libertar a eloquência jurídica do caráter lúdico e purificá-la de acordo com os severos padrões de verdade e de dignidade professados pelos estoicos.

Destaca-se do referido autor sua referência ao processo do direito como uma competição, o que implica luta e representação *de* alguma coisa dentro de certos limites espaciais e de certas regras[36].

Essas duas referências teóricas foram utilizadas por Schritzmeyer (2001) em sua leitura sobre o Tribunal do Júri, na qual defende que o

---

[36] Para nosso objetivo, deixaremos de considerar outras características que ele afirma também pertencerem ao jogo como elemento da cultura (a vontade livre, a atividade externa à vida habitual e desligada dos interesses materiais, etc.).

Júri pode ser compreendido como uma encenação que visa a controlar a legitimidade do poder de matar, legitimidade esta que depende da forma como se narra a morte ocorrida e se descrevem os personagens nela envolvidos. Para ela, "a maior parte das narrativas de promotores e defensores do Júri está baseada em um discurso de caráter dramático-sociológico" (p. 112), em uma lógica classificatória e analítica da organização e do funcionamento da vida social. Tais narrativas, que utilizam linguagem baseada em estereótipos e fazem dos réus, vítimas e testemunhas, espécies de "personagens reveladores", tornam-se ainda mais fortes devido à forma de expressão utilizada e aos sentimentos que procuram evocar. Por vezes, os acusadores e defensores utilizam valores do senso comum para as suas argumentações em um certo tipo de "sociologia selvagem" (termo apropriado da referência freudiana à "psicanálise selvagem"), transformando as expressões técnico-jurídicas com a força das expressões dramático-simbólicas.

Dessa forma, ações que são banais no mundo cotidiano podem adquirir significados especiais a serem representadas nos plenários do Júri, situação na qual a diversidade humana é, geralmente, classificada e julgada a partir de certos sinais individuais interpretados como reveladores de características das relações humanas. Colocadas na boca dos técnicos (advogados), essas classificações ganham um *status* pseudo-técnico-científico. Uma decorrência dessa encenação – produção de imagens e manipulação de símbolos para a organização de um quadro cerimonial – é a criação, naquele cenário, de "melodramas que, em alguma medida dizem respeito a – e fazem sentido para – todos." (Schritzmeyer, 2001 p. 120). Nesses melodramas, os atores sociais são remodelados para representarem não necessariamente o que são, mas o que deveriam ser em função do que deles esperam o "Estado" e a "sociedade".

Albert Camus, escritor fascinado pelo Direito e pelo Avesso, descreveu essa cena de forma literária em seu texto "O Estrangeiro". À parte o absurdo que compõe a narrativa do assassinato cometido pelo personagem principal, Meursault, e sua indiferença pelas demandas do mundo, o seu julgamento segue as indicações citadas anteriormente: formalização e jogo por meio de apropriações de conhecimento e manipulação de valores. Advogado de acusação e advogado de defesa se enfrentam no embate da interpretação do fato ocorrido, jogando com as intenções do acusado, suas motivações e características pessoais em situações diversas para indicar o valor dos personagens e dos atos praticados. Fala-se do comportamento de Meursault frente à morte de sua mãe, frente aos seus vizinhos, sobre sua descrença em Deus, sobre seu trabalho. Em certo momento, Meursault não consegue acompanhar sua defesa, tamanho seu cansaço com os termos e o tempo empregado no julgamento. Quando seu advogado recebe os cumprimentos dos colegas pela defesa apresentada, incluindo os do colega empenhado na acusação, Meursault fica em dúvida se o que realmente interessava ali era a sua vida ou o jogo técnico jurídico.

Para Schritzmeyer (2001), no Tribunal do Júri, a narrativa melodramática gira em torno de um ou mais valores cuja universalidade está sendo testada e reeditada. Os argumentos levantados tencionam convencer os jurados de que um valor social básico foi desrespeitado e deve haver uma redenção. De certa forma, no Júri é encenada uma etiqueta da vida social.

Cabe aqui relembrar uma máxima jurídica: *quod non est in actis, non est in hoc mundo*, o que não está nos autos, não está (ou não existe) no mundo. Tal máxima reflete a necessária formalização do discurso jurídico, ou seja, os fatos e os direitos precisam encontrar respaldo nesse discurso e o fazem transformando-se em fatos jurídicos. Algumas vezes, os advogados perdem a possibilidade de bem representar o seu cliente por erros formais, mesmo que o fato tenha sido efetivo e o direito gerado seja objetivo.

É interessante lembrar que a cena jurídica sofre outros atravessamentos discursivos importantes que produzem tensão sobre a diferença entre a cena idealizada institucionalmente e a prática. Steve Bogira produziu um livro inspirado na maior Vara Criminal dos Estados Unidos da América, no qual destaca, entre outras coisas, a ênfase nos "acordos", quando a maioria dos acusados são encorajados a assumir a culpa para agilizar o julgamento; haja vista que a maioria também é pobre e um julgamento que seguisse os moldes normais naquele país levaria muito mais tempo e consumiria mais recursos[37].

---

[37] GRAÇAS, Eduardo das. Macarthismo, o retorno. *Revista Carta Capital,* ano XI, n. 365, 26/10/05, p. 10-16.

1.3.2 – O conflito familiar encenado juridicamente

Da mesma forma, podemos entender a família[38] em disputa judicial a partir da composição de personagens e situações que possam ser absorvidas pelo discurso jurídico, o que implica encontrarem respaldo em demandas jurídicas legítimas – baseadas na legislação – e em noções, convenções e signos sociais e culturais que forneçam valor e fundamento aos fatos que justifiquem a demanda e o jogo adversarial do processo judicial.

Toda a exposição feita antes, tanto histórica quanto formal, demonstra as peculiaridades da absorção dos fatos pelo discurso jurídico. Ademais, em outro trabalho (Miranda Jr., 2015), constatamos a construção dos personagens em direito de família de acordo com as petições iniciais e as contestações de processos de *guarda* e *modificação de guarda* consultados. Constatamos, por exemplo, que o discurso sobre os personagens do litígio assenta-se basicamente em quatro grupos de argumentos: a) as características pessoais da parte; b) as condições a oferecer às crianças; c) o interesse em cuidar delas; d) a assistência de fato oferecida às crianças.

Em cada um desses grupos, há argumentos que surgem repetidamente. Por exemplo, no caso do primeiro grupo (letra a), o fato de o adulto "ser trabalhador" ou não ter emprego "estável" e, em relação ao segundo grupo (letra b), a questão de o adulto ter tempo disponível para a criança ou oferecer-lhe "ambiente adequado". Já o discurso sobre as crianças nessas petições tende a ser bem menos extenso e, em geral, a enfatizar questões como a importância de sua educação formal e a sua "adaptação" a determinado ambiente.

Assim a família se apresenta no âmbito jurídico. Se, por um lado, a própria família é fruto de legitimações jurídicas desde o seu nascimento, por outro, para exercer o direito de modificar uma situação, receber alguma coisa ou legitimar uma relação, as pessoas da família

---

[38] Optamos por utilizar sempre o termo "família" sem o diferenciar de "entidade familiar", diferença que interessa mais às classificações jurídicas que ao tema de nosso texto. Contudo, se tal diferença se fizer relevante em algum momento, ela será mencionada.

necessitam inserir-se em um discurso formal cuja linguagem própria e regras de constituição moldam uma forma de família: *a família possível no Tribunal*. Uma família cujos componentes sócio-históricos são, muitas vezes, naturalizados pelo discurso jurídico, da forma como se aborda aqui.

Ao procurar um advogado para ser representada legalmente no Tribunal de Família, a pessoa verificará sua demanda transformada em argumentos consistentes com a linguagem e com os valores do discurso jurídico estabelecido. O advogado assume as palavras para o seu cliente e, muitas vezes, é o próprio advogado que negocia questões referentes ao processo com o advogado da outra parte processual. Se a pessoa pode falar em certo momento em audiência, é sob a orientação do advogado, dentro do jogo do qual sairá, hipoteticamente, um ganhador: aquele cuja demanda pode ser reconhecida como legítima pelo Estado-Juiz.

O caráter adversarial desse jogo implica, muitas vezes, na construção de imagens "ruins" do outro para contrapô-las a imagens "boas" de quem argumenta. É o que pode ser observado no cotidiano do trabalho em Varas de Família e está destacado em várias pesquisas, como em Brito (2008) e Miranda Jr. (2015).

Por isso, para a parte processual, o jogo implica muitas coisas. Na área de família, o jogo pode implicar desavenças perenes, rompimentos de relações familiares, dívidas a pagar. Ganhar ou perder a ação pretendida depende de uma série de fatores, inclusive de fatores relacionados à capacidade argumentativa do advogado e à sua atenção e experiência no encaminhamento do processo.

É claro que tal montagem institucional para a resolução de um conflito ou a legitimação de uma relação não abarca toda a realidade. Já destacamos que há princípios e premissas no discurso jurídico que incitam à interpretação constante, apesar de toda a hierarquia necessária ao funcionamento da instituição. A jurisprudência é o exemplo maior disso. Por outro lado, a legislação se modifica com o tempo, seguindo as mudanças sociais e as concepções morais. Tanto a mudança social do lugar da mulher na sociedade quanto o lugar da criança são fatores constantemente invocados para indicar as mudanças legais.

Entretanto, a interpretação das leis, tanto quanto a construção dos personagens, é atravessada pelo imaginário social, pelos discursos que se interpenetram e, muitas vezes, entram em conflito. Daí que a doutrina jurídica sobre a família encontre representantes das mais diversas posições políticas, por vezes encobertas por afirmações pseudocientíficas. Seja em posicionamentos considerados progressistas ou conservadores, argumentos de cunho moral e até mesmo sem fundamento científico se tornam bandeiras políticas de autoridade[39]. Além disso, nos processos em que envolvem crianças e adolescentes, está sempre em discussão o papel ou a função do juiz. Para lidar com uma área tão sujeita a interpretações parciais ou emocionais, é preciso encontrar parâmetros para valorar os fatos e os argumentos e, de certa forma, tal valoração encontra respaldo na forma como o juiz entende sua função. No trabalho anterior já citado (Miranda Jr., 2000), encontramos entre os autores consultados as mais distintas posições sobre a função do juiz, sobretudo no campo foco daquele trabalho: o campo das crianças em situação de risco. Havia defensores do "juiz imparcial", mas havia aqueles que afirmavam a importância de "se colocar no lugar" da família da criança ou do adolescente: o pai, a mãe, o conselheiro. Não é uma discussão simples.

Em trabalho sobre as concepções e sobre os discursos relacionados à sexualidade nos tribunais, Pereira (2001) colheu jurisprudência sobre variados casos e demonstrou como os valores morais e as concepções particulares ou mesmo idealizadas da sexualidade determinam muitas decisões judiciais. Como exemplo, podem-se citar os casos de estupro e abuso sexual nos quais é enfatizada a sedução exercida pelas crianças ou pelos adolescentes envolvidos com seus agressores, e os casos em que a vida sexual da mãe, após a separação, é vinculada, sem muita reflexão, à qualidade de seus cuidados para com os filhos.

Também, há a questão do valor jurídico da palavra da criança ser outro ponto difícil nessa montagem discursiva. Como sujeito de direitos, as crianças e os adolescentes oscilam entre o direito/dever

[39] É cada vez mais frequente a defesa das novas configurações familiares pelos juristas e doutrinadores, mas ainda é possível encontrar argumentações de autores respeitados no meio jurídico cuja base é a "natureza humana" para fundamentar posicionamentos conservadores sobre, por exemplo, a preferência pela guarda da criança para a mãe. (Cf. RIZZARDO, A., 2002, p 334 a 337).

de dizer e a falta de discernimento sobre este dizer. Os juízes buscam formas de lidar com essa palavra, de encontrar a verificabilidade de seu enunciado. Por vezes, buscam o auxílio do psicólogo nesse sentido, principalmente em casos nos quais há suspeita de abuso sexual. Não é uma discussão regional; ela ultrapassa as fronteiras nacionais, pois é fenômeno que compõe a cena jurídica ocidental. Dois juízes franceses próximos à Psicanálise discutem o tema "Fundamentados na experiência processual". Nos seus artigos, eles apresentam situações jurídicas extraídas de sua prática e percebe-se a dificuldade de manejo e a necessidade da decisão. Eglin (2008) ressalta a dificuldade de conciliar a autonomia da criança e do adolescente e a proteção que está a cargo do juiz. Fayol-Noireterre (2008) destaca, nos casos de abuso sexual, a fascinação que a palavra da criança pode ter sobre o adulto que se identifica com ela como vítima ou, às vezes, com o agressor. Ele destaca também a pergunta sobre o que pode ser esperado do trabalho dos "experts". O caso conhecido como "affaire d'Otreau", em que algumas pessoas acusadas de pedofilia permaneceram presas por alguns anos com base em depoimentos das crianças envolvidas e de alguns adultos e depois foram inocentadas, colocou em cheque o sistema judiciário francês e propiciou o questionamento dos discursos e das instituições que gravitam em torno do que hoje chamamos pedofilia. O relevo dado à palavra das crianças, o trabalho dos técnicos especializados, a mídia e a ação do juiz foram os focos de tais questionamentos[40].

Tudo isso mostra que, da mesma forma que no Tribunal de Júri, muitas vezes os argumentos dos advogados e a decisão do juiz nas Varas de Família testam e reeditam valores em uma narrativa geralmente melodramática, cujos fundamentos se encontram nos testemunhos e nos documentos.

---

[40] Vários textos foram produzidos sobre esse "escândalo jurídico", como é chamado na França. Colhemos informações e referências interessantes no endereço <http://fr.wikipedia.org/wiki/Affaire_d%27Outreau>, com acesso em: 1 nov. 2021. Outro tema relevante é o do Depoimento Especial, chamado inicialmente de Depoimento Sem Dano, procedimento envolto em polêmicas jurídicas e psicológicas que não trataremos aqui, mas que merece destaque.

Num certo sentido, a prática pericial e a prática do psicólogo judicial, diferença tratada anteriormente, são convocadas a abordarem essa narrativa para compor uma cena em que um saber científico sobre o humano auxilie o exercício de um poder supostamente demandado pelos indivíduos ou pela sociedade.

Seguindo Marques Neto (1993), pode-se dizer que o sujeito jurídico, o sujeito de direitos, cuja influência histórica dominante é a das concepções liberais da igualdade formal e da liberdade contratual, é a pessoa a quem se atribuem direitos e deveres, pessoa que é o suporte fático da personalidade física ou jurídica. Tal pessoa se constitui como sujeito de direitos no âmbito de uma relação jurídica, a qual pressupõe também os objetos jurídico e material. Nesse sentido, o sujeito é exterior ao Direito, ele é, para Bevilacqua (1929, p. 80), um "elemento lógico da ideia de Direito": suporte das relações jurídicas, destinatário e ponto de convergência das normas jurídicas. Pressupõe, outrossim, o reconhecimento do outro como sujeito (bilateralidade) e da ordem jurídica como referência última da possibilidade de relação. Suposto livre e autônomo em sua vontade, ele é também súdito da lei.

O sujeito do direito, no sentido formal do discurso jurídico, é o sujeito cognoscente, agente do processo de conhecimento e, como tal, referente a um objeto suposto cognoscível, ou seja, apreensível pelo conhecimento racional e pela atividade de investigação científica (Silva, 2003).

A questão que a Psicanálise pode levantar a respeito dessa formalização jurídica das relações em família, a partir de um lugar institucional distinto do juiz, está em sua concepção sobre a diferença entre demanda e desejo, implicada diretamente no conceito de inconsciente. É essa diferença que procuraremos sistematizar no próximo capítulo.

2. A CENA PSICANALÍTICA

> Enquanto a comunidade não assume outra forma que não seja a da família, o conflito está fadado a se expressar no complexo edipiano, a estabelecer a consciência e a criar o primeiro sentimento de culpa.
>
> FREUD

2.1 – A cena em Psicanálise

Existem várias maneiras de compreender a "outra cena" que compõe o discurso jurídico e se diferencia da cena jurídica como vimos trabalhando. Podem-se abordar os '"interesses reais" ou, por exemplo, as forças políticas e econômicas que se debatem nos conflitos judiciais sem que se tornem explícitas no discurso jurídico processual. (Cf., por exemplo, GUILHON DE ALBUQUERQUE, 1980). Entretanto, mesmo que esses aspectos necessitem ser considerados, o foco do que se chama "outra cena", em Psicanálise, é a do sujeito do desejo, produto da articulação significante e da pulsação real. Esse foco é o que nos guia nas abordagens das questões em Direito de Família.

Ao falarmos na "outra cena" em Psicanálise, a cena do inconsciente, entramos no campo complexo da trama de conceitos psicanalíticos cuja articulação nem sempre é fácil. Para orientar nosso percurso ao abordar o tema da cena, podemos destacar dois pontos: o desejo inconsciente e a fantasia.

Devemos precisar que, nesse percurso, privilegiaremos um recorte teórico que explicite a lógica de articulação dos conceitos. Obviamente, trata-se de uma articulação limitada a fornecer as bases para prosseguirmos o texto. Estamos cientes de que os conceitos centrais da Psicanálise, tanto na obra de Freud quanto na de Lacan, têm uma história no percurso de sua construção e articulação dentro dos tempos da obra de cada um. Porém, não poderemos nos deter em digressões conceituais que desviem e até impeçam o desenrolar deste texto. Afinal, não faltam obras importantes que tiveram como objetivo primordial a articulação de tais conceitos. Portanto, faremos uso dos conceitos e de sua articulação de acordo com a necessidade para o nosso caminho e, quando necessário, indicaremos uma notação histórica que possa ser realmente importante.

Desde o início de suas pesquisas, e de sua prática clínica, mesmo na época da parceria com Breuer e o uso da hipnose, Freud percebeu a relevância da diferença entre realidade e realidade psíquica, ou, como ele registra num primeiro momento, entre realidade e fantasia (Freud, 1914b/1980). Tal diferença é o que fundamenta a distinção entre o que se apresenta no imediato da conduta, do comportamento ou mesmo da queixa e do sofrimento do indivíduo e aquilo que se realiza na "outra cena": a fantasia, que articula o desejo com seu objeto enigmático por meio da relação com o outro.

Esta diferença se constitui desde o início da vida de cada um. O indivíduo humano recém-nascido é colocado em uma relação especial com o primeiro outro humano que cuida dele. Esse indivíduo não traz consigo a bagagem instintual presente em outros animais que lhe permita o mínimo de sobrevivência sem a presença desse outro. Pode-se dizer, inclusive, que o ser humano "nasce prematuro"[41]. Desde o princípio, a satisfação da necessidade biológica é acompanhada de um prazer experimentado na relação com o outro que implica em um registro de satisfação distinto da mera extinção da pressão biológica da necessidade.

Lacan dirá que é também em função de a criança ocupar um lugar específico para esse outro – um lugar de endereçamento daquilo que podemos chamar amor – o recebimento por parte dele de algo mais que o objeto da necessidade. A criança apreende então o objeto da necessidade como parte de um objeto simbólico, objeto de amor. Na passagem da necessidade para a demanda, Lacan introduzirá a noção de gozo, que

[41] Lacan retirou esta noção do biólogo L. Bolk, o qual publicou artigo sobre o tema, em 1926, e foi traduzido para o francês em 1960. (Cf. OGILVIE, 1991).

tem relação com o prazer, mas não se reduz a ele. O gozo se refere a uma experiência que não pode ser resgatada na relação do corpo com o objeto da necessidade entregue pelo outro. Em outro momento, o bebê demandará esse *plus* que supostamente acompanha aquilo que o outro lhe pode oferecer.

Nascida em meio aos significados e sentidos que o outro lhe atribui, o que é chamado de ordem simbólica, o *infans* grita e obtém como resposta a *interpretação* do seu grito como uma demanda no ponto em que este grito toca no desejo do outro que o acode. Assim, o primeiro fornecedor do código de interpretação da realidade é o outro originário, que Lacan escreverá com maiúscula (Outro). O "espaço instintual", esta suposta "deficiência" ou prematuração humana, é justamente o que será preenchido com a ordem simbólica – com a representação, numa aproximação com a linguagem freudiana. Neste espaço, que liga o corpo à ordem simbólica, está o conceito freudiano de pulsão, esta pressão constante em busca de satisfação que movimenta o desejo e que não tem objeto específico.

O desejo, como o movimento e a questão que restam da passagem da necessidade (o elemento bruto decorrente do que há de físico na pulsão e que se impõe à experiência) à demanda (aquilo que consegue passar à fala, convertendo nela o bruto da necessidade) não é plenamente articulável na linguagem. Ademais, como somos constituídos numa relação com o desejo do Outro, nossos desejos também nos parecem muitas vezes estranhos, pois se originaram nessa relação primeira na qual a constatação do enigma do desejo do Outro nos jogou nos desfiladeiros significantes, onde buscamos responder a este desejo e, concomitantemente, ao nosso próprio desejo. Daí que se compreende o sujeito como efeito do significante.

Freud e Lacan destacaram como a fala o ato de enunciar a linguagem, pode ser um veículo de acesso aos desejos que não se quer reconhecer. Os lapsos, os atos falhos, os sonhos e, em certo sentido, a transferência no decurso de uma análise, indicam a existência de um discurso, de uma articulação significante, que não corresponde à intencionalidade daquele que fala. Nesse sentido, inconsciente é o nome que pode ser dado a um discurso que ultrapassa as intenções do eu (ego) e que, mesmo parecendo estranho, é familiar.

O mundo do ser-falante[42] não é um mundo natural – é um mundo representado, nomeado, cuja significação é interminável, constantemente modificada. Nesse sentido, é que a realidade humana é realidade social, pois é organizada pela ordem simbólica, pelo significante.

Tal ordem indica lugares a serem ocupados e induz sentidos a serem produzidos sobre o valor da relação entre os lugares e o valor das trocas entre o sujeito e o Outro. Para a Psicanálise, é o complexo de Édipo que forma as bases normativas da organização significante. Por isso, trataremos agora deste tema.

Duas dimensões do fenômeno edípico podem ser destacadas: a primeira, relativa ao desejo, e a segunda, relativa ao interdito, à lei. O que une as duas dimensões é o campo da sexualidade.

Em termos sucintos, o complexo de Édipo significa "o conjunto das relações que a criança estabelece com as figuras parentais e que constituem uma rede em grande parte inconsciente de representações e de afetos". (Cf. KAUFMANN, 1996, p. 135).

À medida que progride a elaboração teórica freudiana, o Complexo de Édipo cresce em importância e, mais tarde, articulado ao Complexo de castração que, por sua vez, articula-se com a proposição do estágio fálico, comporá o núcleo da concepção freudiana sobre a constituição da subjetividade humana. A partir de meados dos anos 20[43], o Édipo passa a ser, na teoria freudiana, um momento decisivo do percurso da sexualidade infantil e da formação da personalidade; um organizador do devir humano, ponto fundamental na orientação do desejo em torno da diferença entre os sexos e da diferença entre as gerações.

A descrição freudiana do complexo de Édipo e do complexo de castração em sua versão mais simples é, resumidamente, a seguinte: no decorrer do desenvolvimento da sexualidade, a criança atinge um

---

42 Neologismo criado por Lacan (*parlêtre*), muitas vezes traduzido por "falasser", para enfatizar a importância da linguagem na teoria psicanalítica. Para a Psicanálise lacaniana, o ato da fala representa a articulação singular entre o sujeito e a linguagem a partir da Ordem Simbólica, conceito relacionado ao Édipo como estrutura. A fala realiza a mediação entre o sujeito e seu desejo.

43 O único texto freudiano em que o termo aparece no título pertence a esta época: *A dissolução do complexo de Édipo* (FREUD, 1924/1980).

estágio no qual o pênis toma um valor diferenciado. Nesse estágio, chamado *fálico* por Freud, as crianças supõem, a partir da percepção da diferença anatômica entre os sexos, que todos os seres humanos têm um pênis. Às mulheres, onde ele não é visto, supõe-se já terem possuído e depois terem perdido. Então, o menino, frente à angústia de poder perder o órgão em função da rivalidade com aquele que o tem, o pai, abre mão de seu desejo "incestuoso" pela mãe, recalcando-o, e dirige sua atenção para as outras mulheres, procurando identificar-se ao pai. Assim, ele conclui a experiência do complexo. A menina, por seu lado, se vê privada do pênis-falo e, rompendo sua relação com a mãe por rancor de não tê-lo recebido dela, dirige sua atenção ao pai com o objetivo de receber dele tal objeto. Nesse sentido, é que Freud conclui pela permanência nas mulheres da "inveja do pênis" e pela equação pênis = falo = criança. Dessa forma, a menina não conclui a experiência do complexo da mesma maneira que o menino, pois enquanto ele resolve o conflito pela angústia da castração, ela se introduz na experiência edípica a partir da castração. Isso fará Freud dizer que a mulher se realiza quando tem um filho, preferencialmente um filho homem. Além disso, ele fez diversas afirmações acerca da formação do caráter nas mulheres a partir dessa concepção do processo edípico. Em certo momento de sua obra, ele afirma que a sexualidade feminina é como um "continente negro".

Lacan, em sua elaboração sobre o complexo de Édipo, privilegiou uma leitura estrutural em detrimento da leitura baseada na dinâmica psíquica – que era, segundo ele, a ênfase de quase todos os pós-freudianos. Nessa leitura lacaniana, pode-se destacar a influência importante dos estudos antropológicos de Lévi-Strauss sobre a estrutura do parentesco (1982), nos quais este autor defende a ideia de que o incesto é a interdição universal e se encontra na própria passagem da natureza para a cultura: sendo uma interdição é cultural, mas por possuir caráter universal se aproxima do invariante da natureza.

O Édipo estrutural de Lacan tem quatro elementos: Pai, Mãe, criança e falo[44].

[44] Utilizaremos Pai e Mãe com letras maiúsculas para enfatizar a função paterna e a função materna, distintos do pai e da mãe concretos. Com isso, não resolvemos o

O Pai, ao representar a Lei da interdição do incesto, separa a criança da Mãe. Tal operação é necessária para permitir a inscrição de um significante especial que indique o vazio da ausência do objeto do desejo na estrutura psíquica: o significante Nome-do-pai. A Mãe, que fornece à criança os objetos de satisfação pulsional, impõe-lhe o código dessa satisfação e lhe oferece sua forma de identificação. A criança é (para si mesma) o que a Mãe lhe diz/mostra que ela é. Junto com o alimento, a Mãe entrega ao bebê também outra coisa: o amor, dirá Lacan, pelo dom. A criança apreende aos poucos que aquilo que lhe é entregue corresponde ao que ela representa como objeto de satisfação para a Mãe, tanto na vertente do investimento narcísico, que implica o significante fálico, quanto pela vertente de objeto de gozo. Contudo, esta satisfação só pode ser suposta porque implica o desejo: a Mãe é sujeito que, tendo se constituído via complexo de Édipo, encontra-se marcada pela ausência do objeto. Assim, como a Mãe está inserida também na ordem simbólica, não encontrará a satisfação na criança-objeto, visto ser ela também um substituto do objeto faltante (objeto *a*), encoberto por um significante especial que orienta o desejo: o falo. A criança, então, não só pelo desvio do olhar da Mãe em direção a outros objetos, como também pela frustração que experimenta em relação à sua demanda de amor dirigida à Mãe, vai apreender que ali ela ocupa o lugar de algo perdido cujo índice desliza pelos significantes com valor fálico. Perceber isso faz com que a criança tente se encaixar nesse lugar, fazendo-se de objeto fálico, seduzindo.

A relação Mãe-bebê é, desde o princípio, triádica e não dual, pois inclui o terceiro elemento, o falo, cuja existência só pode se dar na articulação com a ordem simbólica, ordem significante, na qual o

---

problema da nomenclatura, que dificulta evitar uma aproximação com as imagens de pai e mãe em nossa cultura, devido justamente ao modo de sua organização, que serve de apoio à teorização do Édipo como complexo. Por isso, mesmo no romance familiar que o sujeito leva à análise, os lugares de Pai e Mãe são ocupados, em muitas passagens, pelas pessoas que desempenharam este papel na história pessoal. Entretanto, como estrutura fundamental da subjetividade, o Édipo não se reduz a esse romance pessoal. Antes, do ponto de vista lacaniano, designa o processo de constituição do inconsciente e, portanto, à possibilidade de acesso à cultura, ao social.

sujeito se inscreve ao perceber que à Mãe falta algo e que isto deve ser buscado alhures. O terceiro elemento, num sentido amplo, à própria ordem simbólica, é o que se impõe na relação, a princípio imaginária, entre a Mãe e a criança. Lacan nomeia a ordem simbólica também como Pai simbólico, não representável. O Pai simbólico, como indicativo de um terceiro elemento cuja origem não é possível determinar e cujo correlato é a ordem simbólica, é chamado por Lacan de "pai morto", em referência ao parricídio do mito freudiano[45].

Nesse sentido, pode-se falar, então, do Pai simbólico fornecendo o significante que designará o desejo da Mãe como um enigma para o sujeito, marcando o ponto vazio da estrutura de onde a linguagem extrai seu movimento. Esse significante é o Nome-do-pai.

Então, para Lacan (1957-58/1999 p. 152 e 180), uma dimensão fundamental do complexo de Édipo é o Édipo-lei que, marcando a impossibilidade de satisfação pulsional, distancia o homem do reflexo, do instinto, e instaura um código simbólico, cujo fundamento é inconsciente. Este código regula a relação do homem com o mundo e com os outros, sendo que, na verdade, o mundo do homem é fundamentalmente o mundo social, convencional, ficcional. A lei é o que se articula no nível do significante, por isto o Outro pode ser entendido como sede da lei, o texto da lei. Por isso, também, a relação da lei com o Nome-do-pai, significante especial que a registra e representa ao instituir e substituir o primeiro significante, o significante materno.

A castração do Outro (da Mãe) registra estruturalmente a própria castração da criança e a insere na dialética do desejo. É o desejo da Mãe, o vazio no Outro organizado pelo significante fálico, que restará enigmático para o sujeito e que permitirá a elaboração da pergunta que ele tentará responder: "O que o Outro quer de mim?", em uma interminável dialética com: "O que eu quero do Outro?". E por aí se sinalizará seu movimento: desejo do desejo do Outro. O Outro não é somente a instância da qual o eu demanda algo, mas também a instância que demanda algo ao sujeito.

---

45 Nesse ponto, a referência é ao texto de Freud, Totem e Tabu, retomado por Lacan para elaborar sua tese sobre o pai simbólico.

A linguagem é o caminho que o sujeito vai percorrer buscando reencontrar, sem obter êxito, o mítico gozo perdido. Nesse sentido, não devemos entender a linguagem somente como fenômeno social, mas como lei que rege a outra cena – o inconsciente.

Nessa articulação, a relação amorosa não é complementar, ou seja, não há proporcionalidade entre os sexos, entre os amantes. Toda proposta de complementaridade é ilusória (LACAN, 1972-73/1985). Nesse sentido, é que Lacan vai afirmar que, para o ser falante, *não há relação sexual*[46] – ou, dito de outro modo, *a relação sexual é impossível.*

Nesse sentido, o amor é uma resposta significante para a inexistência da relação sexual e a fantasia, o nome da "outra cena" na qual se articula o desejo e seu objeto cena que se anunciava desde o abandono da teoria da sedução, por Freud.

A experiência edípica é lembrada como a história fragmentada das primeiras relações com aqueles que cuidaram de nós e é evocada nas outras experiências que cada um vive durante seu percurso. Amor, posse, rivalidade, hostilidade, desejo farão parte desta história cujo caráter infantil nunca será de todo superado. Evidentemente, muitas lembranças restarão recalcadas, servindo como solo das repetições que realizamos na vida.

Chegamos então à questão da fantasia. Freud utilizou o termo de diversas maneiras. Ora se referindo aos devaneios aos quais nos entregamos diuturnamente, histórias e ficções que o sujeito forja e conta para si mesmo no estado de vigília, cuja estrutura é comparável a dos sonhos[47], ora se referindo à fantasia como ponto privilegiado de uma relação com o inconsciente.

Em "Romances Familiares", Freud trata da fantasia de acordo com o primeiro desses sentidos, indicando os motivos que levam as crianças a construírem ficções acerca da família, após as desilusões com

---

[46] *Rapport*, termo utilizado no original em francês na frase destacada e traduzido por "relação", guarda a possibilidade de referir-se ao sentido de relação proporcional, matemática. Este sentido expressa também a noção lacaniana de não relação ou não proporção entre os sexos no simbólico.

[47] Cf. Freud, **A Interpretação dos Sonhos** (1900/1980); **Romances familiares** (1909/1980).

os pais. Ele chega a dizer serem esses impulsos mentais da infância conscientemente lembrados que "constituem o fator que nos permite entender a natureza dos mitos." (1909/1980, p. 244).

No segundo sentido, as fantasias (ou cenas) estão no princípio da formação dos sonhos e, portanto, também dos sintomas. Em "Fantasias histéricas e sua relação com a bissexualidade", Freud (1908a/1980, p. 165-167) expõe a tese de que as fantasias inconscientes são os precursores psíquicos imediatos dos sintomas histéricos; portanto, que os sintomas histéricos são a realização de uma fantasia inconsciente que serve à realização de um desejo.

No artigo sobre a questão da realidade na psicose e na neurose, Freud (1924/1980 p. 233) diz que a distinção entre as duas estruturas clínicas, por vezes, se dificulta pelo fato de que também na neurose não faltam tentativas de substituir uma realidade desagradável por outra que esteja mais em acordo com os desejos do indivíduo, o que é possibilitado pela existência de um *mundo de fantasia*, termo que ele próprio destaca no texto e que significa um domínio que permaneceu separado do mundo externo na época da introdução do princípio da realidade. Nesse mesmo sentido parece ser o uso que ele faz no texto sobre algumas escolhas amorosas que os homens realizam (Cf. Freud, 1910b/1980 e 1912/1980).

Em uma definição sucinta, Freud afirma que as fantasias têm as características do sistema consciente – organização e não contradição – mas são inconscientes, incapazes de se tornarem conscientes. Laplanche e Pontalis (1986 p. 233) nos ajudam a reunir alguns aspectos importantes da fantasia nos escritos freudianos em uma articulação entre os dois sentidos citados atrás: trata-se de encenações, mesmo que se enunciem numa só frase, de cenas organizadas, susceptíveis de serem dramatizadas, a maior parte das vezes, de forma visual. O indivíduo está presente nessas cenas, como participante e/ou como espectador. Os sonhos, tema que Freud abordou extensamente, são também encenações do desejo inconsciente. Não é um objeto que é visado, mas uma sequência de que o indivíduo faz parte e na qual são possíveis permutas de papéis e de atribuições. (Cf. Freud, 1919/1980). A função primitiva da fantasia é a encenação do desejo, na qual há sempre uma interdição presente na própria posição do desejo.

Para Lacan (1998), a fantasia diz respeito às mesmas dimensões destacadas por Freud; contudo, ele enfatiza a fantasia fundamental como estrutura significante inconsciente cuja lógica trata de explicar a sujeição originária do sujeito ao Outro. Tal sujeição se exprime como uma resposta – à demanda do Outro – que articula o sujeito dividido pelo significante e pelo objeto *a*[48]. Nesse sentido, a fantasia inconsciente, ou fantasma, é uma construção de imagens articuladas pelo significante em torno de um ponto vazio inassimilável, o desejo do Outro. Dito de outra forma, uma tentativa de articular a linguagem e o corpo em relação ao desejo do Outro, uma articulação que localiza o sujeito entre a necessidade, a demanda e o desejo.

É importante indicar aqui a relação entre a fantasia e o sintoma. A princípio, eles parecem não manter relação; contudo, é a conexão entre eles o que permanece recalcado. Na verdade, essas duas dimensões estão intimamente conectadas (Cf. Freud 1908a/1980; Miller, 1988[49]). O que se obtém da fantasia como prazer geralmente é acompanhado de vergonha por não fazer parte das articulações morais presentes na neurose e, muitas vezes, serve de recurso contra o sintoma, serve de consolo. As pessoas não se lamentam de sua fantasia, elas se queixam do sintoma que lhes aparece como o enigma de um sofrimento. Porém, é a fantasia que sustenta o sintoma. Nela o sujeito se localiza. No sintoma, ele se divide na báscula da alienação e da separação em relação ao desejo do Outro e seus restos. Um exemplo clínico é a inibição intelectual ou comportamental que pode surgir em resposta ao imperativo inconsciente de precisar ter um grande potencial para exibir. Outro exemplo é o da necessidade de exposição pública e reconhecimento que responde, muitas vezes, à fantasia de não ser nada ou de ser um resto, um objeto/dejeto de gozo do Outro.

---

[48] O objeto *a* tem relação com o objeto pulsional e, assim, com a causa do desejo, lugar vazio fora da ordem simbólica. Lacan, na construção de sua teoria, articulou este conceito com o gozo e, mais tarde, com a noção de mais-de-gozar. Referências importantes para estas articulações são: Seminário 8. **A Ética da Psicanálise**; Seminário 10. **A Angústia**; Seminário 17. **O Avesso da Psicanálise**.

[49] Neste texto, ver, sobretudo, as conferências proferidas em 1983, em Buenos Aires, reunidas sob o título "Duas dimensões clínicas: sintoma e fantasia".

Vamos deixar para adiante a articulação da questão da conjugalidade e da filiação com essa cena. Assim, finalizaremos esta parte retomando os conceitos que nos interessam em torno da "outra cena":

O complexo de Édipo conclui o processo de constituição do sujeito ao instituir, pela estrutura e pela diferença dos sexos, a ausência do objeto, o falo como significante orientador do prazer (gozo fálico), e a sexuação, a posição sexual relativa ao próprio falo. Lacan (1992b, p. 92) vai afirmar, em certo momento, que o Édipo desempenha o papel do saber com pretensão de verdade sobre o desejo.

O desejo desliza metonimicamente entre os significantes da demanda ao Outro e da demanda do Outro em torno da falta do objeto. Entre o sujeito e o objeto está a fantasia, imagem cristalizada e estrutura significante de defesa contra a castração que explicita a resposta do sujeito como sujeição originária ao Outro. Imagem e significante se articulam no fracasso de significar ou dar sentido à falta-a-ser.

A fantasia, então, é a moldura do desejo em resposta à questão da ausência do objeto pulsional e da impossibilidade da relação complementar entre os sexos, à questão da interdição e do suposto gozo perdido. Como cena articulada, a fantasia é aquilo de que se frui, a cena na qual realizamos o desejo e também a moldura por meio da qual olhamos a realidade. Por isso, a imagem poética da fantasia como janela pela qual vemos o mundo, geralmente sem nos darmos conta de que há ali uma janela.

O sujeito que assim surge é um sujeito dividido em relação ao seu desejo. À pergunta sobre o que deseja, ele não é capaz de responder de forma definitiva.

2.2 – A cena psicanalítica e a família

Freud, ao escutar o sofrimento de seus pacientes, encontrou as lembranças infantis e os personagens familiares que compunham as tramas nas quais os desejos se enredam. Lacan, na trilha de Freud, ajudou-nos a compreender que o sujeito desejante se constitui na relação com o Outro, cuja personificação pode incluir, e geralmente o faz, as pessoas da família. Podemos mesmo dizer que em nossa cultura a família – em imagens e palavras – ocupa esse lugar de modo privilegiado.

O complexo de Édipo nomeia o drama (ou em outro sentido, o trágico) do que Freud chamou de romance familiar. Pai e mãe são imagos fundamentais na constituição subjetiva de cada indivíduo pelas identificações, a colocação do proibido – e do desejo correspondente – e a inserção do indivíduo na cultura.

Todavia, os personagens que surgem nas análises como suportes discursivos de relações de prazer e de dor não correspondem ao modelo socialmente idealizado de família. O drama familiar escutado desde Freud evoca os ideais, as restrições, as imposições e contradições, as rivalidades e as relações de amor e de ódio. A família que surge no relato dos pacientes em análise é muito distinta daquela que desfila rotineiramente na cena social. Ela tem mais a ver com a família em suas crises, com seus segredos e suas paixões escondidas.

O conteúdo a que Freud tinha acesso era talvez o mesmo dos confessores, ainda muito ativos na Europa nessa mesma época, porém o tratamento dado por ele ao que lhe chegava aos ouvidos foi inteiramente outro. Apesar disso, Freud tratou a forma de família por ele vivida na clínica e na sua própria vida como a forma universal de família, ou pelo menos a forma final da família, no que era auxiliado pelos estudos antropológicos evolucionistas de sua época. De acordo com Lacan (1938/1990), foi isso que ajudou Freud a realizar o salto especulativo de uma família conjugal a uma família primitiva hipotética, na qual o macho exercia a função de organização social[50].

Lacan defenderá, desde essa época, uma família desconectada dos referenciais antropológicos evolucionistas. A família ocidental atual – ele se refere à chamada família nuclear – seria uma "contração" das formas familiares anteriores, mais extensas. Dessa maneira, é apenas uma circunstância que na família ocidental, pai, mãe e filhos sejam os mesmos que os da família biológica.

Ainda segundo Lacan, podemos identificar na família, entre suas múltiplas formas, as funções invariantes de geração, de provimento das condições de meio para o desenvolvimento dos jovens – que poderíamos

[50] "A família possui fundamentos que escapam à força do macho." (LACAN, 1938/1990, p. 46). A referência de Lacan é ao texto freudiano "Totem e Tabu".

nomear como **proteção** – e, sobretudo, de **coação** do adulto sobre a criança. Coação que implica a autoridade na relação de parentesco e que se relaciona com a formação moral e com a transmissão da cultura, noção a que Lacan dá ênfase nesse texto por meio dos conceitos de imago e complexo[51]. Tais conceitos o ajudam a se distanciar das noções biológicas de família e a propor que dois campos da constituição do eu dependem da imagem e do símbolo: o campo da sexualidade, que sofrerá repressão, e o campo da realidade, que se organizará pela sublimação. Para ele, é próprio da família patriarcal abordada por Freud concentrar no pai a função da repressão e da sublimação, o que justificaria o salto especulativo freudiano citado anteriormente. Lacan afirma que os pós-freudianos se mantiveram na mesma concepção por enfatizarem o dinamismo psíquico em detrimento da estrutura. Para ele, a ênfase na estrutura permite estabelecer uma relação mais fixa entre função e drama. Drama que deve incluir o movimento do sujeito nas suas contradições entre o desejo e a defesa.

Assim, ao falarmos de família desse ponto de vista, estaremos nos referindo a um significante que designa o Outro que gera, protege e coage o ser falante em sua inserção na vida social e cultural. Por outro lado, é também nesse grupo que o ser falante busca uma resposta para a sua divisão, resposta que nunca será suficiente.

Dessa forma, podemos dizer que para a Psicanálise a família é fundada na transmissão e não na reprodução, o que a afasta das concepções "naturalizantes". Por isso, não há, a princípio, uma morfologia necessária dessa família. Toda morfologia arrisca-se a uma normatização pelo ideal que é interessante evitar. Não que possamos abandonar toda norma e todo valor – a própria nomeação implica relações de valoração. Entretanto, para abordar a família em sua estrutura, consideramos ser preciso nos distanciar das imagens cultuadas da família, cujas raízes históricas vão além do mundo judaico-cristão. (Cf. Aragão, 1999). Distanciar-se desses ideais é possível ao nos distanciarmos do Édipo

---

[51] O complexo "liga sob uma forma fixada um conjunto de reações que pode interessar todas as funções orgânicas desde a emoção até à conduta adaptada ao objeto." (LACAN, 1938/1990, p. 19).

romanceado, ou seja, do Édipo entendido como modelo, coisa que já criticamos, mas que não é difícil encontrar em elaborações psicanalíticas utilizadas, muitas vezes, como fundamentação para orientações sobre a constituição da família e sobre as decisões judiciais. (Ver, por exemplo, Dolto, 1985/2003).

Há dois campos importantes que constituem a família e que podemos separar para abordarmos e contextualizarmos as relações familiares em termos psicanalíticos: o campo da formação e dinâmica do casal, que pode ser nomeado neste texto como conjugalidade, e o campo da filiação.

Antes de abordar tais temas, importa dizer que tratar da atração sexual e do amor entre dois corpos falantes é tratar, hoje mais que nunca, de algo cujos invariantes são dificilmente discerníveis, se é que podem ser vislumbrados. São temas centrais e fundamentais na constituição do ser-falante; contudo, o entorno desses temas significantes – as práticas linguísticas e as experiências das quais derivam seus significados – é sempre contextual. Abordar esses temas é tratar de uma época e de um lugar históricos, de uma cultura e de um extrato social[52]. Somente os ideais parecem ter duração e visibilidade mais extensa que a data histórica das práticas correlativas. O risco que se corre com o uso descuidado da Psicanálise é o de universalizar questões e derivar proposições e orientações cujo fundamento é contingente à cultura e à sociedade.

Portanto, ao realizar a necessária tarefa de generalizar questões sobre o amor conjugal e filial a partir da teoria e da clínica, deve-se estar ciente de seu caráter contextual, e isso nos faz caminhar no fio da navalha. Manter como referência principal a clínica, a enunciação que podemos escutar – e não a teoria – abre-nos a possibilidade de errar menos. É dessa posição que partimos para procurar apresentar algumas concepções psicanalíticas acerca do amor conjugal e, em seguida, sobre a filiação.

---

52 Como afirmou La Rochefoucauld: "Existem pessoas que nunca teriam estado apaixonadas se não tivessem ouvido falar de amor" (citado por LACAN, 1998a, p. 265 – para enfatizar o reconhecimento do que a fala comporta de amor – e também por CHAVES, 2006).

2.2.1 – Conjugalidade

A relação conjugal é hoje, mais do que nunca, tema de textos. Encontram-se sobre ela desde estudos e pesquisas especializadas até a volumosa literatura chamada de autoajuda, além de tudo o que é possível achar e perder na internet.

Para a Psicanálise, o outro eleito como objeto de desejo e de amor ocupa um lugar específico na fantasia daquele que o elegeu. No complexo de Édipo, esse outro vem sinalizar para o sujeito a possibilidade de uma satisfação em relação ao próprio ser. "O amor visa ao ser, ao que ia ser ou ao que por ser fez surpresa", afirma Lacan (1985, p. 55).

Como o ser-falante é um ser em falta, ou seja, uma falta-a-ser, o amor aparece como a possibilidade de concretizar o ser pela via de uma resposta à demanda do/pelo Outro, por onde é possível escutar também a busca pelo reconhecimento do desejo. Por isso, apesar de muitas vezes recíproco, o amor é impotente, pois ignora que é apenas desejo de ser. O outro, o ser amado ou de quem se demanda o amor, oculta duas dimensões importantes sob o véu das identificações, do narcisismo e do significante, ambas relacionadas aos caminhos do desejo percorridos no Édipo: o objeto *a* e o falo. O amor é a possibilidade de não querer saber sobre o desejo correlato a essas dimensões e suas relações com o que podemos chamar de sexualidade infantil.

Se a pulsão visa aos objetos (parciais), o amor visa ao próprio ego. Freud afirma que o amor só se dá numa relação do "ego total" com o seu objeto, ou seja, somente se pode falar de amor depois da formação do ego e da passagem pelo complexo de Édipo[53]. Para Lacan (1985 p.

[53] Esta afirmativa freudiana tinha como base primeira a diferença entre as pulsões parciais e a unificação destas pulsões na chamada "fase genital". Se as pulsões parciais visavam aos objetos parciais, fragmentos do corpo que continuarão excitando as pulsões, o amor seria possível por tal unificação pulsional e se dirigiria a um objeto não parcial. (cf. FREUD, 1910b/1980). Mais tarde, com a importância concedida à questão da identificação, o problema do amor se tornará mais complexo. Contudo, entendemos que a frase citada não perde sua validade e, na verdade, pode ser relacionada com as elaborações de Lacan sobre a demanda de amor como resposta ao desejo.

69), no amor se visa a um sujeito suposto a uma frase articulada, a algo que se ordena ou pode se ordenar por uma vida inteira.

O desejo, no sentido de movimento, está correlacionado à pulsão. A pulsão se dirige aos objetos parciais que apontam os fragmentos das experiências de satisfação condensados em imagens e organizados segundo uma cadeia significante. A sua articulação pelo significante, pela ordem simbólica, implica a passagem da necessidade à demanda. Em outros termos, implica a marcação do corpo pela letra, a instauração da diferença entre gozo e prazer.

O Outro primordial, que interpreta os movimentos e os gritos do sujeito, insere esses fragmentos no regime da troca simbólica, de onde o sujeito, utilizando a linguagem, constituirá sua demanda ao Outro. Demanda que encontra também a demanda do Outro no sentido contrário: o sujeito pede algo ao Outro e também responde àquilo que interpreta que o Outro lhe pede. O desejo, nesse sentido, circula pela demanda sem se reduzir a ela, e pode ser entendido como uma questão: *O que o Outro quer de mim?*, cujo polo dialético é *o que eu quero do Outro?*[54]. O amor pode ser a resposta a esta questão. Por isto, Lacan afirma que toda demanda é de amor, é o que da necessidade se articula no campo do significante. Reencontrar o amor que se teve ou encontrar o amor que não se teve, eis a sina inscrita nessa articulação. Como tenta definir o artista: "Amor é sede depois de se ter bebido"[55].

Nessa articulação, em que um movimento e uma questão são endereçados ao objeto e ao Outro – ou ao objeto no Outro –, cuja resposta é o amor, é que se pode dizer, com Lacan (1992a), que o desejo é a mola do amor. Porém, se o primeiro está relacionado ao objeto *a* como resto dos objetos parciais da pulsão que não se articulam no significante, dos quais pode se distanciar pela sublimação, mas que se revelam nas fantasias, o segundo, no seu sentido amplo, pode eleger objetos muito além de outra pessoa – o trabalho, os bens, a humanidade, Deus – porque nascido da ordem simbólica, do significante. Contudo,

---

[54] O texto fundamental que articula essa questão é "Subversão do sujeito e dialética do desejo no inconsciente freudiano". (LACAN, 1988, p. 807-842).

[55] Guimarães Rosa em "Grande Sertão: Veredas".

na origem, estão enlaçados. É mesmo da conjunção do desejo com seu objeto enquanto inadequado que surge a significação que se chama amor. (1992a, p. 42).

O amor, como significação, não encobre por completo o que a vida erótica tem de proximidade com o objeto *a*: os orifícios do corpo, a proximidade com os excrementos, os componentes sádicos e masoquistas. Num texto de 1908, Freud (1908b/1980, p. 197) diz que um das "óbvias injustiças sociais" é a exigência de uma conduta sexual idêntica para todos, pois, para alguns, isto se torna um pesado sacrifício. Para ele, é a desobediência às injunções morais que sana essa "injustiça". Em outro texto, Freud (1910/1980, p. 172) faz uma comparação curiosa: assim como os órgãos genitais não participaram do desenvolvimento do corpo, visando à beleza, permanecendo animais, o amor também permaneceu, "em essência, tão animal como sempre foi". Do ponto de vista lacaniano, isso se dá porque o gozo é o pano de fundo da vida do sujeito.

O desejo se orienta pela posição que o sujeito ocupa em relação ao sexo e isto tem efeitos na forma como o sujeito articula sua demanda. De acordo com Lacan (1992b), o sujeito na posição masculina orienta-se pelo objeto *a* como causa de desejo e pelo significante fálico erigido após a angústia de castração e o sujeito na posição feminina orienta-se pelo significante fálico, localizado do lado masculino e, para além do falo, com aquilo que indica o significante da falta no Outro. Então, o sujeito feminino se coloca para o seu parceiro como objeto causa de seu desejo, ao tentar responder à sua fantasia, e o sujeito masculino se coloca na posição de oferecer o falo na fantasia de seu parceiro. O sujeito masculino coloca a mulher como seu sintoma, enquanto o sujeito feminino fornece ao homem os signos do seu inconsciente, afirma Nominé (1997) de acordo com o ensino de Lacan. Porém, como o sujeito feminino também se dirige ao significante da falta no Outro, o que quer dizer que ele não se orienta totalmente pelo significante fálico, este sujeito está aberto à possibilidade de um outro gozo, que na verdade não existe.

Para Lacan (1992b), o desejo masculino poderia ser tipificado como fetichista, pois é orientado por um desejo guiado pelas imagens que recobrem a ausência do objeto, representada pelo enigma do desejo feminino, e que tem valor fálico de encobrir a castração. O desejo feminino seria erotomaníaco, pois estaria caracterizado pela demanda de ser amado, traduzido na possibilidade de restituição fálica, o que deixa o desejo feminino muito mais dependente do campo significante e ao mesmo tempo aberto a um gozo não fálico, como citado anteriormente. As reações femininas ao encontro do amor ou à perda do amor permitem, muitas vezes, evidenciar esse caráter erotomaníaco no qual o gozo, para além do falo, insinua-se na própria demanda de amor.

O amor e seus paradoxos, cantados e declamados em todos os idiomas[56], foram descritos por Lacan a partir dos conceitos de objeto *a* e de falo em algumas passagens marcantes de sua obra. Numa delas, ele afirma que, por visarmos ao objeto *a*, indicador do gozo por trás do objeto de desejo, é que ele também se torna para nós fonte de fantasias e atitudes opostas ao ideal preconizado pelo amor romântico: Por amar em ti algo mais que tu – o objeto *a* – eu te mutilo. (Lacan, 1964/1990b). O signo do gozo que um sujeito pode representar é suscetível de provocar o desejo, mas é também por isso que esse sujeito, como objeto de desejo, pode reconhecer que é apenas um signo e escapulir. (Lacan 1985, p. 69). Daí que o amor inclua o gozo, que pode ser regulado pelo significante fálico, mas que sempre comporta um risco: pode começar com cócegas e terminar com a labareda de gasolina, na metáfora de Lacan. (1992b p. 68).

Em outra passagem (1992a, p.41), ele afirma que, como o amor se dirige à falta do objeto guiado pelo significante fálico, significante da castração, amar é, sobretudo, dar o que não se tem a alguém que não o quer. O amante é o sujeito de desejo, aquele a quem falta alguma coisa, mas que desconhece exatamente o que lhe falta. O amado é

[56] Não há como não nos lembrarmos de Luís de Camões que, em nosso idioma, marcou divinamente este paradoxo: Amor é fogo que arde sem se ver; / É ferida que dói e não se sente; / É um contentamento descontente; / É dor que desatina sem doer. / É um não querer mais que bem querer; / É um andar solitário entre a gente; / É nunca contentar-se de contente; / É um cuidar que se ganha em se perder. / É querer estar preso por vontade; / É servir a quem vence o vencedor, / É ter com quem nos mata lealdade. / Mas como causar pode seu favor / Nos corações humanos amizade; / Se tão contrário a si é o mesmo amor?

aquele que tem alguma coisa, mas que não sabe o que tem de oculto que constitui sua atração (1992a, p. 46).

Desde o "Seminário 8", sobre a transferência, Lacan (1960-1961/1992, p. 46), afirma que o problema do amor é que o que falta a um não está escondido no outro: o objeto *a*. Além disso, não há complementaridade possível entre os sexos, pois, como dito no capítulo anterior, há apenas uma referência: o falo. Ambos os sexos se orientam por essa referência. Daí que não exista um significante que represente A mulher, o Outro sexo. É o que faz Lacan (1992b) afirmar que *A mulher não existe*, e, portanto, *a relação sexual não existe* – aforismo lacaniano que fundamenta as elaborações sobre a sexuação. Nesse sentido, é que ele mesmo afirma (2003a, p. 531) que "o impasse sexual secreta as ficções que racionalizam a impossibilidade da qual provém" e o amor, neste esteio, é um significante, uma metáfora que vem em suplência à inexistência da relação sexual.

Por isso, o amor como tentativa de elaboração de um saber, como esforço para dar nome próprio ao objeto *a*, é também uma invenção. Uma invenção singular a partir daquilo que não se articula entre a pulsão e as representações, entre o objeto e o significante da falta no Outro.

Como as posições sexuais não se entendem, porque o que um quer o outro não tem, o encontro amoroso é um mal-entendido. É justamente por ser um mal-entendido que ele pode ser arrebatador. Não saber o que nos captura pode ser muito intenso. Uma alegoria interessante foi produzida por Calligaris (1999): o paredão de treino dos jogadores de tênis. Ele propõe que imaginemos um clube em que haja um paredão no qual seja possível jogar de ambos os lados e que existam dois jogadores utilizando o paredão, um de cada lado. De longe, poder-se-ia ter a impressão de que jogam juntos, porém, na verdade, cada um faz lances próprios, mesmo seguindo as regras do jogo.

Lacan (1998a, p. 290), inspirado na poesia de Antoine Tudal[57], aproveitou a homofonia da língua francesa para aproximar as palavras

---

[57] A poesia de Antoine Tudal: *Entre l'homme et l'amour, Il y a la femme / Entre l'homme et la femme / Il y a un monde. / Entre l'homme et le monde, / Il y a un mur* (Entre o

"amor" e "muro" (*l'amour – le mur)* para produzir, com seu conceito de objeto *a,* a expressão *l(a) mur.* No sentido em que vimos trabalhando, são os signos inscritos no muro o que realmente importam.

Querer ser amado pelo ser amado. A ambiguidade do "ser" como substantivo e verbo em posições que poderiam ser invertidas mostra o ideal de reciprocidade que a Psicanálise constata impossível. O amor é uma promessa de não se haver com a castração e também de denegar o desamparo fundamental, no encontro de uma resposta à posição no desejo do Outro inscrita na fantasia. Uma promessa que não se cumpre, mas que se renova.

O jogo amoroso em seu aspecto intersubjetivo, cuja expressão maior está nos jogos de sedução, é uma cena em que os códigos e suas interpretações são necessariamente dispostos ao mal-entendido: um "não" pode significar um "sim"; uma investida pode ter como expectativa receber uma negativa que valorize mais o objeto do investimento; a falta de iniciativa sexual pode ser entendida como valorização do objeto, de sua idealização ou como falta de interesse; o olhar do outro e suas palavras fazem deduzir algo sobre a atração ou o desprezo que se provoca nele; uma pergunta em certo momento pode ser interpretada como dúvida sobre o desejo; uma palavra é capaz de encerrar a atração sexual. Essa lista poderia ser indefinidamente acrescentada. Enfim, não existe a fórmula do amor.

Uma das cenas que talvez demonstre o encontro no desencontro conjugal é a cena do ciúme, provocada ou fruída em meio às contingências favoráveis. A clínica indica que não é incomum que nessas cenas o que é pedido e o que é oferecido sejam bem distintos e, mesmo assim, produzam a satisfação momentânea de uma demanda por meio do mal-entendido e do olhar do Outro, já que muitas vezes esse é um jogo apresentado como espetáculo. O sujeito objeto do ciúme escuta a mensagem de que é um objeto valorizado. Na verdade, como objeto ele não sabe o que possui e, como sujeito, ele não é visado. Já aquele que demonstra o ciúme visa a um objeto que ele não consegue definir

---

homem e o amor / Há a mulher. / Entre o homem e a mulher / Há um mundo. / Entre o homem e o mundo/ Há um muro.

e, como sujeito, está às voltas com sua própria castração e com a dor narcísica da substituição pelo rival. Produzida a cena, o casal se refaz em regozijo e, enfim, os dois podem restar satisfeitos. É o paredão do jogo de tênis, metáfora de Calligaris já citada.

É justamente por causa do mal-entendido das demandas na sua articulação com o desejo em função de algo que não se inscreve, que o casal é um exercício linguajeiro, em que a cena a ser mantida reparte os bens da fala interminável. A última palavra pode desfazer o laço do casal, como afirma Brasil (1999). Para mantê-lo, não se pronuncia a última palavra ou ela é parte de um mal-entendido[58].

Entretanto, para além do jogo que o cotidiano explicita, há também a fantasia em sua vertente genuinamente inconsciente, sua face repetitiva. É a fantasia que estrutura a "outra cena" na qual se compõe o casal.

Conforme Freud (1930/1980, p. 101), buscar a satisfação numa das formas de amor – o amor sexual, que nos proporciona uma "transbordante sensação de prazer" e, por isso, fornece um modelo para a nossa busca da felicidade – tem um ladro frágil, pois nunca nos achamos tão indefesos contra o sofrimento como quando amamos, nunca "tão desamparadamente infelizes como quando perdemos o nosso objeto amado ou o seu amor". Porém, nada disso retira do encontro amoroso sua intensidade, pois o fracasso da promessa não finda permanentemente a sua credibilidade.

Freud (1910b/1980), abordando o tema da escolha amorosa em três ensaios[59], destaca algumas fantasias que ele qualifica de típicas. Para

[58] Numa ótima charge, César Novaes traduziu o mal-entendido do encontro: um casal típico dos anos 70, livre para decidir sobre si mesmo, conversa sobre seu "arranjo". A mulher diz ao parceiro: *Só vou morar com você se tivermos um relacionamento aberto* – ao que o homem responde, estendendo e apertando a sua mão: *Fechado!* E, apesar disso, ou talvez mesmo por isso, os casais se formam. (NOVAES, C. E.; LOBO, C., **Sexo para principiantes**. São Paulo: Ática, 1997.).

[59] Estes ensaios de Freud, apesar de algumas referências contextuais, por exemplo, sobre o casamento "normal" e a "integridade sexual" da mulher, mantêm a atualidade de algumas questões na reflexão sobre as fantasias em seu caráter clínico estrutural em relação à sexuação. Isso vale também para os outros dois ensaios que compõem as "Contribuições à Psicologia do Amor" e que serão citados adiante.

alguns homens, por exemplo, o objeto eleito como objeto de amor deve satisfazer a condição de que exista "uma terceira pessoa prejudicada", ou seja, a mulher escolhida deve ter um homem que possa reivindicar sobre ela direito de posse. Muitas vezes, o homem se apaixona por uma mulher que lhe era indiferente depois que ela estabelece um relacionamento com outro homem. Nessa situação, é interessante como o ciúme pode ser importante como sentimento a ser experimentado, pois, curiosamente, o ciúme é de outro estranho, e não do legítimo possuidor da pessoa amada.

Outra situação é a do homem que só se apaixona pela mulher que apresenta a condição de ter sua fidelidade exposta à dúvida ou mesmo que seja de má reputação em termos de práticas sexuais, como as prostitutas em nossa cultura. Destaca-se a ânsia desses homens para "salvar" a mulher amada.

Freud interpreta essas escolhas – por ele chamado de compulsivas, pois inseridas em uma série reconhecível em suas repetições – como nas quais desempenha um papel importante à passagem pelo complexo de Édipo. Para ele, tanto na primeira situação quanto na segunda, trata-se de resolver por essas escolhas amorosas o conflito surgido após a descoberta do desejo sexual da mãe e do encontro sexual dos pais. Na primeira situação, o homem está competindo ou prejudicando o próprio personagem do pai na triangulação edípica. Na segunda, o homem, incapaz de integrar à imagem da mãe às suas práticas sexuais, sinal do seu desejo, envereda pela realização de fantasias que tem por tema justamente estas práticas sexuais e, muitas vezes, a tentativa de proteção da reputação da mulher funciona como se o sujeito se colocasse no lugar do pai para realizar a função que esse não conseguiu cumprir. A "ânsia de salvar" é relacionada por Freud com a dívida que os filhos assumem com os pais na medida do que consideram ter recebido deles e que também se encontra comumente nas fantasias.

Em outro texto (1912/1980), Freud indica por trás da impotência sexual masculina, que ele chama de impotência psíquica, a dificuldade de reunir as correntes afetiva e sensual do movimento pulsional. A primeira se refere aos cuidados recebidos na primeira infância, quando a sexualidade se apoia nas necessidades para o estabelecimento da relação com o outro, e a segunda emerge na puberdade, quando o objetivo sexual das demandas direcionadas ao outro se explicitam. Devido a fixações incestuosas, o sujeito torna-se incapaz de realizar a relação sexual, pois o objeto de atração o remete inconscientemente aos objetos interditados no passado. Uma saída comum nesses casos é a depreciação do objeto sexual. A supervalorização, comum ao enamoramento, é dirigida aos objetos incestuosos cujos índices são inconscientes. Isso, muitas vezes, significa a divisão da esfera do amor em duas direções: tais sujeitos, quando amam, não desejam e, quando desejam, não amam. Aqui, além de uma questão própria à estrutura do desejo, estão representadas as situações comuns à época de Freud, de separação entre a esposa e a prostituta. Para um objeto, a valorização e o respeito; para o outro, a depreciação que promove o desejo sexual.

No terceiro ensaio, explorando a temática do tabu da virgindade, Freud (1917/1980) destaca dois grandes temas: o primeiro é o da frigidez feminina, decorrente das proibições que cercam a sexualidade feminina e que a conduzem a encontrar prazer nas relações ilegítimas do ponto de vista da cultura em questão. O segundo é o tema da reação da mulher ao homem que a deflora. Seja pela dor ou por outras questões, as mulheres tenderiam, segundo Freud, a ter com esse homem uma relação hostil derivada, em termos inconscientes, da inveja do pênis experimentada no complexo de Édipo. Por isso, certas culturas estabeleceram o defloramento como ato anterior ao casamento ou feito por um homem diferente do marido. Nesse raciocínio, na cultura ocidental, a mulher se tornaria frígida em função dessa hostilidade e, em um segundo casamento, encontraria a realização sexual sem a presença de hostilidade contra o homem que a deflorou.

Se esse tema não se enquadra muito bem nas práticas sexuais atuais, também não deixa de ter relação com questões femininas sobre a primeira relação sexual, o "primeiro homem", mesmo na contemporaneidade, principalmente para as mulheres que idealizam intensamente o parceiro amoroso.

Então, tem-se o amor como *repetição*, aspecto destacado desde Freud, e o amor como *invenção*, indicação de Lacan. Algo do simbólico insiste em se inscrever para tentar dar conta do real (objeto *a*) que insiste em não se inscrever. A invenção se dá quando, em algum momento, inscreve-se algo que tenta essa articulação.

Exploraremos agora, de forma bastante genérica, dois pontos que compõem a cena psicanalítica da família como a encontramos hoje, importantes para nos ajudarem a melhor compreendê-la como cena: o amor romântico e o individualismo.

O amor romântico pode ser entendido como uma das modalidades de amor sexual da época vitoriana[60]. Neste período, impunha-se um modelo social: o amor conjugal burguês, caracterizado pela instituição do casamento indissolúvel e pela finalidade da procriação. A ele se contrapunham o amor homoerótico e o amor das classes operárias, menos formal, mais erotizado. O amor romântico torna-se mais um contraponto ao amor burguês, a partir do final do século XVIII.

Dificilmente, o romantismo poderá ser compreendido como um movimento de parâmetros detectáveis claramente, mas pode-se dizer que ele se contrapôs tanto à racionalidade científica iluminista quanto à falsa sensibilidade da conveniência social. Procurando resgatar a "verdadeira" sensibilidade, o romantismo enfatizou a liberdade dos indivíduos e a interioridade como singularidade. No campo das relações amorosas, o romantismo propõe uma báscula entre o desejo de aproximação e fruição – característico da sua proposta de experimentação de parceiros e, portanto, de livre escolha – quanto de protelamento da satisfação, o que intensifica o desejo e alonga o compromisso. Nesse quadro, perfila-se a interdependência entre sexualidade e amor, sendo que um passa a ser visto como essencial ao outro. Não está distante daí a ideia de coincidência de sentimentos, de reciprocidade e exclusividade – este último aspecto relacionado também ao tempo de duração da relação amorosa. Por isso, pode-se dizer que o amor romântico questionou as bases burguesas supostamente estáveis das relações amorosas e, por isso, foi combatido entre as elites, mas lido e consumido fervorosamente.

Esse movimento influenciou decisivamente as concepções e práticas sociais nas relações amorosas. Na segunda metade do século XIX,

[60] Para abordar o amor romântico, estaremos nos guiando pela proposta que encontramos em Chaves (2006). A autora faz um apanhado da literatura que trata do tema do amor conjugal na época citada e trabalha com autores importantes na atualidade.

os burgueses[61] começaram a questionar o amor conjugal nas bases do arranjo familiar e patrimonial. O amor romântico interferiu nas concepções do amor burguês, produzindo o que poderia ser chamado de amor romântico conjugal que, de certa forma, pode ser compreendido como a domesticação da face questionadora do amor romântico para sua inclusão no casamento burguês, cujo laço conjugal pretendia a solidez moral. Diferente do amor romântico domesticado, o apaixonamento romântico ou amor-paixão, marcado por sentimentos passionais sempre presentes em mitos e literaturas, é contrário à boa inserção social, já que fortemente erotizado, invasivo e baseado em um encantamento que se torna, muitas vezes, o centro da vida do indivíduo.

Contribuiu para a assimilação do amor romântico ao par burguês à medicina na sua vertente higiênica, pois prescritiva dos comportamentos e atitudes para a vida saudável. A apropriação médica da saúde implicou a transformação do discurso médico em um discurso de mestria sobre a vida, incluídas aí as emoções e os sentimentos[62].

O ideal nas relações amorosas passou a ser o amor romântico e sua ênfase na liberdade de escolha e na correlativa união entre sexualidade e amor no casamento, ou seja, satisfação sexual e sentimental na exclusividade e reciprocidade entre os parceiros. O orgasmo mútuo passou a ser, de certa forma, o gozo pretendido e sinal dessa união, cuja promessa implícita era a felicidade. Esse ideal burguês, com suas obrigações, é ironizado por Lacan em um comentário sobre a relação de Breuer com Anna O.: o enamoramento fora da relação conjugal, e que ameaça o casamento, é remediado com uma nova lua de mel com a esposa, da qual, inclusive, surge uma nova criança.

Esse mesmo ideal estava expresso nas leis brasileiras que regulavam o matrimônio e a filiação. Contudo, as experiências sexuais e

---

[61] Utilizaremos a expressão "burguês" para nos referirmos de maneira genérica à classe média e aos proprietários de bens ou de riqueza que se diferenciam, por isso, da classe trabalhadora. O termo "burguês", do ponto de vista sociológico ou histórico, comporta debates (Cf. Gay, P. **A experiência burguesa da Rainha Vitória a Freud**: a educação dos sentidos. São Paulo: Companhia das letras, 1988) cujos detalhes, mesmo importantes, não interessam ao presente estudo.

[62] Interessante análise encontra-se em Costa (1989).

amorosas sempre foram muito mais extensas e complexas que o preconizado pelo ideal[63].

Nesse ponto, pode-se destacar como a nominação das relações amorosas se articula com os ideais e as demandas. Os nomes das relações amorosas, os nomes dos laços, são significantes que circulam entre os amantes e, em parte, compõem a demanda que estabelece ali tais laços. Quantos são os casais que relatam mudanças nos relacionamentos que já mantinham, até mesmo com vida em comum, após a formalização jurídica do casamento? Ou, ao contrário, aqueles que após se separarem experimentam a mesma parceria amorosa de uma maneira completamente nova? Também poderiam ser citados os casais nos quais a intenção enunciada – casamento formal, união sob o mesmo teto – é interpretada no seio da demanda como signo do amor, signo de ser ou não amado. Tratamos disso em outro texto[64].

Outro ponto interessante é o do individualismo, termo que relacionamos à valorização moderna do indivíduo, concebido como ser racional e moral, dono do próprio destino, independentemente e autônomo em relação à sociedade e cujos atributos principais são a liberdade e a igualdade, conforme as pesquisas de Louis Dumont (1987)[65]. Os indivíduos e suas posições, ao não parecerem situados ou

---

[63] Em função de determinantes variados, as classes populares sempre tiveram práticas sexuais e amorosas diferentes do ideal burguês. Foram elas que, por isso mesmo, representaram as vanguardas da diversidade e da mudança. (CHAVES, 2006, p. 844). Podemos encontrar na obra de Freud essa questão quando as serviçais são apontadas, muitas vezes, como partícipes do encontro do sujeito com as práticas sexuais a partir de lembranças relativas a práticas distintas daquelas a que os pacientes de Freud deveriam ter acesso em uma suposta moral burguesa que, afinal, contava com as serviçais para se manter imaginariamente distinta dos populares. (Cf. FREUD, 1983-1895/1980). Uma obra importante de nossa literatura narra justamente a hipocrisia dessa moral: "Amar verbo intransitivo", de Mario de Andrade, escrito em 1927. Na história narrada neste texto, não só se explora a hipocrisia do casal burguês como a dificuldade de separar sexo e amor.

[64] O texto tem o título "Os nomes jurídicos do amor" e foi apresentado no XVI ENCONTRO BRASILEIRO DO CAMPO FREUDIANO, 2006. Belo Horizonte. **Anais**. EBP. 2006 p. 71-73.

[65] O autor vincula também o estabelecimento do mercado liberal à importância concedida ao indivíduo.

constrangidos por nenhum princípio externo a si próprios, são considerados em si mesmos. De acordo com Stolcke (2001), para além do indivíduo empírico, o individualismo dota o indivíduo de um valor transcendental e absoluto, minimizando as determinações sociais[66].

O indivíduo se crê livre quando se crê fora das determinações do Outro (família, tradição, história, etc.). Uma ideia que fundamenta essa crença é a de que não devemos nada ao Outro e, por isso, somos autônomos. Como se pudéssemos ter-nos constituído sem ele. Podemos dizer, sem nos aprofundar sobre esse ponto neste texto, que o declínio do patriarcado se relaciona também com a ascensão do individualismo.

Acreditando-se uma mônada pensante que pode (e deve) escolher bem para encontrar a satisfação ideal, o indivíduo surge como suporte de um pesado discurso sobre a felicidade pessoal. Não deve ser coincidência que se fale tanto em "depressão" na atualidade.

Calligaris (1999) aborda um caso em que o sujeito encontrou um casamento interessante quando, a partir da análise, um significante permitiu a ele se reintegrar a uma ordem possível de filiação, da qual ele histericamente fugia por meio de uma autonomia que o tinha levado a vários "fracassos" conjugais.

O indivíduo homem e o indivíduo mulher projetam na relação amorosa um ideal de realização que inclui a satisfação social, sexual, afetiva. Atravessados pelo ideal de felicidade a dois, muitas vezes os casais passam a se avaliar permanentemente para verificar a existência da satisfação mútua, da felicidade conjugal, medida pela felicidade de cada um na relação[67]. O problema é que fazer do parceiro o portador da felicidade, da dor e das dificuldades estaciona o desejo, e então, o objeto eleito se torna persecutório. É por isso que Melman (1999)

---

[66] Não nos interessa aqui discutir as concepções e os impasses das elaborações de Louis Dumont, apenas apontar alguns efeitos do discurso orientado pela noção de indivíduo da forma como apresentada no parágrafo anterior e que se apresentam na clínica contemporânea.

[67] Interessante análise desse aspecto se encontra no texto de Giddens (1993), "A transformação da intimidade". Contudo, ao final, o autor propõe uma forma de manter melhor as relações amorosas que ele chama de *amor confluente*, uma nova aposta na reciprocidade. Esse ponto o afasta da orientação central de nosso trabalho.

afirma que o desejo se entretém com imagens fora da conjugalidade, mesmo que o preço seja a culpa. Tentar garantir a relação numa totalidade dual é matar o desejo. Sem a consideração pelo terceiro termo, o simbólico e sua promessa, a relação aí estabelecida pode ser mortal, já que o personagem com quem nos relacionamos é a imagem narcísica idealizada – o eu ideal. Numa relação assim estabelecida, o eu se perde no outro pela falta da mediação do Outro. É como se, em certo momento, houvesse uma coincidência entre o outro e o Outro, restando, então, para o sujeito somente a posição de objeto. Pode-se entender a partir daí certos atos passionais como a tentativa de inscrever o sujeito de desejo ao separar o outro do Outro?

Além disso, quando a relação amorosa erótica é entendida como uma escolha do indivíduo e a permanência ou manutenção desta relação ao longo do tempo como realização de sucesso deste indivíduo, a prometida felicidade mostra seu lado de imperativo superegoico. O fim de uma relação amorosa é, muitas vezes, encarado como "fracasso" de dois indivíduos, significante que tem se apresentado na clínica atual com bastante frequência. Sucesso e fracasso formam um par significante que se relaciona, em um certo sentido, com um outro significante importante na contemporaneidade: a competência do indivíduo. Segundo Souza (1999), o amor é visto como um "enriquecimento pessoal" medido, muitas vezes, pela "intensidade das vivências". Este imperativo, hoje, parece deslizar por alguns significantes-mestres, no sentido que esse termo pode ter coletivamente, entre os quais estão aqueles vinculados ao amor romântico, à satisfação sexual no orgasmo e à liberdade de escolha.

Os dois pontos que destacamos, amor romântico e individualismo, parecem constituir ideais aos quais nos dirigimos e imperativos aos quais nos submetemos e que a clínica psicanalítica interroga. Esses pontos também se relacionam com as formas de conjugalidade que hoje passam a integrar as cenas cotidianas, como a do casal homossexual. Tais formas têm instigado pesquisadores a buscar características e a verificar diferenças com a conjugalidade heterossexual em relação ao sexo e ao amor (Cf. Féres-Carneiro, 1999). Independentemente da parceria conjugal, no campo do amor ainda se mantém o ideal de querer garantir o laço sem a força da tradição religiosa ou moral que sustentava o casamento em termos sociais. Os indivíduos querem realizar um laço conjugal que seja mais que o engajamento da palavra dos sujeitos, querem encontrar algo que garanta a relação para além das palavras ditas, pois elas podem ser desditas. Porém, quanto mais o indivíduo se coloca livre para escolher e decidir, mais ele sente a inconsistência da palavra que não porta uma crença.

A demanda que os sujeitos endereçam ao Outro, seu pedido de amor e aquilo que procuram oferecer pelo que interpretam que o Outro lhes demanda, tem se transformado cada vez mais, em imperativos sob os quais o sujeito sucumbe na "estafa" ou na "depressão". Há um movimento atual, perceptível nas revistas, nos livros e em programas televisivos, que tenta questionar alguns ideais relacionados aos modelos de felicidade contemporânea. Tal movimento ressalta valores como a vida simples, os ideais de convivência e o cuidado de si. Porém, articulados com o mercado e com a alienação no saber característicos da nossa atualidade, tendem a ser incorporados aos imperativos já existentes e sufocar ainda mais o desejo.

A esses dois pontos, deve-se conjugar também o cotidiano dos casais sob o mesmo teto, as práticas amorosas/conjugais que estão enraizadas em nossa sociedade e cultura. São comuns as queixas sobre a dificuldade do relacionamento cotidiano, dos encontros e desencontros de cada dia, atravessados pelos anseios, frustrações e oscilações de humor que compõem nossa história. Poucos casais se arriscam em modelos fora do conjugal cotidiano, por questões de valor pessoal ou, mais comumente, por questões econômicas. Alguns vivem a necessidade de experimentá-lo em função de questões profissionais, por exemplo. A própria legislação, como já indicamos, parece entender e valorizar a vida sob o mesmo teto para reconhecer a conjugalidade e até mesmo a família.

2.2.2 – Filiação

A constituição dos lugares de pai, mãe e filho são completamente dependentes das concepções sobre filiação que cada sociedade e cultura têm.

Nossa concepção de família, que inclui a procriação e, por que não dizer, a propriedade, levou-nos ao estabelecimento de uma relação específica entre paternidade, maternidade e filiação. Durante muito tempo na história dos humanos, somente a maternidade era conhecida (ou reconhecida), já que a mulher carregava em seu ventre um novo corpo para existir como humano ao sair de lá e tornar-se membro de um grupo ou comunidade maior pelo laço simbólico. A partir de certo momento histórico, concluiu-se pela participação efetiva do homem na concepção do filho, e isso gerou efeitos importantes. Não cabe aqui indagar se primeiramente havia casais estabelecidos e, então, descobriu-se a participação biológica do homem ou se foi esta descoberta que propiciou a formação do casal no qual o homem (o macho) participa da criação de seus filhos. Talvez essa origem esteja perdida no caminho.

O fato é que a emergência de um saber sobre a necessidade (biológica) da participação de um homem e uma mulher na concepção de um filho teve consequências que foram, provavelmente, distintas em relação a cada contexto sociocultural no qual tal concepção aconteceu ou se propagou. Porém, as regras culturais para a definição das relações de parentesco, mesmo que levem este dado em consideração, são diversas e heterogêneas, e podem ser mesmo anteriores a essa descoberta.

Seguindo as asserções de Lévi-Strauss (1982) sobre a interdição do incesto, pode-se compreender que a ideia de "pai biológico" não é necessária para que haja a interdição. As alianças são feitas pela interdição sexual de pelo menos um objeto. As relações de parentesco derivam dessa interdição, independentemente do conhecimento cognitivo sobre a identidade do pai biológico, ou seja, independentemente da forma como se compreende em cada cultura o acontecimento da gravidez e do nascimento de uma criança, lembrando que tal compreensão pode ser biológica, mítica, religiosa, etc.

Há culturas em que o "pai" é um homem que se responsabiliza pelos filhos de sua irmã, enquanto seus filhos biológicos serão cuidados pelo tio materno. Nessas condições, separa-se o homem que se relaciona com a mãe daquele a quem se deve consideração cotidiana. É comum que as relações afetivas mais intensas sejam justamente com o tio materno, aquele que cuida. A referência aqui é o clássico estudo de Malinowski nas ilhas Trobriand (1926/2003), em que não havia sequer a palavra "pai" para nomear uma relação de parentesco. Outro exemplo é o de Papua Nova Guiné, citado por Aragão (1999), em que as crianças pertencem a vários grupos domésticos e elas mesmas elegem aquele que será a sua unidade familiar mínima. Lacan (1938/1990a) cita uma cultura em que os laços de sangue que unem as crianças aos seus pais são legitimados *após* certos rituais.

Nesse sentido é que se postula as relações de parentesco como eminentemente simbólicas e, por isso, necessitam de legitimação. Elas servem para orientar os indivíduos em suas relações com o grupo e com a comunidade à qual pertencem. Também indicam as proibições e as possibilidades que apontam os ideais e as suas contradições. Por isso, pode-se dizer que os filhos são sempre adotados, porque implicam a ação não natural de um adulto na direção de acolhê-lhos e cuidar deles.

Em certo sentido, aquele que adota se coloca ao trabalho de criar condições de sobrevivência de um outro corpo e de transmissão da cultura, do simbólico, para produzir um outro sujeito. Transmissão que implica a já citada coação do adulto que impinge à criança a necessária alienação na linguagem, a submissão à precariedade da ordem simbólica para proporcionar satisfação. Por outro lado, é essa submissão que permite constituir o sujeito de desejo, que permite a construção contínua do sentido. Por isso, o adulto é, para a criança a quem chama de filho, um anteparo frente às irrupções do *non-sense* que a realidade sempre provoca.

Destacaremos três dimensões da relação entre o adulto e a criança na filiação: o narcisismo, a interdição ao gozo e o encontro sexual.

O narcisismo é uma dimensão fundamental que Freud (1914/1980) destacou nas relações entre pais e filhos. O desamparo infantil, que busca proteção e satisfação junto ao adulto por ele também adotado, encontra neste adulto o narcisismo renovado, ou seja, os adultos cuidam das crianças que eles foram ou que desejaram ser. Está aí a dimensão do dom do amor na filiação. Tal dimensão provavelmente foi incrementada pelas transformações sociais que fizeram da criança o centro da organização familiar, notadamente nas classes com maior poder econômico. Essa mudança de lugar da criança na família se reflete, também, em uma via de mão dupla, na legislação que aborda os direitos da infância e da juventude, conforme o clássico estudo de Ariès (1978).

A segunda dimensão desse amor encontra fundamento na própria interdição ao gozo e o concomitante desejo de cuidar. De acordo com Lacan (1969/2003b), a criança também faz a presença do objeto *a* na fantasia, ou seja, aparece para o adulto como objeto de gozo, mas encoberto pelo véu fálico que a transforma em objeto de prazer. A dimensão do gozo parece ser a mais encoberta em relação a qualquer outra em nossa cultura. Se podemos entender pela via do narcisismo que o adulto cuida da criança que ele foi, compreendemos que esta criança do passado também foi interditada como objeto de gozo para o Outro que cuidou dela. Assim é que ele pôde aceder ao universo simbólico e constituir-se sujeito desejante.

Na criança que recebe o cuidado, o adulto vê a si mesmo exposto e interditado ao gozo do Outro. O desamparo da criança, sua fragilidade, evoca a mesma fragilidade e o mesmo desamparo que o adulto experimentou. E, talvez em nome da interdição que um adulto como encarnação do Outro sustentou, o adulto de agora cuida da criança interditando-a ao seu próprio gozo. O exemplo maior disso é a interdição do incesto, nas variadas formas que ela é encontrada.

Não é por menos que os crimes cometidos contra crianças sejam considerados os mais horrendos, os menos perdoáveis. Talvez seja por isso que eles são capazes de mobilizar comunidades inteiras, levar homicidas e estupradores aos linchamentos. Violar uma criança é como violar a própria Lei que nos constituiu ao colocar em aberto o gozo impossível por trás da interdição. Os criminosos que são presos por crimes contra crianças têm, em geral, um destino trágico nas cadeias brasileiras. Por um código interno às prisões, sabe-se que para eles não há direitos a serem respeitados. Talvez tenham posto a descoberto o fato de que precisamos desconhecer que fomos (ou somos) objeto de gozo para o Outro.

Os crimes contra crianças só são considerados legítimos, num sentido trágico, se relacionados com a guerra ou com as revoluções. Nas primeiras, os assassinos são anônimos, e dizimar é uma estratégia: liquida-se o futuro inimigo ou uma etnia ameaçadora. Além disso, há casos em que as próprias crianças são soldados. Nas segundas, as crianças mortas são consideradas parte de uma linhagem maléfica a ser eliminada para garantir um determinado poder soberano[68].

[68] Um exemplo histórico muito conhecido é o assassinato dos Romanov, na Revolução Russa. Outro, mais recente e também muito comentado, é o assassinato dos curdos no norte do Iraque durante o governo de Saddam Hussein.

Contudo, a dimensão do objeto de gozo que a criança representa para o adulto não deixa de se explicitar em alguns momentos cotidianos e também surge em alguns fatos menos reprováveis socialmente. Não é incomum crianças serem objeto de zombarias, de pequenas maldades comumente relacionadas à esfera moral e até mesmo objetos de domínio, presas ideais das tentativas de domesticação do gozo. Nessa face descobre-se o objeto por trás do manto narcísico. Como diz Freud (1912/1980, p. 164), a criança é um brinquedo erótico. Por isso, do ponto de vista da criança, o adulto representa um ideal de domínio. Ao se tornar adulto, não é incomum reproduzir com a criança a fantasia de uma dominação pela qual ele próprio passou na infância.

Estaria nesta mesma vertente a agressão que alguns filhos impõem aos seus pais ou permitem que eles sofram quando idosos? Nesse momento da vida, ao diminuirem as forças e as necessidades aumentarem, a dívida e a culpa que atravessam a relação de amor com o pai e a mãe induzem os filhos a devolverem os cuidados que um dia receberam. Porém, em muitos casos, os pais perdem a função de encarnar a genealogia, a origem perdida, e se tornam objetos de gozo, invertendo a relação que existia entre eles e a criança que existiu. Esse é um ponto que mereceria mais pesquisa.

Continuando nosso percurso sobre a questão da posição do filho em relação ao casal, também é possível perceber, em muitas situações, como a criança é um limite ao gozo que circula pelo casal. Em alguns casos, em que a demanda entre o casal explicita sua face destrutiva, muitas vezes a criança serve como ponto de basta ao insaciável. Frente ao filho, os adultos recuam do gozo sobre o outro, o gozo que circula pelo desencontro sexual. No cotidiano, isso aparece na evitação das discussões na presença da criança, nas mudanças de posição quando os filhos são afetados pela discórdia do casal e outras pequenas situações em que os filhos mobilizam os pais na possibilidade de recuar do gozo e retomar a palavra, de manter um ideal no horizonte. Nesse sentido, o filho é o significante fálico que garante a não realização da fantasia do gozo final no casal. Em muitos casais, o nascimento ou a adoção de uma criança é um divisor de águas. Para alguns deles, a demanda mortal na dualidade se modifica e o gozo circula melhor, orientado pelo falo. Em outros, a demanda se intensifica, sendo o filho um apoio a mais ao que é oferecido ou pedido ao Outro. Talvez se possa dizer que na maioria dos casais que permanecem juntos se encontrem diferentes aspectos dessas duas dimensões.

Em uma terceira dimensão, a criança também é para o adulto uma resposta às suas questões a respeito do encontro sexual. E sendo uma resposta, o que será transmitido a essa criança é uma pergunta. Se uma criança é um significante que tenta dar conta das impossibilidades – a inexistência da relação sexual e a morte –, é justamente por ser significante que seu efeito é demarcar tais impossibilidades ainda mais. Nessa dimensão, ela evoca o campo do real, do inassimilável. E é dessa dimensão do real que escapa à determinação que a criança vai operar para não se reduzir aos determinantes da transmissão, para produzir uma resposta própria, singular, frente às demandas parentais.

Se há o impossível da relação sexual, há também a morte e o nascimento. Tanto um como outro não são representáveis psiquicamente, pertencem ao domínio de uma experiência inacessível. E ambos remetem ao problema da origem do Eu, questão também impossível de responder e fonte da curiosidade infantil expressa na pergunta que toda criança faz sobre a origem dos bebês. (Freud, 1905a/1980). Questão que ela responde com o seu corpo e seu pensamento. Talvez possamos dizer que aí se cria um laço do corpo ao pensamento, um laço entre aquilo que ela experimenta no corpo e o que vem de fora como percepção do corpo da mulher e dos animais – um interno e externo que se ligam na busca de uma explicação de sua origem, explicação que se tornará mais complexa (e não menos) com a descoberta do encontro sexual (Ansermet, 1999).

A criança reenvia os adultos ao "futuro anterior", como diz Ansermet (1999, p. 36) – o futuro do pretérito, em português: o tempo do "você terá sido aquela criança". Neste sentido, a criança é veículo de manutenção da pergunta sobre a origem do sujeito. Esta pergunta ela receberá como herança e depois a transmitirá. O adulto é reenviado a essa questão pela criança da qual ele cuida, a qual ele ama. E, para além, o adulto é reenviado também para a questão da morte. A vinda de uma criança é uma relação tanto à vida quanto à morte. Posicionar-se como pai ou como mãe é enfrentar o problema de sua própria morte, de sua finitude. A necessidade de pensar um mundo anterior à criança, de onde ela veio, é similar à questão de para onde iremos após a morte. A criança indica um tempo problemático entre o passado no qual ela será inscrita – reeditando a mensagem de que todo sujeito tem uma anterioridade – e o futuro que ela anuncia.

Esse lugar pode ter as faces mais cruéis e as mais bizarras, do ponto de vista das sociedades ocidentais urbanizadas. Entre alguns índios brasileiros, as crianças que nascem malformadas são mortas. Entre os Soninke (citado por ANSERMET, 1999) uma criança portadora de um problema pode ser considerada como portadora de uma mensagem de outro mundo que deve ser decifrada. Ela pode ser vista como encarnação de uma velha alma que veio trazer uma mensagem divina e, muitas vezes, ela não é chamada de "filho", mas de "avô". Durante muito tempo na China moderna, o segundo filho de um casal era proibido, sendo que, com algumas exceções regionais, havia pesadas multas cujo intuito era inibir a segunda gravidez[69]. Nesse mesmo país, proibiu-se o exame para detecção do sexo do bebê antes do nascimento, pois muitos casais optavam pelo aborto ao descobrirem que o feto era feminino, o que gerou uma diferença, até 2005, de cerca de 50 milhões de homens a mais que mulheres. Poder-se-ia enumerar muitos outros exemplos do que se faz com as crianças ao conjugar miséria e desproteção em qualquer lugar do mundo: trabalho forçado, prostituição infantil, mutilações, assassinatos para comercialização dos órgãos...

Talvez seja por esse lugar "futuro do pretérito", no qual se conjugam as dimensões do narcisismo e das identificações com a dimensão do objeto e da morte, que as crianças e os adolescentes estejam tão presentes nos escritos de Sade como objetos de gozo.

Curiosamente, pela ênfase nas dimensões da felicidade conjugal e do narcisismo com o qual a criança é investida, na atualidade de nossa cultura é comum encontrar a tentativa de garantir o laço conjugal pela existência de um filho, e não mais pelo garante da palavra presente nos rituais sociais da união conjugal.

---

[69] A partir de 2013, preocupado com o envelhecimento populacional, o governo Chinês passou a admitir o segundo filho. Fonte: disponível em: <https://www.aljazeera.com/news/2015/10/29/china-to-abolish-decades-old-one-child-policy/>. Acesso em: 7 ago. 2020.

Por isso, hoje, nas sociedades ocidentais individualistas e de planejamento familiar, talvez de uma forma diferente de outras épocas, a criança precise encontrar uma maneira de responder pela inexistência da relação sexual e pelos ideais parentais nela depositados. Frente a essas questões, a criança constrói o romance familiar. Nos termos de Lacan (2003a p. 531), ela cria seu mito particular para organizar um discurso e suprir uma verdade impossível de transmitir. Trata-se de uma maneira de dar forma épica ao que se opera na estrutura. Nesse sentido, é que se pode dizer, com Lacan (1969/2003b, p. 369), que o sintoma da criança responde ao que existe de sintomático na estrutura familiar e, como tal, é o representante de uma verdade: a verdade do casal familiar.

Constituída a criança como filho, encontram-se constituídos também os lugares da função paterna e da função materna na estrutura familiar. Lugares relacionados à ordenação instaurada pelo complexo de Édipo na sua vertente estrutural – relativa aos quatro elementos em jogo: função materna, paterna, criança e falo – e também na sexuação – quando a diferença sexual se torna um fato que indica o desejo não anônimo do que fala Lacan.

Com relação à questão das funções a serem exercidas, os termos são, em tese, neutros: não indicam sexo. São três lugares que compõem uma estrutura e dois operadores: o objeto *a*, justamente o que estrutura os elementos em torno de um vazio, e o falo, que organiza os lugares pela ordem simbólica.

Com relação à sexuação, a questão se torna um pouco mais complexa. Ao entrelaçar complexidade com estrutura, surge, então, uma série de questões.

Na elaboração de Lacan, a aproximação entre a estrutura e a sexuação, ou seja, os termos do objeto *a* e do falo, na relação com a castração, com a diferença entre os sexos e com o significante da falta no Outro, produz afirmações cuja necessidade cabe discutir, mesmo que mantenha coerência com o sistema de pensamento lacaniano.

Não é possível generalizar, sem cuidado, o lugar que a criança ocupa na fantasia dos sexos, mas de acordo com o que já se precisou sobre o complexo de Édipo, pode-se dizer, mesmo que precariamente no sentido da generalização, que a criança desejada serve como símbolo de potência fálica, para o masculino, e de restituição fálica para o feminino.

Como já mencionado anteriormente, a função materna, aproximada ao primeiro Outro da criança, é aquela que precisa ser interditada, que precisa ter seu desejo apontado como um enigma pela presença do terceiro termo entre esta função e a criança: a função paterna. Tal função estaria relacionada à ordem simbólica no sentido de representar o "furo", a insuficiência da linguagem para fornecer o significado do desejo, insuficiência que é, por outro lado, a causa do próprio movimento desejante, da questão que se coloca como desejo.

Lacan aproximou, e de certa forma igualou, a função materna com uma mulher. Desta maneira, o filho está presente nas duas dimensões já citadas: como objeto de desejo dela, já que representa a restituição fálica, e como objeto de gozo, por trás da vestimenta narcísica. Acontece que a mulher, como não toda castrada e, portanto, aberta à possibilidade de outro gozo, é entendida como o risco principal para a constituição do sujeito desejante, pois tenderia a manter a criança na posição de objeto numa relação dual, impedindo-lhe o exercício da posição de sujeito de desejo. A função paterna, que não se reduz ao pai-homem de acordo com os autores e com o próprio Lacan, ainda assim é relacionada a um homem que orienta o desejo de uma mulher por portar o falo (imaginariamente). O filho seria para a mãe um objeto de cuidado em função de um interesse particularizado por intermédio de suas faltas. O pai seria aquele cujo nome é o vetor de uma encarnação da Lei no desejo. Sem a mediação assegurada pela função do pai, a criança se tornaria exposta a todas as capturas fantasísticas como objeto da mãe[70]. Nesse sentido, é que a criança aliena em si o acesso da mãe à verdade de seu desejo, o qual estaria do lado da mulher, pois a criança fornece corpo, dá existência a um objeto que produz a exigência de ser protegido, quer dizer, dá à mãe de forma imediata aquilo que falta ao sujeito masculino: o próprio objeto de sua existência. Para Lacan (1969/2003b), o sintoma somático da criança oferece aí o máximo de garantia a essa alienação.

---

[70] Cf. LACAN, 1969/2003b, p. 369.

Daí que se afirme com Lacan[71] (*apud* NOMINÉ, 1997, p.17-18) que um pai só tem direito ao respeito, por não dizer ao amor, se tal amor, tal respeito estiver *perversamente orientado*, quer dizer, que faça de uma mulher o objeto-causa de seu desejo (objeto *a*). Mas o que uma mulher acolhe assim não tem nada a ver na questão, pois do que ela se ocupa é de outros objetos que são seus filhos.

Cabe perguntar se aqui se trata de um pai-homem ou se estas duas funções significantes podem ser disjuntas. Caso contrário, a família assim descrita se aproximaria normativamente de um par heterossexual cuja constituição hoje poder-se-ia questionar. Os novos fenômenos e sintomas na clínica indicam que as questões do homem e da mulher com o amor e com a filiação se modificam e necessitam de novas articulações que consigam sustentar a concepção do Édipo estrutural sem naturalizar noções e concepções históricas. Esse risco sempre se corre em Psicanálise[72].

De qualquer forma, talvez se possa dizer, numa aproximação com essas elaborações lacanianas, mas ainda de uma forma que reivindica reflexão, que a mulher (o corpo feminino) por ter uma abertura ao gozo para além do falo, tenderia a inserir uma criança neste circuito, inseri-la como objeto de gozo (não fálico). Por outro lado, o homem (corpo masculino), por não possuir essa abertura, estando orientado pelo falo, tenderia a inserir a criança como objeto erotizado, sexualizado. Isso poderia se articular com o fato de haver muito mais homens que mulheres cujo interesse sexual seja em crianças e, por outro lado, existam muito mais mulheres que homens que estabelecem com crianças uma parceria na qual o gozo para além do falo se anuncia mais claramente.

---

[71] Esta citação de Nominé (1997) é retirada do Seminário RSI, aula de 21/01/1975. (Inédito no Brasil). A expressão "perversamente orientado" utiliza um jogo de palavras em francês que permite indicar a importância da versão do desejo paterno: *père-versement* – um desejo perverso versão do pai.

[72] A relação entre diferença sexual (anatômica), sexuação e semblante continua a ser tema de pesquisas e debates nos eventos psicanalíticos. Um texto de minha autoria será publicado em breve em revista especializada sobre a questão da função materna. O título é: "O exercício da Função Materna e o semblante mulher na tábua da sexuação de Lacan".

Contudo, neste momento, o que se quer reter é o fato de que a Psicanálise constata que a cena familiar está constituída pela fantasia que organiza os lugares do masculino e do feminino, da função paterna, da função materna e da criança. Tais lugares estruturais, nos quais tem importância crucial a triangulação e a diferença entre os sexos (sexuação), se encontram em relação direta com a ausência do objeto do desejo (objeto *a*) e com os significantes que se organizam em torno do significante do falo.

O que cada parceiro representa para o outro e o que as crianças envolvidas representam para os adultos e umas para as outras pertence ao registro do inconsciente. O desejo, tal como a Psicanálise o articula no inconsciente, passa pelos avatares da relação de cada um com as imagos e com os significantes daqueles de quem receberam os cuidados e as coerções primeiras, nos quais se ancoram as primeiras identificações e a introjeção dos imperativos de proibição e de dever. Relação que implica um lugar sexuado a ser ocupado e objetos de desejo e de amor a serem eleitos.

Para a criança, trata-se de inserir-se na linha simbólica que lhe é indicada por uma ascendência da qual ela desconhece os desejos. Em "Romances familiares", Freud (1909/1980) indica uma sequência de fantasias que ele detectou na relação das crianças com sua ascendência, que implicam a relação com sua origem e posição no desejo dos pais. Filiar-se a alguma coisa significa reconhecer nesta coisa um pertencimento, em geral por meio do reconhecimento da ascendência a uma instância cujo poder e saber superam o próprio poder e saber daquele que nela se reconhece. Porém, tal filiação é inconsciente, pauta-se pela interpretação do desejo do Outro e pela eleição de substitutos para o objeto interditado.

Como o desejo e sua causa são desconhecidos, o sujeito constrói um mito para compreender sua posição no desejo do Outro e trata de encená-lo. Em muitos processos judiciais em Vara de Família todas essas dimensões citadas se encontram enodadas em demandas parentais que, do ponto de vista da criança, podem desnudar o seu lugar. Quando a querela entre os pais carrega claramente uma questão sobre a desilusão da relação amorosa, aos filhos é demandado responder com seu corpo e sua palavra àquilo que resta desta desilusão, é demandado serem os parceiros da mãe ou do pai (ou de outros membros familiares), serem aqueles que ratificarão a certeza, o saber, o sintoma de um deles, a resposta ao Outro. Desfaz-se o casal parental (sexual, amoroso) e cria-se o casal com o filho ao preço de congelar aí, nesta cena incestuosa, a culpa ou o ódio ou os dois. Alguns adolescentes (e crianças também) encontram aí seu lugar de "mãe" ou de mulher de seu pai, e de "pai" ou de homem de sua mãe. Muitas vezes, esses filhos respondem cuidando do mais frágil, suportando o mais sintomático, abandonando tudo...

Se tal descrição não difere do que se encontra em famílias fora de um litígio judicial, quando este está presente, tais questões às vezes tomam a forma intensa do que está implícito no dinheiro, nos bens e na decisão judicial que indicará o "vencedor".

Para Lacan (1969/2003b), a família conjugal moderna exerce a função de resíduo em relação a outras formas familiares antecessoras. Nesse sentido, pode-se dizer que a família é um *locus* privilegiado em nossa sociedade para a transmissão sobre o desejo, a Lei e o amor, transmissão na qual se destacam as vertentes da identificação simbólica e do objeto de valor em termos de gozo. Dito de outra forma, na família se faz a experiência de pedir (demandar) cujas consequências são o desejo e a pulsão, o desejo sendo a parte constantemente interpretada do dito e a pulsão a parte não interpretável (Miller, 2007). Ali o sujeito experimenta o pedido de reconhecimento de sua palavra e a inesgotável decifração do desejo do Outro.

A encenação dessa transmissão é a repetição da experiência e é de cada um e de todos, implicando o dito e o não dito, as palavras que circulam e as que são evitadas, as que indicam os ideais e as que bordejam o gozo, conforme indica Rosa (2001).

Por isso, a função da família hoje indica a irredutibilidade da transmissão de algo que não se reduz à vida segundo a satisfação das necessidades e, por isso, implica uma relação com um desejo que não seja anônimo.

3. O PSICANALISTA NO TRIBUNAL DE FAMÍLIA

3.1 – A palavra: entre escritos, ditos e dizeres

A cena jurídica está estruturada em um discurso que lhe é próprio e lhe confere o caráter lógico e formal da disputa argumentativa para o convencimento da instância decisória.

É preciso tentar delimitar, primeiramente, o que está sendo tratado como discurso. Utilizaremos essa noção em momentos variados do texto e com sentidos próximos, porém não coincidentes ou unívocos. Isso porque tal noção aparece tanto na pena de autores das ciências sociais como na de linguistas e de psicanalistas. Em cada campo a noção tem suas especificidades, porém estaremos nos inspirando principalmente nas referências de Michel Foucault e de Jacques Lacan sobre esta noção. São referências distintas teoricamente, mas que têm possibilidades de proximidade interessantes e que podem ser exploradas, desde que não se distorça ou enrijeça demais cada uma delas.

Assim, compreendemos discurso jurídico no sentido de conjuntos de procedimentos e regras que governam a geração e a ordenação dos enunciados, quer dizer, aquilo que permite a sistematicidade e a coerência dos enunciados nas instituições jurídicas. Para tanto, tais procedimentos têm um campo de referência e estipulam as condições de possibilidade para validar os enunciados, o que os caracteriza como falsos ou verdadeiros, aceitáveis ou inaceitáveis dentro do próprio conjunto[73]. Os procedimentos organizam e controlam a produção do

[73] Foucault (1987, p. 153) assim define a formação discursiva: "Um conjunto de regras anônimas, históricas, sempre determinadas no tempo e no espaço que

discurso, procurando dominar o acontecimento aleatório, evitar os perigos do que não está previsto. (Cf. Foucault, 1996, p. 8 e 9). Nesse sentido, as práticas socioculturais delimitam e circunscrevem os tipos de experiência possível.

Esses procedimentos apresentam o discurso como uma unidade não aleatória, como verdade acabada. Contudo, não conseguem escamotear as tensões e os conflitos inerentes à organização social e às instituições, pois vários fatores concorrem para o seu aparecimento e sua manutenção, relacionados de alguma forma a uma série histórica como frutos de um processo no qual se relacionam saber e poder.

É necessário precisar também que consideraremos discurso jurídico tanto o processo discursivo da ciência jurídica, produzido pelos juristas, quanto aquele produzido pelas autoridades sociais e pelos órgãos jurídicos, que pode ser chamado de discurso das normas ou normativo. Nesse ponto, seguimos as elaborações de Entelman (1982, p. 92 e 94) que, mesmo compreendendo a importância de diferenciar o discurso de uma *ciência* do discurso que configura sua *prática*, entende que ambos os discursos citados coincidem e funcionam como uma totalidade com o objetivo de conservar, e simultaneamente facilitar, as trocas e os desenvolvimentos da coesão social de uma determinada sociedade. Assim, apesar de enfatizarmos nesta pesquisa um determinado momento da prática jurídica, entendemos que tal prática interage com o discurso mais amplo do Direito por meio das inter-relacões funcionais das demandas processuais com a palavra dos juristas (doutrinadores). Além disso, o discurso do direito, mesmo que constituído por uma linguagem própria, interage sistematicamente com os outros discursos para cumprir sua função de regulação e normatização social por meio do Direito e das legislações, o que implica a coerção.

Por isso, para além do caráter de conjunto de procedimentos para geração e ordenação dos enunciados, consideraremos outro caráter do discurso, principalmente ligado ao direito de família, no qual entendemos a linguagem não como representação de uma realidade, mas

definiriam em uma época dada, e para uma área social, econômica, geográfica ou linguística dada, as condições de exercício da função enunciativa".

como constitutiva desta mesma realidade. Nesse sentido, partilhamos também da ideia, com base na teoria psicanalítica de Lacan, de que a realidade comporta necessariamente a equivocidade, porque constituída pela linguagem. Por um lado, o equívoco é sinal do aleatório, do imprevisível, do que escapa à linguagem; por outro, ele é determinado pelas formações inconscientes. Desse modo, o equívoco não é efeito de um jogo metafórico, mas é constitutivo, como efeito, do próprio funcionamento da linguagem, porque os enunciados não constroem as mesmas significações.

3.1.1 – Psicologia e perícia

Em termos históricos, o campo *psi* foi convocado à articulação com o direito, primeiramente por meio da Psiquiatra, disciplina que permanece sendo considerada fundamental nas perícias relativas aos processos criminais e de interdição civil. A chamada "psiquiatria forense" desenvolveu-se em duas vertentes fundamentadas no estabelecimento de uma relação entre patologia mental e ato ilícito e/ou criminoso: por um lado, tratou-se de definir e qualificar o estado mental de um indivíduo – diagnóstico e prognóstico – visando ao fornecimento de bases científicas para uma decisão judicial; por outro, tratou-se de fazer da criminalidade um objeto de estudo. Assim, para Moraes e Fridman (2004), a psiquiatria forense se coloca no projeto de elucidar os limites do impacto da doença mental sobre a responsabilidade penal e a inimputabilidade e, mais além, buscar as causas do fenômeno social da criminalidade, o que leva à ideia de uma intervenção preventiva sobre os fatores "criminogênicos".

A articulação entre psiquiatria e controle social acontece desde o nascimento da própria psiquiatria, como demonstrou Foucault (1993), mas a inclusão desta disciplina nos processos judiciais e a criação de um conhecimento especializado do qual deriva o adjetivo "forense" se deu pela interlocução direta com a área penal/criminal. O fortalecimento da escola positivista do direito penal – que postula o delito como sintoma de uma personalidade anormal, em contraposição à escola clássica, que se detém na gravidade do delito e o entende como fruto do livre arbítrio – propiciou a criação do conceito de periculosidade, conceito-chave no direito penal moderno e que designa, segundo Moraes e Fridman (2004), um "índice revelador da personalidade criminosa"[74].

É certo que hoje a Psiquiatria complexificou bastante a consideração dos fatores "criminogênicos" e dos fatores relacionados à incapacidade civil para incluir neles determinantes neuropsiquiátricos, históricos, sociológicos, econômicos, cognitivos, morais, religiosos e utilizá-los em suas análises, o que desloca, muitas vezes, o foco do indivíduo para a coletividade. Porém, a *tarefa* permanece a mesma: informar sobre os determinantes patológicos da conduta, cujos parâmetros de avaliação assentam-se na realidade confrontada entre o psiquiatra e o avaliando – e o *projeto* também – prevenir o crime e também proteger os civilmente incapazes para a administração de seus bens e de sua vida, e assim, "contribuir ao aprimoramento da norma e do tecido social", de acordo com Moraes e Fridman (2004, p. 27).

Hoje, há psiquiatras realizando também perícias em direito de família, campo antes destinado mais comumente aos psicólogos. Contudo, há uma especificidade que faz com que o psiquiatra afirme, como Werner e Werner (2004, p. 80-81), por exemplo, que esse campo, em função de sua complexidade e da transdisciplinaridade do trato de suas questões, sempre pode necessitar do trabalho de outros profissionais de saúde mental. Na linha do cuidado anterior do perito em relação às variáveis a serem consideradas, podem-se encontrar afirmações de que o perito em direito de família deve ter "uma visão social mais ampla" para ser imparcial também em relação "aos aspectos socioculturais e aos diferentes arranjos e famílias" e para não gerar "graves distorções" no processo avaliativo[75].

---

[74] Um nome que se tornou clássico nessas pesquisas e que, vez por outra, volta à tona, é o do médico italiano César Lombroso, cuja teoria é a do crime como fruto de uma constituição biológica do indivíduo criminoso.

[75] É interessante registrar que estes autores propõem um modelo epistemológico que possa superar as dificuldades entre as questões objetivas e subjetivas desse tipo de avaliação: o modelo científico histórico-cultural, de sua própria autoria, vinculado a uma análise epistemológica da interatividade, e ao paradigma indiciário de Ginzburg. Tal modelo poderia considerar o *concreto* na avaliação forense, distinto do *objetivo*, pois o concreto se refere ao fato de a realidade natural-biológica ser transformada pela interação social. O modelo interativo-concreto e a análise

Para o psicólogo perito, a tarefa não é menos difícil, pois a ele é demandada comumente a chamada "avaliação psicológica" de um indivíduo ou de um grupo. Rovinski (2000) procura delinear as características fundamentais das avaliações psicológicas no âmbito forense, o que inclui as áreas civil e criminal. Para ela, as decisões judiciais se relacionam com a "avaliação das competências legais" (p. 185) que significam as "habilidades para executar determinada tarefa", cujo objetivo é "atribuir ao indivíduo um *status* de debilidade ou insuficiência" que pode comprometer o bem-estar dele mesmo, de outro indivíduo ou da coletividade. Depreende-se de seu texto que a perícia em direito de família deve se basear nas competências legais das funções parentais. Ela cita, inclusive, um teste que tem sido útil para tal avaliação na sua experiência. De acordo com ela, tal metodologia distingue claramente o psicólogo clínico do psicólogo perito, pois muitos aspectos são diversos, entre estas duas posições, desde a preocupação do perito com a "exatidão da informação", em contraposição à importância da "compreensão da visão particular do cliente sobre o problema" na perspectiva clínica, até a dinâmica do relacionamento, na qual não há necessariamente a colaboração espontânea do indivíduo avaliado, e não há também um "pacto tácito de manutenção da confiança". Compreendendo o trabalho do psicólogo nesse enquadre, Rovinski se depara com questões periciais semelhantes às da psiquiatria forense. Voltaremos ao tema logo adiante.

É importante citar que, muitas vezes, determina-se somente a aplicação de testes e, por vezes, o próprio magistrado ou o representante do Ministério Público ou o psiquiatra indicam o teste necessário, retirando do psicólogo até mesmo a decisão sobre o tipo de teste a ser utilizado e, assim, limitando ainda mais a atuação do profissional no procedimento da perícia. Tal postura é criticável e deve ser questionada, do ponto de vista da autonomia técnica do psicólogo.

Por outro lado, como já foi citado na parte sobre a cena jurídica, o *psicólogo judicial* tem uma inserção institucional distinta daquela do

---

semiótico-indiciária utilizariam signos, pistas e indícios para conhecer uma realidade "de forma mais concreta e profunda" (WERNER & WERNER, 2004, p. 87).

perito *stricto sensu*. Sua inserção nas equipes multiprofissionais a partir do ECA, na qual lhe são atribuídas as funções de orientação, aconselhamento, etc., podem lhe permitir posicionar-se como agente a partir de um lugar diferente do discurso do mestre e do discurso universitário. Porém, inserido na mesma estrutura discursiva da instituição, o psicólogo também é objeto de sedução/manipulação pelos indivíduos que lhe falam (advogados, partes processuais) por meio da manipulação de significantes que convenham aos mestres já postos. Com o psicólogo, isso ocorre de uma forma diferente daquela do juiz, haja vista o fato de ele estar supostamente orientado pelos mestres da sua ciência (e não os mestres do discurso jurídico). Apesar dessa diferença, sua inserção no discurso jurídico o mantém com uma função a cumprir: como já citado no capítulo da cena jurídica, ao psicólogo é demandado um laudo/relatório que servirá de prova. Esse momento do trabalho do psicólogo indica a importância da questão da verdade na sua inserção discursiva.

Por isso, podemos dizer que o sujeito que nos é encaminhado é o sujeito de direitos e deveres. Tal sujeito tem como base o "eu" cartesiano. Cyro Marcos da Silva (2003, p. 140) diz que o sujeito de direitos tem sua descrição dada pela instância do eu, como a pessoa que, via de regra, tem pleno gozo de suas faculdades mentais, é consciente, entende o caráter de seus atos e tem uma lista de direitos e deveres. Dessa maneira, ele é regulável, normatizável, passível de proteção jurídica e "exortado ao cumprimento de modelos de ações que lhe garantem estar representado por significantes mestres", tais como cidadão livre, proprietário, detentor, sucessor, marido, mulher, criança, adolescente, consumidor, etc., "tudo regido por uma ética kantiana do imperativo categórico, tendo como pano de fundo reminiscências de uma ética dos bens".

Porém, se chegam a nós os sujeitos de direitos, é com outra dimensão de sujeito que o psicanalista procurará trabalhar nos casos em que o conflito está instaurado.

3.1.2 – A verdade: discurso jurídico / discurso científico

A questão do estatuto da verdade está presente constantemente nas discussões sobre o trabalho do psicólogo no discurso judiciário e indica a importância da articulação entre os dois discursos: o direito e a ciência. Já se citou que o próprio discurso jurídico reconhece a dificuldade de lidar com o tema, optando pela noção de verossimilhança para indicar a aproximação com a verdade e agenciar a decisão judicial a partir dela. A ciência, de certa forma, também opta pela verossimilhança, porém inclui as categorias do verdadeiro e do falso para validar asserções cujos referentes são a experiência (ou experimentação) e a lógica, ou seja, a ciência se afasta um pouco mais dos argumentos de autoridade para enfatizar a comprovação das asserções por meio da correspondência entre descrição e experiência (fato), além de sua possível repetição e comunicação. Acrescente-se aí o cálculo estatístico das probabilidades.

Nessa articulação, o discurso jurídico busca a produção de uma verdade interna ao seu sistema e, para isso, em alguns casos, convoca o saber científico a fim de provar a relação ou correlação entre alguns fatos inseridos nas categorias jurídicas articuladas de forma a exigir uma decisão a partir da reclamação de um direito.

A verdade jurídica já tem outros caminhos para ser provada. A prova testemunhal, muito empregada na Antiguidade, perdeu lugar durante muito tempo para as provas agrupadas sob a denominação de "ordálias". As ordálias eram provas utilizadas por muitos povos indo-europeus e asiáticos, mas não foram aceitas pelos romanos: submetia-se um acusado a uma prova e o resultado era atribuído a uma divindade que o teria provocado para demonstrar a verdade. A prova das águas amargas, por exemplo, era utilizada pelos hebreus para a mulher acusada de adultério: se a suspeita, ingerindo a bebida preparada pelo sacerdote, contraísse a face era considerada culpada. Entre os germanos, havia a prova pela sorte: para encontrar o culpado de um homicídio de autoria ignorada, o magistrado selecionava alguns indivíduos e realizava entre eles um sorteio por meio de pauzinhos. Muitas outras provas desse tipo eram conhecidas: prova da serpente, prova da água fervendo, prova pela água fria, prova da cruz, prova do pão e do queijo, etc. Curiosamente, as ordálias atravessaram soberanas toda a Idade Média.

Com a laicização da sociedade e a perda de prestígio das ordálias, a prova testemunhal voltou a ocupar lugar de destaque. Em seguida, com o estabelecimento e a expansão do discurso científico, os cientistas também foram chamados para ocupar lugar no discurso jurídico por meio da perícia.

Nessa demanda, o discurso científico é chamado a se posicionar de acordo com a sua própria noção de verdade. A discussão sobre esse ponto pertence ao campo da filosofia da ciência e sabemos que, mesmo em ciência, não há apenas uma acepção de verdade. Hegenberg destaca algumas acepções de verdade oriundas dos idiomas que compuseram o português por meio do grego, do hebraico e do latim. Todas elas se aplicam de uma forma ou outra ao discurso científico, seja na sua pressuposição de algo anterior que se sujeita à descoberta ou daquilo que pode ser previsto por determinadas correlações de conceitos e dados. Contudo, uma delas se destaca na modernidade: a *veritas*. Derivada do latim, tal acepção de verdade envolve referência ao dizer, "um dizer enunciativo, isto é, narrativo. Relatamos, com precisão, algo que se passou e estamos sendo fiéis aos fatos ocorridos – estamos *contando a verdade*" (1979, p.13-14). A verdade aqui se aproxima do *verum* (fiel, exato, completo sem omissões) e se refere à exatidão no dizer.

Garcia-Roza (1990) acrescenta que a máxima escolástica presente na filosofia medieval, *veritas est adaequatio rei et intellectus*, na qual se destaca a ideia de adequação entre o dizer a coisa, encontra-se no fim de um percurso iniciado com a sofística. Esta última, nascida da manipulação da linguagem e do questionamento do absoluto, relativizou as ideias e fez do discurso um meio de coesão, de convencimento. A filosofia platônica, em reação à sofística, instaurou a necessidade do discurso não contraditório, racional, como meio de chegar à essência da coisa. Aristóteles, em seguida, manteve a importância da não contradição, mas separou definitivamente a *linguagem* das *coisas*, afirmando a semelhança entre dizer e coisa como critério da verdade alcançada por uma operação do juízo. Tal separação é retomada e colocada em novas bases pelo *cogito* cartesiano, que funda, em certo sentido, a racionalidade científica moderna.

A acepção da *veritas*, o dizer exato, também pode ser dividida em duas posições epistemológicas. Segundo Hanly (1995), a primeira é a teoria da correspondência, intrínseca às ciências naturais, que postula a correspondência entre o objeto e sua descrição. Alguns autores, como Hessen (2003), falam da concordância do conteúdo do pensamento com o objeto e chama esta concepção de conceito transcendente de verdade. Na segunda se privilegia a busca dos objetos como são construídos pela crença e pela teoria que governa sua observação e a maneira como são experimentados pelos observadores. Nessa teoria, os objetos chegam a nós por meio de certos determinantes que condicionam sua observação, e assim, são limitados pela teoria que os vê. Para Hessen (2003), a verdade nesse sentido é a concordância do pensamento consigo mesmo, ou seja, um juízo é verdadeiro quando construído segundo as leis e normas do pensamento e o critério de verdade é a coerência dos conceitos e noções ao sistema do qual fazem parte, de forma que haja ausência de contradição: a verdade formal.

Hengenberg (1975) opta pelo tratamento da verdade na lógica proposicional, ou seja, trata a verdade científica na posição epistemológica da coerência: a verdade é verdade porque é assim considerada pela teoria. A verdade não espelha os fatos, pois o realismo é realismo das regras gramaticais da língua. Ele compara essa posição com as ficções criadas pela literatura, as quais são absorvidas em um sistema coerente de narrativa. Para ele, a diferença entre literatura e ciência é que o controle sobre a verdade ou falsidade *dos enunciados* nesta última é conseguido pelo ato da *verificação*, que se apresenta como um comportamento diretamente observável, e origina uma experiência imediatamente vivida (*Erlebnis*). Por esse positivismo lógico, estabelece-se a verdade ou a falsidade de uma proposição.

Pode-se entender que a posição do perito judicial é exatamente esta: informar ao julgador aquilo que pode ser captado pelo saber científico e seus instrumentos, a fim de auxiliar na articulação sobre uma proposição verdadeira. A máxima pericial seria *visum et repertum*, que poderia ser grosseiramente traduzida por "ver e repetir". De acordo com Maria Helena Diniz, em seu Dicionário Jurídico, tal expressão significa a "descrição completa do objeto da prova pericial, após inspeção ocular." (1998, p. 749). Assim, o perito é aquele designado para, a partir de um saber reconhecido, encontrar o fato e descrevê-lo ao juiz. Porém, é preciso considerar que tal descrição, se pautada pelo discurso científico, é fruto da apreensão do objeto ou do fato, e sua inserção articulada em um sistema teórico (conceitual) o mais livre possível das contradições, que permita a emissão de um juízo.

Por isso, um tema importante para os peritos é o da simulação e dissimulação. Este tema está presente em qualquer relação clínica, mas adquire relevo especial na relação perito-periciando porque tal relação implica, muitas vezes, ganhos de ordem econômica (indenizações, benefícios sociais, previdenciários, etc.), judiciária (inimputabilidade ou atenuantes ao crime cometido) ou mesmo afetiva (guarda, convivência, etc.). Como o perito precisa ser convencido de uma determinada situação ou de um fato, considera-se que o examinando possa produzir informações e fenômenos falsos, intencionalmente ou não. Lembremo-nos de que a perícia se insere no momento de instrução processual, e afirmemos, como Cyro Silva, que este momento do procedimento – da ação, da ritualização – funda-se no direito à mentira (2003, p. 80).

A situação é paradoxal. O psiquiatra e o psicólogo precisam lidar com o fato de que a pessoa entrevistada pode estar mentindo em função de que está envolvido na própria situação do processo judicial. Há aqui um elemento de desconfiança na relação estabelecida. E mais: não é uma mentira necessariamente intencional, consciente. Daí que se empreenda um trabalho que consiga indicar as características dos simuladores e das simulações.

Há psiquiatras, como Duque, que procuram diferenciar a conduta da simulação devida a uma patologia específica, na qual a motivação é inconsciente, como o transtorno factício e o transtorno dissociativo, da simulação propriamente dita que teria motivação consciente[76]. Para lidar com essa questão, propõem-se diretrizes para a detecção da simulação, a prática da busca de informações pertinentes, utilização de testes confiáveis e "sensibilidade de um perito com experiência clínica." (2004, p. 96).

Rovinski (2000) procura elencar as principais características que indicam a simulação nas avaliações psicológicas e sugere alguns procedimentos para conseguir captá-la, como testes específicos, por exemplo. Rovinski (2005) também aponta para a importância de que o perito não exagere na autoconfiança e acrescenta outras sugestões para

---

[76] Esse texto enfatiza as questões relacionadas à simulação de doença mental, em função da formação do autor como psiquiatra forense e de sua atuação em Hospital de Custódia e Tratamento Psiquiátrico no Estado de Pernambuco.

lidar com a simulação, como as entrevistas com terceiros, o abandono de estereótipos, a repetição de temas e perguntas para o periciado, a comparação do comportamento de alguém suspeito de estar mentindo com o comportamento "natural" e a manutenção de uma "postura de investigação." (p. 94-95).

Para o psicanalista, tal dispositivo é estruturalmente paranoico: um observador à espera de uma resposta, provavelmente advertido da capacidade de fingir, e o observado, dividido entre a obediência e a simulação nos parâmetros da cena (Dobón, 2001).

Todavia, é preciso também clareza lógica para perceber que, na verdade, os simuladores dos quais se sabe são os malsucedidos. Os bem-sucedidos seguiram em frente sem serem notados, lembra-nos Duque (2004).

A produção pericial é um elemento importante que compõe o discurso jurídico da prova, mas, é bom ressaltar, não define a decisão. O magistrado pode decidir contrariamente ao laudo pericial, pois o cerne de sua decisão provém de seu "livre convencimento", desde que fundamentado nas prerrogativas legais. Contudo, em geral, os magistrados concedem importância aos resultados de perícias em função de não terem conhecimento especializado que possa contradizer tais resultados e, o que não se pode deixar de registrar, em função do alto valor cultural que o discurso da ciência possui em termos de diagnose e previsibilidade.

Por isso, a prova a ser produzida indica uma verdade a ser atingida. Quais são os critérios da produção da verdade no trabalho do psicólogo? Aqui entra-se no terreno da norma como Foucault elaborou e que pode auxiliar a questionar a perícia *stricto sensu* em direito de família.

3.1.3 – O exame, a norma e a verdade jurídica

Como nossa proposta de trabalho é distinta da mera inserção tecnocrática da ciência no trato com a família, vamos agora refletir sobre a norma e a perícia no caso do trabalho em direito de família, utilizando alguns argumentos de Michel Foucault.

Foucault tratou do tema do exame e da normalização em várias partes de sua obra. Especialmente em "A Verdade e as Formas Jurídicas"

(1996), reunião de cinco conferências pronunciadas na PUC do Rio de Janeiro, em 1973, ele aborda as modalidades instituídas ao longo do tempo para produzir a verdade no seu sentido jurídico, quer dizer, em relação à resolução de conflitos e ao exercício de um poder judicial.

De acordo com ele, a prova da verdade pelo *desafio* está presente desde a Grécia antiga, na qual era modalidade importante, destacando-se nele a realização do juramento. Um pouco depois, surge o testemunho: o relato de quem presenciou o fato passa a ter valor de verdade e institui uma primeira relação importante entre ver e saber, sendo a verdade encontrada na junção dos dois. Ele afirma que um modelo conhecido dessa produção da verdade está registrado no mito de Édipo Rei descrito por Sófocles, quando o testemunho do escravo permite concluir o autor do homicídio.

Durante a Idade Média, as práticas judiciárias se pautavam pelo modelo do inquérito, que era um procedimento pelo qual se procurava saber o que havia ocorrido em um passado suspeito. A prática que instituía a verdade era a confissão e seu exemplo mais radical, a Santa Inquisição[77].

Na modernidade, surgem novos procedimentos para produzir provas. Um deles utiliza a reconhecida experiência de um indivíduo ou o seu saber técnico para estabelecer relações significativas entre fatos ou eventos: é o exame. Este procedimento, aplicado ao campo mental e acompanhando/engendrando o saber psiquiátrico, instituiu, entre outras coisas, as virtualidades do comportamento. Vamos explorar, neste ponto, a noção de norma em Foucault e sua relação com o Direito[78].

É preciso deixar claro que a norma em Foucault é diferente da norma como é pensada na ciência do Direito. Portanto, não se trata da norma como preceito de direito ou como lei, produto da legislação, quer dizer como norma de conduta que disciplina as relações incidentes no direito, cuja observância é imposta pelo poder estatal. Tal noção de

---

77 Ver anotação anterior sobre a importância também das provas chamadas de ordálias na Idade Média.

78 Os argumentos desenvolvidos daqui em diante neste trecho sobre Foucault e o Direito têm como base as elaborações de Fonseca (2002) e Ewald (1993) sobre esse tema, apesar de não serem citados constantemente, o que foi feito para facilitar o desenvolvimento do argumento e do raciocínio.

norma é objeto de discussões específicas no campo da doutrina jurídica. A noção de norma que privilegiaremos ficará mais clara adiante e se aproxima mais da ideia de padrão de conduta, fórmula abstrata do que deve ser, cujo fundamento encontra-se na inter-relação entre saber e poder nos diversos discursos sociais. Evidentemente, tais diferenças entre essas noções sobre a norma não são sempre muito claras, o que denota a interdiscursividade na prática pericial e no próprio discurso do direito.

Fonseca (2002) destacou três "imagens" do Direito na obra de Foucault. A primeira se relaciona com o poder soberano: o Direito como lei e a lei como interdição; a segunda é a do Direito normalizado-normalizador – relacionado às disciplinas e ao biopoder; a terceira é a do Direito "novo" – relacionado às resistências ao poder, resistências ao fato de ser governado por um outro. Interessa-nos privilegiar a imagem do Direito normalizado-normalizador, na qual acreditamos estar inserida a relação entre a demanda do campo jurídico e o trabalho do psicólogo e do psiquiatra.

O Direito normalizado-normalizador pode ser pensado com base em duas dimensões diferentes e inter-relacionadas das relações entre poder e saber registradas por Foucault.

A primeira é a da "sociedade disciplinar", nome com o qual Foucault indica a formação, principalmente a partir do fim do século XVIII, de uma rede de instituições que busca exercer o controle sobre a vida dos indivíduos. O que Foucault chama de "disciplina" é um conjunto de técnicas ou mecanismos cujo objeto privilegiado é o corpo dos indivíduos e cujo objetivo é formar neles um "tecido de hábitos" pelo qual é definida sua inclusão, ou pertencimento, a uma dada sociedade. O efeito dessas técnicas é chamado de normalização.

As instituições disciplinares, que Foucault chama de instituições "de sequestro", separam os indivíduos em espaços delimitados para permitir a observação de suas atividades e o controle de suas forças por meio da vigilância hierárquica, da imposição de sanções normalizadoras e da prática do exame, procedimento relativo à transformação do indivíduo em um "caso" cuja biografia e os comportamentos atuais indicarão um prognóstico. Escola, fábrica, hospital, manicômio e, sobretudo, a prisão serão os exemplos mais usados pelo autor.

A prisão é para ele a instituição modelo desse tipo de sociedade porque nela se forja um "personagem": o delinquente. Se o infrator era caracterizado por seu ato, o delinquente será caracterizado por sua vida, sua história, sua índole. Tal história biográfica cria o *criminoso* no lugar de onde existia o *infrator*, de onde se pode extrair a noção de *periculosidade*, ou seja, a possibilidade da repetição de uma ação em função de uma condição potencial diagnosticada no indivíduo.

A norma disciplinar é, assim, um critério de comparação, uma regra interna ao conjunto observado, examinado. Os procedimentos de normalização disciplinares buscam separar o normal do anormal por meio das comparações entre os indivíduos examinados. Sua efetividade e importância no sistema disciplinador produzem interferência na própria instituição judiciária. As estruturas do Direito retomam o saber produzido sobre as individualidades a partir do exame e modificam suas bases de análise e de prescrição. Dessa forma, os saberes produzidos nas prisões e "reformatórios" serão utilizados por muitos juízes para a formação das convicções de seus julgamentos e a discussão da doutrina. Isso pode ser observado em muitos exemplos na pesquisa anterior que foi realizada no âmbito das concepções jurídicas sobre a infância e adolescência (MIRANDA JR., 1999)[79].

Por isso, é possível falar de um direito normalizado-normalizador: normalizado porque é atravessado pelas práticas normativas; e normalizador porque, em um movimento de absorção e colocação em prática, ele é agente e vetor da normalização.

A segunda dimensão se refere a uma nova forma de governo que, a partir de um determinado momento histórico, se preocupará com a gestão das populações; afinal, a "população" não se submete mais ao governo sem que seja "gerida" de acordo com suas regularidades características. Para isso, constitui-se um novo objeto/sujeito das estratégias

---

[79] Nessa pesquisa, buscamos as influências que o discurso psicológico teve na formação da noção central no ECA de "personalidade em desenvolvimento" e, para isso, pesquisamos publicações de doutrinadores e juristas importantes no percurso discursivo da formação desta noção. Nelas, é possível perceber as intrincadas relações entre o saber jurídico sobre o "menor" e a avaliação técnica a que eram submetidas as crianças e os adolescentes.

de poder – o corpo coletivo – e entram em relevo as estatísticas e as probabilidades cujos focos são os traços biológicos fundamentais da espécie humana que podem ser regulados, previstos.

Foucault agrupa tais mecanismos de poder na denominação de *biopoder*, pois tais mecanismos tomam a seu cargo a vida. Essas estratégias de poder substituem o exercício da captura, da reclusão e da repressão, próprios à época do domínio político da figura do soberano que, de uma forma diferente, estavam presentes também na sociedade disciplinar, e estabelecem um poder destinado a produzir forças, a fazê-las crescer e ordená-las. Um poder que "se exerce, positivamente, sobre a vida, que empreende sua gestão, sua majoração, sua multiplicação, o exercício sobre ela de controles precisos e regulações de conjunto." (2001, p. 129).

Nesse sentido, a função da tecnologia dos mecanismos de segurança, baseada na probabilidade, na previsibilidade e nos riscos, é organizar um "meio" em função de uma série de acontecimentos possíveis que devem ser regularizados em um quadro múltiplo e transformável (Fonseca 2002, p. 210). Daí a produção das "curvas de normalidade" relacionadas ao processo de vida: natalidade, morbidez, longevidade, reprodução. O poder que assim se estabelece não põe a morte em ação no campo da soberania; em vez disso, ele distribui os vivos em um domínio de valor e utilidade que precisa qualificar (medir, avaliar, hierarquizar) para operar distribuições em torno da norma. "O que é reivindicado e serve de objetivo é a vida, entendida como as necessidades fundamentais, a essência concreta do homem, a realização de suas virtualidades, a plenitude do possível." (Foucault, 2001, p.136). Uma sociedade normalizadora é o efeito histórico de uma tecnologia de poder centrada na vida.

Pode-se ainda diferenciar "normação", efeito dos procedimentos disciplinares, cuja série é composta pelo corpo-disciplina-instituições, partindo da norma e distribuindo os indivíduos entre o normal e o anormal, e "normalização", efeito dos mecanismos do biopoder, cuja série é composta pela população-processos-biológicos-mecanismos reguladores-Estado e na qual parte-se do jogo entre normalidades diferenciais e deduz-se a norma (Fonseca, 2002). Entenda-se que a normalização inclui a normação.

Imagens que podem nos ajudar a compreender as diferentes formas de exercício do poder segundo essa perspectiva: a) os suplícios aplicados como pena e a expulsão dos leprosos pelo poder soberano; b) a segregação dos loucos no manicômio; o estabelecimento da prisão e a colocação em "quarentena" pelo poder disciplinar; c) a vacinação em massa agenciada pelo biopoder.

Então, o que é a norma nessa perspectiva? François Ewald (1993) afirma que a norma, modernamente, é "uma maneira de um grupo se dotar de uma *medida comum* segundo um rigoroso princípio de autorreferência, sem recurso a nenhuma exterioridade, quer seja a de uma ideia, quer seja a de um objeto." (p. 108, grifo do autor). Tal medida permite individualizar incessantemente – trabalhar com *casos* – e simultaneamente compará-los. A norma aborda os desvios fazendo destes a expressão "da relação indefinidamente reconduzida de uns com os outros" (p. 86).

Portanto, norma é a medida que permite produzir uma regra de juízo comum e é por esta regra que se dá a possibilidade de direito social nas sociedades modernas, cujas características mais importantes são:

1. A constituição de um campo homogêneo de positividades, cujo mecanismo central é a objetivação dos homens e das coisas, baseada em probabilidades estatísticas, que faz com que as diferenças entre os indivíduos sejam compreendidas como desvios em relação a padrões estabelecidos. Por isso, não há limite para o apetite contínuo de observações, medidas, registros. É a sociedade do exame infinito.
2. A relatividade. Não há norma absoluta. Toda norma deve estar relacionada ao lugar, ao grupo e ao tempo. Sua ontologia é uma ontologia do equilíbrio: "O ponto de equilíbrio pressentido por um sujeito como seu bem" (Ewald, 1993, p. 116). O anormal refere-se ao ponto em que este equilíbrio é rompido. Nesse sentido, o anormal pode ser entendido como inapto. *Inaptidão* passa a ser uma propriedade do ser relativa ao grupo, mais que uma natureza. E apesar desse "exame infinito" que as práticas de avaliação e exame mantêm com o objetivo de encontrar parâmetros mais precisos e se refe-

renciar ao contexto (ou grupo), ao qual se aplica, nunca é fácil estabelecerem os critérios do normal e do anormal.

3. As normas não conhecem revolução. O seu ritmo de variação exclui os perigos da inconstância. As cronologias normativas são de longa duração.

No espaço normativo, as normas são sempre plurais: existem tantas normas quanto atividades a regular e, como regra do direito nas sociedades modernas, não implicam na reflexão sobre o exercício do poder. Não há o sujeito da enunciação da norma, pois, como produto de procedimentos estatísticos científicos, "ela é o fato de todos, sem que ninguém o tenha querido explicitamente" (Ewald, 1993, p. 109). Isto significa que a norma não emana de um lugar ou de um sujeito nomeado, como seria o soberano, mas se origina de um conjunto de procedimentos que não são contestados, exceto em procedimentos internos ao próprio discurso científico que os produziu, sendo assim considerados legítimos por um discurso que se sustenta sobre um método *a priori* legitimado. É dessa maneira que se pode entender a norma como o meio de produzir direito na forma de direito social.

Se o direito no ocidente é um direito cuja herança é a do comando soberano, ele está cada vez mais atravessado pela disciplina e pela norma. Os processos [métodos] de normalização colonizam os procedimentos [formais] da lei[80]. Foucault afirma que a soberania resta como ideologia e como organizador dos grandes códigos jurídicos a partir de uma certa "democratização" da soberania. Com os corpos disciplinados, o direito passou a ter como objetivo satisfazer as disciplinas e garantir que cada um exerça sua soberania sobre si mesmo. Por isso, "o poder se exerce nas sociedades modernas atpor meio do jogo mesmo desta heterogeneidade entre um direito público soberano e uma mecânica polimorfa da disciplina" (Foucault, 1994, p. 187 – tradução nossa)[81].

---

80 « Les procédés de normalisation colonisent de plus en plus les procédures de la loi » Cours du 14 janvier 1976. In: FOUCAULT, 1994, p. 188.

81 « Le pouvoir s'exerce dans les societés modernes à travers, à partir et dans le jeu même de cette hétérogéneité entre un droit public de la souveraineté et

Talvez seja possível dizer que há um lugar, o Estado, que legitima a norma, apesar de não constituir o sujeito de sua enunciação. Daí duas consequências importantes advêm: a justiça coloca cada vez mais a preocupação com a norma no lugar do respeito pela lei e tende menos a sancionar as infrações do que a penalizar os comportamentos[82]. No direito de família isso parece bastante evidente.

Não se trata de valorar tais estratégias de poder e nem de colocar em discussão sua pertinência. Ademais, tais reflexões e proposições de Foucault são muito amplas e podem ser aplicadas a diversos aspectos da organização social. A questão a tratar aqui, bem mais sucinta, é a da participação da psicologia jurídica na área de família nessas estratégias e seus efeitos.

A aplicação da Psicologia à avaliação dos indivíduos é bastante conhecida e, na verdade, compõe uma parte importante da história desta ciência e de seu reconhecimento social (Cf. FIGUEIREDO, 1993; CALEJON & BEATÓN, 2002). A força que adquiriram os testes psicológicos a partir do início do século XX não cessou de crescer[83]. Não menos importante é a participação de psicólogos nas instituições disciplinares.

---

une mécanique polymorphe de la discipline ». Cours du 14 Janvier 1976 In: FOUCAULT, 1994.

82 "Ce primat de l'ordre a au moins deux conséquences importantes: que la justice substitue de plus en plus le souci de la norme au respect de la loi; et qu'elle tend moins à sanctionner les infractions qu'a pénaliser les comportements.» In: FOUCAULT, 1994, p. 697.

83 Tal é o reconhecimento adquirido por esse campo específico da Psicologia que as práticas de avaliação psicológica contam com linhas de pesquisa importantes nas universidades brasileiras. Há alguns anos, o Conselho Federal de Psicologia interveio sobre a aplicação dos testes psicológicos de uma forma incisiva, exigindo a atualização de suas pesquisas, divulgando lista na qual informava quais testes estavam validados e quais ainda necessitavam de nova validação. Tal movimento gerou controvérsias entre os especialistas da área, porém contou com o apoio de grande parte dos psicólogos. O que queremos destacar aqui é justamente a inserção desse discurso nas estratégias de poder que vimos trabalhando. Não se questionou a existência do teste em si, mas a pertinência de sua validade para uma população dada, sendo que se tratava, então, de aguardar novas pesquisas que pudessem contextualizar e atualizar tais validações, o que foi feito aos poucos. Isso corrobora com as características da produção da norma com que estamos trabalhando.

É verdade que na história oficial fala-se mais da primeira aplicação que da segunda. Talvez uma das imagens mais fortes nesse percurso da Psicologia seja a do exame de crianças para a diferenciação dos níveis de aprendizagem e diferenciação dos grupos a serem compostos nas escolas. Outra imagem importante no âmbito do que se trata aqui é a aplicação da Psicologia nos processos seletivos nas empresas e instituições em geral. Tanto em uma imagem quanto na outra, podemos perceber a presença tanto do modelo disciplinar, que observa e separa, quanto do biopoder que, seguindo as estatísticas comparativas de curvas de normalidade, prevê a possibilidade de adaptação e os riscos nela envolvidos.

A demanda que o poder judiciário faz aos psicólogos no âmbito do direito de família é geralmente esta: avaliar os indivíduos com base em modelos que permitam um julgamento sobre as diferenças entre as condutas. Tal modelo é extraído das comparações entre avaliações diversas, ponderadas estatisticamente, que podem fornecer os padrões e seus desvios para cada população dada. É um discurso que tem eficácia e reconhecimento social, mesmo que gere também diferentes formas de desconfiança e reticência.

Novamente, é preciso dizer que não se trata de desqualificar os procedimentos de avaliação e nem suas técnicas. Tratamos desse tema em outro texto, no qual afirmamos a possibilidade de interlocução entre a Psicanálise e os procedimentos de avaliação psicológica, fundamentalmente os testes psicológicos, no âmbito jurídico em certas circunstâncias e sob determinadas condições (Miranda Jr., 2005). Trata-se aqui de refletir sobre os efeitos de verdade que o discurso da avaliação produz em sua relação com a normalização no âmbito da interface entre o direito de família e a Psicologia.

Tais efeitos são, em geral:

1. a criação de padrões de conduta esperados e avaliados pela comparação entre si e entre estes padrões e outros derivados de outros tipos de avaliação;
2. a constante proposição de novas formas e novas técnicas de avaliação cujo objetivo é apreender mais amplamente e mais especificamente o objeto verificado.

Como avaliar a conduta de adultos, adolescentes e crianças na família se não for por meio da norma, no sentido em que vimos trabalhando? Perscrutar as intenções, verificar as tendências, conhecer as características, prever as possibilidades, para isso é preciso a comparação com padrões estabelecidos por observação e mensuração. Nesse sentido, a própria lei passa a funcionar como norma e, talvez por isso, a instituição judiciária absorva cada vez mais aparelhos (médicos, administrativos, etc.), cujas funções são reguladoras.

Assim, pode-se entender que o olhar social e científico dirigido à criança, ao adolescente ou à família baseia-se na norma e é esta norma – não estática, mas dinâmica – um dos pilares que sustentam o exercício do direito de família, seja em relação ao discurso das próprias famílias e de seus advogados, seja no discurso dos magistrados e doutrinadores, seja no dos "técnicos auxiliares" que incluem o psicólogo. Pesquisas mais específicas sobre esse tema são necessárias e podem contribuir, inclusive, na discussão sobre o *maior interesse da criança*, expressão jurídica importante na atualidade. Porém, pode-se verificar a presença de expressões normalizadoras em outras pesquisas já realizadas. Em trabalho anterior (Miranda Jr., 2000), encontramos muitas dessas categorias: "integração" familiar ou social, "pais adequados", "formação de identidade", "estudar normalmente", "ambiente saudável", "aptidão/inaptidão emocional" e outras várias. Em outra pesquisa, tais expressões e imagens ideais que compõem a família foram facilmente identificáveis (Miranda Jr., 2015). Shine (2003), em sua pesquisa, também encontrou diversos objetos de avaliação que, de acordo com nosso entendimento, estão incluídos na problemática do controle normalizador: habilidades, sensibilidade, comunicação, satisfação com paternagem/maternagem, autonomia, grau de interação positiva e vários outros.

Desta forma, podemos afirmar, então, que o resultado do exame, categoria científica e jurídica da atuação do psicólogo, é um enunciado que deve servir como prova de uma verdade normativa cuja base se encontra na interseção problemática entre o saber científico sobre o humano, que inclui os valores culturais e morais que o atravessam e o poder a ser exercido sobre os corpos e as subjetividades em nome do saber. É a mesma problemática destacada por Foucault em relação ao psiquiatra[84]. Pelo exame e seu resultado, enunciado na forma da escrita de um laudo ou relatório feito por um técnico especializado no tema, é exercido um poder normativo sobre a regulação da vida em família[85].

Nesse sentido, o exame e o seu resultado fazem parte do ordenamento institucional que indica os regimes de verdade e a regulação de gozo dentro de um discurso de mestria tributário da utopia moderna da instituição sem mal-estar.

O objetivo e o efeito do exame é a produção de uma verdade no discurso jurídico em direito de família, discurso que tem seus parâmetros próprios e absorve e digere a verdade emanada de outros discursos, notadamente o científico e, principalmente, o dos auxiliares técnicos que participam desse discurso ou interagem diretamente com ele. De acordo com Foucault (1994, p. 176), não há exercício de poder sem certa economia de discursos de verdade funcionando dentro, a partir e por meio deste poder[86]. E nessa economia, muitas vezes o direito delega à Psicologia o encargo de decidir sobre o verdadeiro. Da forma como vimos demonstrando, tal verdade, estabelecida em sentença judicial, comporta atravessamentos constantes do que aqui chamamos norma. Norma esta que o discurso científico é profícuo em produzir e sustentar.

A Psicanálise pode ser convocada como saber científico, da forma como acabamos de mencionar. Sua utilização dessa maneira indica pelo menos duas formas de sua distorção em relação à descoberta que lhe é peculiar.

A primeira é a da normalização, da produção de normas que servem como modelos a serem manipulados na sofística do

---

[84] O próprio Foucault fazia equivaler "psicologizar" e "medicalizar": "On psychologise aussitôt les choses ; les psychologiser, c'est-à-dire les médicaliser" – El poder, una bestia magnífica. Entretien avec M. Osorio, 1977. (FOUCAULT, 1994, p. 373).

[85] Alguns exemplos de autores que defendem a posição pericial do psicólogo: CRUZ, R. M.; MACIEL, S. K. & RAMIREZ, D. C. (orgs.), 2005; SILVA, D. P., 2003.

[86] "Il n'y a pas d'exercise du pouvoir sans une certaine économie des discours de vérité fonctionnant dans, à partir de et à travers ce pouvoir» – Cours du 14 janvier 1976. (FOUCAULT, 1994, p. 176).

convencimento[87]. A segunda é a sua utilização como lente teórica de leitura para explicar, justificar ou fundamentar condutas e atitudes. Freud (1931/1980) questionou esse uso num pequeno texto intitulado "O Parecer do perito no caso Halsmann". Neste texto, Freud critica a utilização do conceito do complexo de Édipo para fundamentar a conclusão de que Halsmann havia cometido parricídio, mesmo que não houvesse provas de que fosse ele o assassino. Freud inverte o raciocínio e dá a entender que, caso essas provas existissem, aí sim uma leitura das relações de Halsmann com seu pai poderia ser relacionada com o complexo de Édipo. Nesse mesmo texto, Freud lembra também do romance de Dostoievski, "Os irmãos Karamassovi", no qual o irmão acusado e julgado culpado pelo parricídio é inocente; no entanto, era aquele que mais explicitava seu desejo de morte do pai. De acordo com Gomes (2009), é justamente a aproximação da Justiça russa à psicologia das intenções, o que Dostoievski registra em sua história. A aproximação que leva a uma frase dita na cena do julgamento nessa obra literária e que Freud também deixa registrada em seu texto: "A Psicologia é uma faca de dois gumes"[88].

Roudinesco (2003, p. 87) também questiona tal utilização e a aproxima do problema da abordagem da família, como citado na Introdução. Para ela, o complexo de Édipo tornou-se um 'modelo psicológico' para normalizar a ordem familiar em determinados discursos político-ideológicos. O filho deveria rivalizar com o pai e a filha concorrer com a mãe. Reduzida assim a uma leitura ideológica do complexo de Édipo, a Psicanálise arrisca a se transformar em um "procedimento de perícia" que abandona o potencial crítico dela própria.

A aplicação normalizante da Psicanálise encontrou maior apoio com o "universo funcionalista" no qual a família foi inserida, de acordo com Roudinesco (2003), a partir das décadas de 60 e 70, ao iniciar a

---

87 Lacan, no "Seminário 4", afirmou que "o termo normalização introduz, por si só, um mundo de categorias bem estranho ao ponto de partida da análise" (1956-57/1995, p. 16).

88 Em nota de pé de página do texto de Freud, a *Standard Edition* diz que o símile realmente utilizado em russo e alemão é "um porrete de duas pontas", e que esta versão se baseia numa tradução de Constance Garnett.

avaliação da qualidade do exercício dos papéis de pai e mãe, qualidade vinculada à noção de parentalidade – de origem anglófona.

3.2 – O psicanalista na cena

Convocado para atuar de acordo com o discurso científico da Psicologia, o psicanalista é posto em um lugar institucional que o remete a algumas questões em certo sentido semelhantes às quais ele lida onde quer que esteja. Uma delas diz respeito ao saber. O psicanalista é convocado a anunciar e a exercer um saber sobre o indivíduo, tarefa que ele recusa em nome de provocar no sujeito a vacilação de seu próprio saber.

Uma diferença importante entre o ato analítico na clínica individual e o ato possível no lugar institucional, o qual pode ocupar um psicanalista em um Tribunal de Família, é que a instituição espera um saber, na forma de dados e correlações de valor, para complementar um percurso lógico discursivo. Deste percurso já se destacou seu aspecto de ritualização, de montagem de uma cena social, cujo objetivo é enunciar uma decisão legítima que será escrita e assinada por uma autoridade e, portanto, deverá ser aceita e cumprida. Essa é a face pericial do lugar instituído para o psicólogo judicial. Entretanto, como já se assinalou, a própria legislação indicou outras atividades entre as funções esperadas do psicólogo judicial no trato com as questões relativas à infância e à adolescência (art. 151 do ECA), o que, no seio mesmo do discurso jurídico, inseriu a sua função em uma névoa cinza que exige mais, visto ampliar suas atribuições, ao mesmo tempo em que restringe menos, no que se refere às possibilidades de atuação no enquadramento pericial.

É essa via, inscrita na própria legislação, que faz as discussões sobre este trabalho oscilarem entre os polos da avaliação e da intervenção, como já citamos, e é aproveitando a mesma via que se pode propor outra abordagem da família. Isso não é simples, como demonstra o esforço de Shine (2005) em conciliar o "método clínico em instituição" com o enquadre pericial do trabalho do psicólogo, que o compromete com a "tarefa da autoridade judicial" desde o início. Shine diz que o psicólogo judiciário trabalha com *questões psico-legais*, termo com o qual ele tenta nomear o que surge nesta interface. Para o autor, a fim de não responder à demanda institucional ou mesmo as partes em litígio, ou dos advogados, a saída para um processo de disputa de guarda, por exemplo, seria explicitar e clarear para o juiz e para os próprios membros da família a dinâmica familiar em foco. Isso poderia cumprir uma função clínica em meio a um processo cujo foco é a avaliação para a decisão judicial.

A nossa proposta também é a de que o trabalho pode ter um caráter interventivo, porém entendemos que o trabalho com os sujeitos que nos falam é distinto do trabalho dirigido aos operadores do direito, mesmo que existam pontos de encontro (ou de tangência) necessários e importantes fundamentados na inserção institucional do trabalho, como se verá adiante. Em nossa proposta, a distinção citada se baseia na posição do psicanalista que não abre mão de uma direção da escuta que favoreça a intervenção, mas também não abre mão de um discurso que, privilegiando o sujeito do desejo, coloca em questão o saber que o sustenta em cada caso e, por isso, problematiza constantemente a relação do desejo com a norma.

Ao recebermos uma família para a realização de um Estudo Psicológico, entramos na cena jurídica desta família como psicólogo judicial. Após a leitura dos autos do processo, que no caso do direito de família muitas vezes vem acompanhado de apensos[89], convocam-se os envolvidos na questão processual para as entrevistas. Está iniciada a participação efetiva nessa cena.

Todavia, é preciso estabelecer a partir de quais referenciais podemos afirmar que é possível um trabalho com a Psicanálise nesse lugar discursivo/institucional.

Se se pretende que a Psicanálise não seja apenas uma teoria de leitura dos "casos", o que, a nosso entender, desvirtua o fundamento de sua criação e do ato que ela implica como práxis, temos de nos haver com algumas questões importantes que, em um trabalho acadêmico, podem ser situadas entre as questões metodológicas postas à Psicanálise.

---

[89] Apensos são outros processos judiciais que tramitam simultaneamente ou já tramitaram e foram encerrados, mas se referem às mesmas pessoas envolvidas no processo em questão. Exemplo: o casal se separa e move um processo judicial para legitimar o divórcio. Pode acontecer que, depois de mais algum tempo, venham a discutir uma modificação de guarda. Depois, pode surgir um problema relativo à convivência parental. Todos esses processos costumam chegar juntos, apensados, fornecendo a versão jurídica da história daquela família.

Do ponto de vista epistemológico, a questão é a da aplicação de conceitos e métodos a objetos externos ao campo em que foram criados. Utilizar a teoria e o método psicanalíticos para o estudo de caso fora do âmbito da clínica *stricto sensu* é motivo de discussões variadas, e, por vezes, extensas, sobre a viabilidade e a validade de tal empreendimento.

Do ponto de vista metodológico, a questão para a Psicanálise é a da implicação do pesquisador na produção dos fenômenos pesquisados, questão própria a todo o campo da pesquisa em Psicologia clínica, conforme Batista Pinto (2004). Toda investigação clínica no campo *psi* interfere no objeto investigado, o que leva essa autora a afirmar que nesse campo não se pretende uma verificação direta dos resultados e conclusões, mas "apontar um sentido da realidade, do fenômeno ou do processo estudado" (p. 74), pois os instrumentos ou processos utilizados são indutores da interação. Daí que, para ela, a pesquisa em Psicologia, clínica seja sempre uma pesquisa-ação, no sentido de que a ação é investigada e interpretada enquanto é construída, o que leva à modificação do próprio processo durante a investigação.

Porém, diferentemente das pesquisas em Psicologia clínica, abordar o *método* psicanalítico implica abordar o conceito de *transferência* e a noção de *construção* do caso clínico. Dois pontos que procuram responder ao problema metodológico de forma diferente das outras áreas do campo *psi*.

Antes de passar à consideração desses pontos, é interessante registrar que encontramos autores de linhas distintas do campo da clínica e da teoria psicanalíticas que se debruçaram sobre essas questões e, curiosamente, muitos pontos em comum sobre esse tema podem ser neles destacados, independentemente das diferenças que marcam as leituras clínicas de seus casos. Passemos, então, aos dois pontos mencionados.

3.2.1 O psicanalista, a psicanálise e o problema do método na interface

A teoria psicanalítica fora do campo de sua construção

Com relação a este tópico, os debates são históricos e atravessam o campo do que foi nomeado por Freud de *Psicanálise aplicada*, termo cujo desenvolvimento posterior levou muitos psicanalistas a acentuarem uma divisão radical entre Psicanálise *aplicada* e Psicanálise *terapêutica* ou *clínica*.

Plon (1999) afirma que, para os psicanalistas de língua inglesa, essa separação se fundamentou, entre outras coisas, na contestação da legitimidade da prática psicanalítica com fins terapêuticos por não médicos. Assim, foi considerada epistemologicamente legítima a Psicanálise aplicada, desde que não viesse a ter relação com a prática terapêutica. Figueira (1994) nota que essa separação sofreu influência do fato de que esses psicanalistas centraram sua produção teórica na prática da clínica, ou seja, "clinicizaram" conceitos que Freud sistematizou em textos não diretamente relacionados à prática clínica. Já os psicanalistas de língua francesa rejeitaram o adjetivo "aplicada" por considerá-lo confuso.

O efeito dessa divisão ou diferença parece ser o de afastar procedimentos que o próprio Freud nunca separou completamente. Freud não se isentava de ler materiais e fenômenos fora de sua clínica particular por meio da teoria psicanalítica. Plon (1999) aponta a permissão de Freud para a publicação, em 1907, de uma coleção intitulada "Escritos de Psicanálise Aplicada" (*Schroften zur Angewandten Seelenkunde*), com textos de diversos autores, inclusive dele mesmo: "A Gradiva de Jensen" e depois "Uma Lembrança Infantil de Leonardo da Vinci". Posteriormente, com o objetivo de estender a Psicanálise a outros domínios, Freud entendeu ser preciso criar uma revista não médica, projeto que se tornou a revista Imago, cujo subtítulo era "revista para a aplicação da Psicanálise às ciências do espírito", e que publicaria as primeiras versões de "Totem" *e* "Tabu" e depois "O Moisés de Michelangelo".

Na verdade, Freud articulou conceitos e produziu teoria também a partir dessas "aplicações". Rosa (2004) destaca, por exemplo, o conceito de identificação no texto de 1921, "Psicologia das Massas" *e* "Análise do Eu", e a leitura das relações entre os homens baseada nos aspectos superegoico e narcísico em "Mal Estar na Civilização", de 1929.

Contudo, o cuidado a ser tomado em tais "aplicações" diz respeito, ainda de acordo com Plon (1999), à extensão abusiva do pensamento analógico e à deriva interpretativa, às quais Freud e outros autores, por vezes, se entregaram. Tal risco decorre do dualismo intrínseco à

Psicanálise entre a teoria do trauma, que pressupõe um acontecimento real na origem da neurose, e a teoria do fantasma, relacionada à interpretação e à construção em análise.

Lacan (1967/2003) retomou essa diferença utilizando os termos "Psicanálise em intensão" e "Psicanálise em extensão". A primeira se refere à formação do analista, à singularidade da experiência clínica analítica. A segunda se refere aos efeitos do discurso analítico no laço entre os próprios analistas, entre estes e os outros discursos sociais e campos de saber e, mais amplamente, à presença da psicanálise na mídia, nos livros e universidades – o que inclui a pesquisa em Psicanálise. Para ele, o que enlaça as duas possibilidades é o lugar do analista em relação ao saber e à verdade.

Portanto, a defesa de que a articulação da teoria com a prática clínica não seja circunstancial e nem utilitarista, mas necessária, implica considerar que Freud criou uma teoria do sujeito que não se reduz à prática clínica. Por isso, a questão principal não é a de separar a prática clínica das "aplicações" da teoria psicanalítica a outros materiais (mitos, literatura, etc.), mas a de não perder a crítica interna à produção científica que incita a não desconsiderar os limites e os efeitos de cada leitura. Garcia (2004, p. 3) prefere dizer que a descoberta freudiana está *implicada* em outros discursos "com os quais ela se confronta além da clínica propriamente dita".

Assim, também não se trata de tomar uma teoria constituída e aplicá-la pura e simplesmente, mas produzir interdiscursividade, cotejamentos e verificações em uma relação cujo risco implícito oscila entre a tendência para um realismo ingênuo e a tendência para o delírio, duas práticas mais de fé que de ciência, cuja distância pode ser, na verdade, muito menor do que se quer fazer crer.

Nas palavras de Plon (1994), a psicanálise, como lente de leitura, pode servir para "isolar os elementos de subjetividade empregados nas práticas sociais para, ao mesmo tempo, esclarecer o que é residual nestas práticas", ou seja, a Psicanálise pode servir para apontar o que escapa à análise sociológica ou econômica e, assim, "enriquecer por sua vez nosso conhecimento teórico das engrenagens desta subjetividade que tais práticas podem fazer aparecer." (p. 106). Numa expressão ainda mais reduzida, pode servir para localizar as formas de evitar a castração.

Dessa forma, sustentamos a possibilidade da aplicação da Psicanálise fora do âmbito da clínica privada. A questão agora é tratar da possibilidade do método no ato da pesquisa.

O método psicanalítico fora da clínica privada

Comecemos explicitando o objetivo desta pesquisa do ponto de vista epistemológico: ampliar o campo possível da experiência psicanalítica.

Freud (1980, p. 287) definiu a Psicanálise, em 1923, como um procedimento para a investigação de processos mentais, um método de tratamento (baseado nesta investigação) e uma coleção de informações obtidas ao longo da investigação e que se acumulam numa nova disciplina.

Como já citado anteriormente, a instituição judicial espera do psicólogo e do psicanalista que ocupam este lugar, a realização de uma "avaliação psicológica" – termo do qual não iremos tratar, a polissemia, neste momento. É preciso reconhecer que há casos em que não se faz nada além disto: avaliam-se as condições mentais, intelectuais, afetivas, etc. Nesses casos, em geral, não existe conflito familiar juridicamente colocado. Trata-se, muitas vezes, de uma constatação, quase banal, de aspectos, fatos e fenômenos que o juiz se sente inseguro para considerar, na tomada de decisão, sem o apoio de uma baliza "técnica". Dois exemplos comuns são casos de tutela: quando as crianças perdem os pais e um parente próximo requer o exercício da guarda, e os casos em que os avós pleiteiam a guarda de netos com fins previdenciários e com a concordância dos genitores das crianças.

Distintos são aqueles casos referentes aos problemas litigiosos, nos quais o conflito familiar é evidente e, por vezes, persistente. Eles exigem o manejo da situação e, de forma geral, foram os que influenciaram historicamente a modificação nos procedimentos técnicos dos psicólogos judiciais em diversos pontos do Brasil. Porém, para entender a possibilidade de utilização do método psicanalítico nesse contexto, que é justamente o foco desta pesquisa, é preciso descrever minimamente as atividades do psicólogo judicial no Fórum Lafayette nas questões relacionadas às Varas de Família. Em cada instituição jurídica, em cada tribunal, configurações regionais podem variar e as demandas institucionais também. Isso justifica esse pequeno detalhamento do trabalho em Belo Horizonte.

O psicólogo judicial é servidor do Poder Judiciário Estadual e exerce suas atividades nas dependências dos diversos fóruns. É importante citar isso para diferenciar sua atuação da atuação dos psicólogos que operam como peritos designados pelo juiz sem vínculo profissional com a instituição judiciária. A atuação desses profissionais designados está prevista em lei (concernente à perícia, conforme já citado), o que enquadra e limita a atividade possível no âmbito das Varas de Família, conforme abordamos no Capítulo 1.

Já o psicólogo judicial, apesar de ter que se pautar pela legislação específica sobre a perícia, deve considerar também, como citado anteriormente, as prerrogativas descritas para sua função no Estatuto da Criança e do Adolescente (art. 151), além de atribuições que podem constar de determinações internas a cada organização judiciária estadual. Submetido a todas essas leis, paradoxalmente, o psicólogo judicial termina por não ter uma função rigidamente definida, podendo gozar de certa liberdade em suas ações técnicas (em comparação com o perito judicial).

Nas Varas de Família do Fórum Lafayette, o juiz determina nos autos do processo a realização de um Estudo Psicológico[90]. A terminologia utilizada já demonstra um percurso histórico interessante. É de se observar que os juízes não determinam perícias, mas "estudos". Em alguns processos, o juiz determina o *acompanhamento* do caso, por sugestão do próprio psicólogo que avaliou ou estudou o caso anteriormente e registrou tal sugestão em seu relatório. Evidentemente, mesmo com uma terminologia diferente, a demanda institucional continua sendo a de uma avaliação que possa auxiliar o profissional na tomada

[90] Os termos variam. Os mais utilizados atualmente pelos juízes e membros do Ministério Público, em Belo Horizonte, são: estudo psicológico, estudo técnico, estudo psicossocial, estudo social, avaliação psicológica, reavaliação psicológica. Muitas vezes, os operadores do direito utilizam o adjetivo "social" (estudo social, por exemplo) para indicar um estudo psicológico ou ambos, o estudo social – realizado pela Assistente Social – e o estudo psicológico. Essa nomeação é uma questão que precisa ser mais bem elucidada com os operadores do direito.

de decisão. Entretanto, a existência de determinações judiciais fora do âmbito da perícia já é uma indicação de uma demanda de trabalho além da avaliação.

Não há procedimentos rígidos para a realização desses estudos. Há variáveis que podem interferir de maneira incisiva, como prazos (que também podem ser dilatados), audiências das partes processuais com o juiz e determinações judiciais que dependem em grande medida das idiossincrasias do próprio julgador e de seu estilo pessoal. Entretanto, em geral, os procedimentos adotados para a realização desses Estudos em Varas de Família são muito flexíveis.

O primeiro, e talvez o mais importante, é a entrevista com as partes envolvidas e com outras pessoas que possam compor o discurso e a cena familiar. Há outros procedimentos possíveis, como a aplicação de testes, a verificação de prontuários, as entrevistas com outros profissionais que avaliaram o caso ou alguma das pessoas que pertence ao foco do litígio, visitas a instituições com as quais um dos envolvidos manteve algum tipo de contato anterior, etc.

Contudo, o procedimento que queremos enfatizar é a entrevista. Há processos em que são realizadas muitas entrevistas durante meses a fio. Em algumas situações, o contato telefônico pode substituir certas entrevistas. Há também a realização de entrevistas conjuntas entre alguns envolvidos.

A utilização da entrevista é fundamental; não se trata, porém, da entrevista de avaliação pericial. Trata-se da entrevista no modelo da clínica, quer dizer, abre-se a palavra ao entrevistado para que discorra sobre o que o leva ali. Não é difícil derivar que primeiro aparece nessa fala a trama registrada nas páginas dos autos processuais. Afinal, o sujeito está diante do psicólogo judicial para, em tese, ser avaliado, e, portanto, fala sobre as suas intenções com o processo, discorre sobre seus prejuízos na relação com o outro litigante e suas vantagens como litigante vencedor da causa judicial em questão. Algumas vezes, observamos relatos quase idênticos aos argumentos elencados nas páginas das petições, outras vezes muito distintos. De qualquer modo, inicialmente o indivíduo se coloca a desempenhar um papel e aguarda o papel correspondente de perito por parte do psicólogo judicial.

Ora, o que o psicanalista oferece é justamente a recusa em ocupar a posição de detentor de um saber predeterminado. A suspensão de suas certezas e a abertura para o imprevisto podem abrir caminho para uma narrativa despreparada à qual corresponderá uma escuta diferenciada. É nesse espaço que pode surgir a possibilidade da intervenção.

Seguimos a tese lacaniana, exposta em um texto de 1953(1998a), de que a Psicanálise só dispõe de um meio: a fala do paciente, e que toda fala pede uma resposta. Ora, a fala repousa sobre a língua, depósito de palavras disponíveis e comuns aos seres falantes, e se submete à linguagem, às leis que governam sua utilização. Entretanto, distintamente da língua e da linguagem, a fala é ato que se endereça a outro (ou Outro) do qual o sujeito espera vir o que reassegure o seu lugar e complete a sua falta-a-ser. Para Lacan (1953-54/1986), uma dimensão importante da palavra em ato é a tentativa de quem fala em ser reconhecido. O próprio ato sem palavras é também uma palavra, pois o sujeito só pode se colocar na linguagem.

Por um lado, o trabalho da fala é perseguir o impossível objeto do desejo, este que articula pulsão e corpo; por outro, em uma continuidade lógica, separa o sujeito do Outro. Duplo movimento em que nos identificamos na linguagem para nos perdermos nela como objeto. Antes da fala, nada é nem deixa de ser; depois, a própria fala pode ser *locus* de uma verdade singular.

Ao falar para um psicanalista, o indivíduo remonta e recria uma história, na qual está marcada sua sujeição ao Outro, a apreensão de seu desejo em relação ao desejo do outro. Na fala dirigida ao outro, coloca-se em evidência o desejo do homem, que "encontra seu sentido no desejo do outro, não tanto porque o outro detenha as chaves do objeto desejado, mas porque seu primeiro objeto é ser reconhecido pelo outro." (Lacan, 1953/1998ª, p.269). Ao receber essa fala, o analista deve ter *ouvidos para não ouvir.* Sua arte consiste em suspender as certezas do sujeito, procurando não obliterar a via da experiência subjetiva na qual o desejo busca se fazer reconhecer no desejo do Outro.

É significativo que o discurso jurídico, para sua eficácia, necessite de um determinado formalismo na sua operação. O indivíduo é representado por um advogado e na audiência nem sempre pode se manifestar. A formalidade é muito importante, pois ela tenciona justamente afastar os perigos da subjetividade. Nas entrevistas com o psicólogo, não desaparece a formalidade, mas ela tem outra conotação. Inclusive, dessas entrevistas não participam os advogados. É o momento de o sujeito falar por si mesmo, articular sua demanda frente a um outro no qual ele supõe um saber científico e um poder institucional. A forma de receber essa fala, pautada pelas diferenças entre demanda e desejo, enunciado e enunciação, é que poderá implicar um manejo da situação. Este manejo pode criar possibilidade para uma experiência psicanalítica. Conforme Figueiredo et al. (2001), a escuta do analista não é nem objetiva – coletor de dados – nem subjetiva – como alguém que se envolve emocionalmente ou sofre junto com quem atende. O psicanalista vai escutar um sujeito a ser chamado a decidir sobre a destinação e, consequentemente, o rumo das produções discursivas que ele acolhe em cada movimento discursivo, em cada intervenção.

Está implícito que tomamos a experiência psicanalítica como não redutível ao que é conhecido como a "técnica psicanalítica". Birman (1994, p. 19), por exemplo, ressalta dessa experiência o caráter dialógico centrado na interlocução e Herrmann (2004) afirma que identificar técnica e experiência é a nostalgia de uma origem da psicanálise vinculada aos ideais da ciência natural e leva, segundo ele, ao fetichismo da técnica. Para esse autor, se privilegiamos o método na pesquisa, aproximamo-nos da Psicanálise como teoria em ação via interpretação. O método psicanalítico seria, sobretudo, heurístico, o que permite pensá-lo na clínica extensa, com o cuidado de não abrir mão do rigor.

Desvincular a experiência, como Birman, ou o método, como Herrmann, da técnica é uma via para pensar a possibilidade da experiência fora da clínica particular. Ademais, com Lacan (1966/1998b, p. 71), seguimos a trilha de considerar que, com a escuta psicanalítica, cria-se a possibilidade da *experiência* do sujeito do desejo. Sujeito este que não é o eu (consciente), mas o sujeito das produções inconscientes.

Lacan (1998e) afirmou que a Psicanálise, no sentido estrito, se aplica como tratamento; porém é possível falar em método psicanalítico quando se "procede à decifração dos significantes, sem considerar nenhuma forma de existência pressuposta do significado" (p. 758), ou seja, uma decifração dos significantes que leve em conta o aspecto inconsciente que intervém na organização deles (Sauret, 2003).

Seguindo estas indicações, pode-se considerar a prática do psicólogo no contexto judicial das Varas de Família descrita anteriormente como uma prática com condições para possibilitar tal experiência. Não se trata do tratamento psicanalítico da clínica particular ou individual, até porque não estamos lidando com a associação livre da forma como se pode fazê-lo no atendimento clínico individual. Mas nossa hipótese é a da possibilidade de intervenção, possibilidade esta que sempre começa com o tratamento dos significantes fora de sua relação suposta com um significado predeterminado. Porém, é preciso ainda considerar mais um ponto nodal dessa experiência e que, por isso, está pressuposto nela: a transferência.

Transferência e instituição

Se a fala é o meio de que dispomos, a transferência é o fenômeno fundamental. Considerada por Lacan (1964/1990b) como um dos conceitos fundamentais da Ppsicanálise, a transferência é constantemente citada como fenômeno que marca e distingue o campo psicanalítico, mesmo na pesquisa.

Desde o início da sua prática, Freud se deparou com fenômenos que indicavam o estabelecimento de uma relação especial entre analista e analisando. Utilizando uma ideia de transferência de sentido ou de significado entre as representações mentais, Freud indica o fato da transferência para objetos contemporâneos de afetos que originalmente se aplicavam a um objeto infantil. Essa ideia já estava presente nos "Estudos sobre a Histeria" (Breuer; Freud, 1895/1974) e ressurge na "Interpretação dos Sonhos" (1900/1980), tendo sido desenvolvida em alguns outros textos como "Fragmento da Análise de um Caso de Histeria" (1905b/1974), "A Dinâmica da Transferência" (1912b/1974) e em "Observações sobre o Amor Transferencial" (1915/1974). É essa característica que compõe o fenômeno da transferência no tratamento analítico, quando o analisando transfere ao analista certas representações cuja origem inconsciente é evidente, principalmente pelo seu caráter repetitivo. Simultaneamente, Freud se dá conta de um segundo aspecto presente no fenômeno: o da transferência como suporte de uma resistência à rememoração. Assim, a transferência aparece como abertura ao tratamento e também como obstáculo à cura. O estabelecimento e o manejo da transferência passam a ser considerados, então, pontos fundamentais no tratamento psicanalítico.

Lacan retomou esse conceito e procurou diferenciá-lo da repetição. Tendo como base uma concepção do desejo como questão para o sujeito, que já foi abordada anteriormente, Lacan (1964/1990b) vai estabelecer a noção de *sujeito suposto saber* e indicá-la como o pivô da transferência. Essa noção é fundamental para a proposta de intervenção em uma prática na instituição a partir do discurso analítico; então, tratemos de explicitá-la sem nos determos na evolução desse conceito na obra de Lacan, que acompanha as modificações da sua concepção sobre o tratamento analítico, sobre o conceito de Outro e sobre a fantasia. Apenas utilizaremos alguns aspectos que podem ser úteis para discutir a prática proposta.

Para isso, tomaremos o conceito de Outro como *lugar,* em uma topologia na qual o sujeito se constitui a partir de um exterior que lhe chega por meio das sensações e dos significantes, e que é assimilado como interior na dialética do desejo em função da inscrição na ordem simbólica. O Outro é uma alteridade radical ao sujeito pontual da enunciação e ao mesmo tempo é também lugar de endereçamento da fala, um termo que garante a enunciação deste sujeito, o portador de um veredicto sobre a verdade de sua fala. Esse Outro, então, pode ser entendido, em uma primeira dimensão, como um sujeito que porta um saber, forma que assumiu comumente a articulação conceitual sobre o endereçamento da questão do desejo ao analista – o sujeito suposto saber *alguma coisa sobre o desejo* – e, em uma segunda dimensão, como a suposição de um sujeito no próprio saber produzido pela articulação significante – o sujeito suposto *no* saber, um sujeito suposto em um saber previamente estabelecido.

Enquanto a primeira formulação nos permite compreender a suposição de saber encarnada em uma instância, pessoa ou representação, a segunda concepção dá ensejo à compreensão de um suposto saber *no* e *do* próprio inconsciente, fruto da articulação significante. É essa, na verdade, a operação que o analista leva o analisando a fazer quando pontua e interpreta a fala, permitindo a emergência de uma articulação significante, um saber, que o sujeito toma como uma surpresa estranhamente familiar.

Nesse sentido, sempre que um ser-falante se põe a demandar de um outro termo alguma resposta, pode-se falar da suposição de um saber no termo ao qual esta fala se dirige e em transferência[91]. A diferença de efeitos em relação a esta demanda depende do ato de quem a recebe. Aí reside a diferença do discurso do analista em relação aos outros discursos sociais.

Na dimensão da repetição, o mote principal é a atualização na relação analítica de certas questões cruciais para o sujeito. Repetição que implica o passado reinscrito no presente, em uma temporalidade em que o passado se funda no só-depois (*a posteriori*). Essa dimensão enfatiza o tempo e o seu manejo. Bezerra Jr. (1989) afirma que "o que marca a perspectiva analítica é esta operação a partir da qual a palavra atual organiza o sentido do passado em função do futuro" e, sob o impacto da transferência, "o relato do passado perde seu caráter de certeza e passa por um remanejamento simbólico cujos efeitos se dão no presente." (p. 235). É preciso ressaltar que o tempo para o trabalho na instituição não permite necessariamente a explicitação dessa dimensão e de seu manejo como na clínica particular. Porém, tal dimensão também não se encontra totalmente ausente, pois as intervenções de um psicanalista tendem a fomentar esta dimensão.

O indivíduo que chega à instituição endereça sua questão, seu sofrimento, seu gozo a um Outro considerado legítimo para efetuar o reconhecimento dessa demanda. No sentido que vimos trabalhando aqui, há transferência nesse endereçamento. Contudo, o trabalho do psicanalista colocado no lugar de receber essa demanda é o de justamente desconhecê-la na forma como se apresenta.

Considerando que há alguém a falar para um outro alertado pela escuta psicanalítica e em condições de manejar esse endereçamento por não responder à demanda e incitar a fala a buscar o objeto, pode-se, a princípio, afirmar a possibilidade da transferência nos atendimentos nas Varas de Família. Isso é que nos permite afirmar a possibilidade de um deslocamento transferencial que indique as aberturas ao manejo do caso,

---

[91] Lacan, no "Seminário 7" (1959-60/1991, p. 177), ampliou o conceito para afirmar que a transferência "se manifesta na relação com alguém a quem se fala. Este fato é constitutivo". No "Seminário 11", de 1964, Lacan afirma que onde quer que haja sujeito suposto saber haverá também transferência (1990b, p. 220).

mesmo na instituição. Nossa hipótese é a de que lidamos com o que Miller (1989, p. 45) chama de primeira versão da transferência, fase de alienação significante e de intensa ativação imaginária, para tentar um deslocamento, a fim de remeter o sujeito às perguntas sobre seu desejo.

Retomando a questão do método, é justamente considerar o trabalho sob transferência que auxilia a entender dois pontos tanto da pesquisa clínica quanto do tratamento psicanalítico, dimensões que Freud aproximou dentro do campo psicanalítico (investigação e tratamento). O primeiro é que a direção da pesquisa se encontra na própria experiência, o que é ratificado por Birman (1994) e Lowenkron (2004). O segundo é o de que o psicanalista não se coloca de forma exterior ao sujeito que fala. Nesse sentido, como defende Figueiredo (2001, p. 13), "o sujeito que observa (epistêmico) não é exterior ao sujeito observado (empírico)" ou, dito de outra forma, o sujeito "observado" inclui o "observador" em suas séries psíquicas, o que coloca em questão o valor de verdade que o fenômeno possa ter do ponto de vista empírico. Este ponto se refere à questão da realidade psíquica, termo com o qual Freud nomeou o que ele encontrou na complexa relação entre o interno e o externo, o subjetivo e o objetivo. Daí derivará o conceito de fantasia, que já foi tratado anteriormente.

Estar incluído na série psíquica não é somente reconhecer ou constatar que o observador-pesquisador interfere no objeto observado-pesquisado, como é quase consenso nas pesquisas em Psicologia clínica. Em Psicanálise, isso significa que o analista tentará causar um discurso no qual a realidade a ser instaurada seja a da divisão do sujeito entre os significantes que o determinam e o objeto causa de seu desejo. Para além de reconhecer seu lugar discursivo, perspectiva crítica que não deve ser abandonada, o psicanalista, como causa deste novo discurso, é parte integrante da realidade ali criada.

Ao considerar a possibilidade da experiência psicanalítica e se distanciar da avaliação normativa, encontra-se novamente com a questão da verdade. Evidentemente, haverá uma verdade produzida pelo discurso jurídico, pois há um processo em cada caso e o juiz deve decidir. Contudo, a questão da verdade para o psicólogo psicanalista deixa o estatuto científico da *veritas* para apoiar-se em uma concepção de verdade relacionada à experiência psicanalítica.

3.2.2 – Palavra e verdade em Psicanálise

Como já assinalado anteriormente, a linguagem constitui o campo simbólico que institui o objeto faltante e, simultaneamente, o caminho para tentar recuperá-lo. Nesse sentido, a linguagem, do ponto de vista psicanalítico, não é tratada como veículo de comunicação, quer dizer, supondo um emissor e um receptor e os concomitantes "ruídos" que atravessam tal relação. A Psicanálise trata a linguagem a partir da outra cena, na qual há uma disjunção entre aquele que fala e aquilo que é falado. Disjunção que aponta para os equívocos que o sujeito produz ao tentar nomear e fazer reconhecer aquilo que supostamente deseja.

Da linguagem, a Psicanálise destaca a incompletude e a inexatidão que interferem constantemente na intenção de se comunicar bem. A palavra não tem um único sentido ou um único emprego. Atrás de um discurso há o que ele quer dizer e atrás dele um outro querer-dizer. Não se esgota o sentido, pois a palavra tem uma função criadora. Esse caráter inexato e inesgotável da linguagem, atravessado por interferências sentidas como estranhas, não é difícil de observar no cotidiano. Porém, isso não elide a necessidade de concluir em relação ao sentido produzido, colocando um ponto de ancoragem no deslizamento infinito dos significantes.

Um dos primeiros desafios teórico-lógicos de Freud se deu quando ele constatou que o relato de seus pacientes não correspondia exatamente a realidades vividas. As lembranças se modificavam no decorrer do tratamento e a pergunta que ele procurou responder era por que estas "distorções" ocorriam. A resposta, que será uma das principais intuições que fundarão a Psicanálise, é a de que é o próprio sujeito que as distorce, que retira ou acrescenta elementos a fim de evitar lidar com algo doloroso. Isso foi tratado no Capítulo 2, ao abordarmos a cena psicanalítica. O abandono da *teoria da sedução* abriu um novo caminho para a Psicanálise, no qual a linguagem e a transferência passaram a ter uma importância fundamental.

Foi então que o ato falho, relato dos sonhos, repetição e associação livre foram alinhavados no conceito de *inconsciente*, um sistema constituinte da subjetividade com lógica própria distinta da lógica clássica. Daí que o equívoco, a denegação e a transferência possam ser índices do que determina o sujeito, mesmo que a interpretação não esgote o sentido, haja vista a sobredeterminação dos processos psíquicos.

O chamado ato falho, por exemplo, indica a presença de um outro discurso que desvia a intenção da fala inicialmente articulada. Seja por meio do esquecimento, da troca de palavras ou letras, o ato falho mostra uma outra fala possível. Uma fala que pode indicar um desejo estranhamente presente no indivíduo que fala, mas inassimilável por ele próprio no momento em que fala. Culpa e vergonha são sentimentos comumente experimentados em situações de atos falhos.

A associação livre, método que Freud propôs em substituição à hipnose, também colocou à mostra as regras de funcionamento desse outro discurso que ele chamou de inconsciente. Na associação livre, o indivíduo é instado a falar qualquer coisa que lhe venha à mente, de acordo com o pressuposto clínico psicanalítico de que na verdade o que lhe vem à mente está sobredeterminado. Da escuta dessas associações, Freud inferiu as leis da condensação e do deslocamento das representações inconscientes, que Lacan aproximou das noções linguísticas de metáfora e metonímia dos significantes[92].

Tudo isso se relaciona com o que foi tratado no Capítulo 2, no qual se entende a constituição do sujeito de desejo a partir de sua alienação na linguagem, quer dizer, pela passagem da necessidade para a demanda por meio da ação de um outro que, indicando uma alteridade estranha ao corpo, fornece um sentido para este corpo e suas sensações por meio da linguagem, coagindo-o a inscrever-se em uma ordem por atribuir-lhe um valor significante em relação ao seu próprio desejo.

Em relação às teorias sobre a verdade, citadas anteriormente, é preciso dizer que, de certa forma, Freud nunca abandonou completamente a teoria da correspondência, mesmo que tenha enfatizado a

---

[92] Essas concepções atravessam toda a obra de Freud e de Lacan, mas podem-se destacar alguns textos que tratam do tema mais extensamente. Em Freud: "A interpretação dos sonhos", de 1900; "Os chistes e sua relação com o inconsciente", de1905; e "A psicopatologia da vida cotidiana", de 1905. Em Lacan: "O Seminário Livro 1: Os escritos técnicos de Freud", de 1953-54.

teoria da coerência[93]. Tal postura se sobressai em sua busca do trauma primordial no caso conhecido como "O Homem dos Lobos" (FREUD, 1918/1980)[94], ou mesmo na busca de uma explicação filogenética para a interdição do incesto e a culpa em "Totem e Tabu" (1913/1980). Fernandes (1996) entende que a dificuldade em manter a teoria da correspondência, apesar dos esforços do próprio Freud, advém da noção de representação e sua relação com a realidade psíquica, relação que, desde o princípio da obra freudiana, concebe o mundo externo como algo que nos atinge como um fluxo sem contornos e formas e que, então, as qualidades das coisas não são propriedades delas mesmas, mas a tradução deste fluxo energético. Da mesma forma, nossos estados e nossas necessidades internas também não têm qualquer representação natural no aparelho mental. Como já citamos, a unidade e a identidade do sujeito que o ego faz ressoar é também uma representação. Para o autor, Freud tomou o ser falante quase como uma máquina, cujos mecanismos concatenados de determinação das representações encontravam um ordenador chamado por ele de inconsciente. Contudo, esta máquina simbólica sempre se mostrou insuficiente para exaurir o que se passa na experiência. Por isso, talvez, a virada freudiana dos anos 20 com o texto "Além do princípio do prazer" (1920/1980) que marcou a direção para a questão da contingência na determinação do sujeito e na questão do término da análise.

Lacan retoma essas questões freudianas em sua clínica. Segundo Miller (2005), o primeiro tempo do ensino de Lacan foi fortemente dominado pela reflexão em torno do registro simbólico, o que teve consequências em relação ao trato de vários conceitos freudianos importantes, entre eles, o de pulsão. Esse tempo teve como referência a noção de fala plena, que o próprio Lacan abandonou depois. Nessa primeira concepção, o sintoma seria um obstáculo ao dizer verdadeiro, e o tratamento uma forma de fazer o significado do sintoma abandonar

---

93 Tratamos desse tema em outro texto, "Palavra e verdade na ciência e na psicanálise: Algumas contribuições sobre aproximações e diferenças" (MIRANDA JR; 2005, inédito), texto que retomaremos aqui de forma sucinta.

94 O texto se chama "História de uma Neurose Infantil", v. 17, p. 13-151.

seu suporte corporal ou imaginário para encontrar na fala seu suporte simbólico. Superar o obstáculo do sintoma seria liberar a verdade do sintoma. A verdade poderia se dizer em palavras pelo reconhecimento do desejo.

A partir de 1957, quando Lacan elabora sua teoria do significante, ele se distancia das concepções heideggerianas que influenciaram esse primeiro tempo, tanto em função das questões sobre a inclusão da Psicanálise no campo da ciência quanto em função de uma mudança teórica que culminou mais tarde no conceito de objeto *a*. Miller (2005) aponta que o texto de 1958 sobre a "Direção do tratamento" marca uma nova colocação da relação da palavra com a verdade, pois nele fica registrada a incompatibilidade do desejo com a fala. Para Miller, a partir dessa data, Lacan chamou "desejo o que, da verdade, não pode emergir pela fala." (p. 54).

Nesse percurso teórico-clínico, a verdade deixa de ser compreendida no campo simbólico – deixa de ser a lembrança que falta, o sentido recalcado, o significante mestre. A verdade toma a forma de ficção, é o que *faltaria* ao saber para que ele se completasse. O ser falante, esta consistência imaginária articulada no simbólico, está em relação a uma verdade que ele não alcança, nem admite. Isso permite a Lacan afirmar que "nós não somos sem uma relação com a verdade," (1992, p. 55). Pela fala sob transferência, pode-se ter uma *experiência da verdade*, mesmo que, segundo Lacan, isto não signifique conhecer mais do real. Daí o aforismo lacaniano de que a verdade é sempre "não-toda", ou "semidita" (1992). A verdade está pressuposta, mas não está pronta. Portanto, não se trata do desvelamento de algo que já estava lá, mas de algo que, desvelado, teria estado lá. Não há, portanto, uma verdade última nem totalizadora. Há momentos de verdade, efeitos de verdade, na relação do sujeito ao seu desejo. A experiência desses efeitos responsabiliza o sujeito, implica-o em seu desejo.

Tal concepção da verdade vem ao encontro da tese, segundo a qual o significante não significa tudo. Daí que o saber produzido, a articulação significante também seja incompleta por estrutura. Contudo, se a verdade não é do campo simbólico nem do imaginário, ela também não é do campo que é impossível de simbolizar, o real. Situa-se, assim, em um lugar intermediário, o da articulação. Afirma

Lacan no mesmo "Seminário 17": "Entre nós e o real há a verdade" e "a verdade é irmã do gozo." (p. 166).

Se a questão da verdade se articula assim com o campo do real é porque a relação da palavra com a verdade se ressente de que a verdade é também uma palavra e só pode ser manipulada dentro da lógica proposicional, o que, de acordo com Lacan, reduz seu valor ao manejo de um símbolo. Não é possível dizer a verdade da fala na própria fala, algo escapa (Miller, 2005). A ambiguidade radical vinculada ao termo verdade, segundo Lacan, atesta justamente a divisão do sujeito.

Contra o positivismo lógico, Lacan vai defender a inexistência de uma metalinguagem, ou seja, "nenhuma linguagem pode dizer o verdadeiro sobre o verdadeiro, uma vez que a verdade se funda pelo fato de que fala e não dispõe de outro meio para fazê-lo." (1998, p. 882).

Como se afirmou anteriormente, ao falar para um analista, o indivíduo remonta e recria uma história na qual está marcada sua sujeição ao Outro, a apreensão de seu desejo em relação ao desejo do Outro. Se se toma tal fala sob transferência, a "verdade" que se busca faz irrupção menos pela contradição no que é dito e mais pelo equívoco, pelo erro, pela falta da palavra a ser dita, pelo que se fala mais do que devia ou sabia.

A metáfora do quebra-cabeça não perde sua importância, mas trata-se agora de um quebra-cabeça surrealista, no qual a figura a ser composta pode mudar e a peça que falta também, em uma combinatória entre figura e peça que impede a finalização do trabalho "arqueológico" de descoberta, montagem e leitura, nos termos de Freud. A verdade, talvez, é que no quebra-cabeças falta sempre uma peça mutante.

Além disso, pode-se dizer que a busca constante do saber, da produção do sentido, é uma resposta ao problema do objeto perdido e do desejo do Outro. O que a linguagem produz é o sentido que, por um lado dá significado àquilo que é falado/escutado e, por outro, produz nódulos discursivos, significados cristalizados, dos quais o sujeito tem dificuldade de abrir mão.

Esse sentido constituído pela interpretação das relações entre significantes é também a interpretação do desejo do outro e, por extensão, do lugar do sujeito no desejo do Outro. Porém, por trás do sentido, da busca de significação, está o objeto *a*, portador de uma verdade (do desejo) que não se admite dizer. Portanto, tal busca também comporta um gozo e é disso que o discurso científico tem que não saber para funcionar. Todo saber produzido comporta um gozo que não é sabido, pois a função do saber é tamponar a verdade do objeto *a*.

É possível que as principais dimensões que separam a Psicanálise da ciência quanto à verdade sejam a concepção de objeto e a concepção sobre a função da fala. Para a Psicanálise, não se trata de descrever o mais exatamente possível o objeto. Primeiro, porque o objeto está no campo do real e é a sua ausência simbólica o que interessa. Por isso, Lacan se recusava a afirmar que a Psicanálise seria a ciência do objeto *a*. Tal afirmação seria um verdadeiro contrassenso. Segundo, porque, fora da ordem simbólica, o objeto não se reduz a enunciados, mas se experimenta na enunciação, na colocação da língua na fala pelas leis da linguagem sob transferência. Se pudermos admitir que a função da fala na ciência seja estabelecer continuidades, para a Psicanálise é na descontinuidade que o sujeito surge.

Não se trata de negar a funcionalidade ou a especificidade da verdade, ou melhor, dos critérios de verdadeiro e falso na lógica científica. Isso seria absurdo. Trata-se antes de indicar que, para a Psicanálise, a verdade não se dá na decisão entre enunciados verdadeiros ou falsos, mas numa experiência singular.

De outra parte, cabe questionar os efeitos da concepção de verdade no discurso científico e jurídico, ou melhor, na articulação destes discursos. Para isso, utilizamos as elaborações de Foucault para indicar que há verdades produzidas sobre as subjetividades e elas têm efeitos de poder. Com a Psicanálise, propomos uma *práxis* em que outra dimensão da verdade possa emergir, uma dimensão que implica o sujeito que a diz, pois ele diz de si mesmo. É justamente a singularidade do desejo que resiste ao ordenamento do significante-mestre da instituição, da administração e da distribuição dos sentidos.

Ao abrir a palavra para os envolvidos na questão jurídico-familiar, abre-se a possibilidade de abordar esta outra cena, a cena do desejo, aquela que a Psicanálise se propõe a trabalhar. Nessa outra cena, não é o "eu" que é o centro da experiência da enunciação, mas o sujeito, este que não se esgota na cadeia significante e que surge justamente quando ela supostamente tropeça.

Entretanto, como lidamos na interface discursiva e não apenas no discurso analítico, é preciso considerar as dimensões da verdade no discurso jurídico e no discurso científico. Abordaremos esse ponto mais adiante.

3.2.3 – Algumas propostas de trabalho

Há, entre os psicanalistas, quem proponha formas de *abordagem da* família, mesmo que a Psicanálise, desde seu princípio, não tenha se proposto a tratar dos "problemas familiares" à moda de outras correntes teóricas atuais que enfatizam o *tratamento da* família. Um compêndio interessante sobre algumas dessas formas de abordagem foi realizado por Lídia Alvarenga (1996). Essa autora tem uma proposta própria que é a de abordar a família nos moldes das entrevistas preliminares.

No livro organizado por Yolanda Meira (2003), pode-se encontrar a articulação de várias questões em torno de um trabalho com a família em uma leitura lacaniana. Alguns autores defendem a abordagem da família na estrutura do cartel, como Portugal (2003), o que facilitaria lidar com os efeitos imaginários que o agrupamento sempre produz, como a eleição de um líder. O mais-um do cartel não correria esse risco, de acordo com ela. Nesse sentido, poder-se-ia escutar o mito familiar, que "aponta para a hiância da relação", e deixar a fantasia para o trabalho com cada um.

Contudo, no trabalho institucional, o tempo e a função judicial são dois pontos dessa diferença. Há prazos a serem cumpridos, que podem ser dilatados e até mesmo se adequar a propostas de intervenção muito distintas da perícia, como mostraremos nos casos. Porém, o tempo indica uma função: responder com uma decisão judicial que se ampara e, na verdade, institui-se em um formato discursivo que não é o do tratamento clínico. Nesse sentido, a escuta, mesmo que não restrita a uma questão processual, estará atravessada todo o tempo por essa questão. Tal questão pode se tornar secundária e pode até mesmo se desfazer ao longo dos atendimentos, mas, ao final, o psicólogo judicial precisa escrever um relatório para o juiz, o que indica uma atuação específica[95].

---

[95] A discussão sobre o relatório será feita no momento oportuno.

Alguns autores trataram de problemas clínico-psicanalíticos na interface com as questões jurídicas de perspectivas distintas que merecem consideração para esclarecer um pouco mais a proposta aqui delineada. O que une as perspectivas dos textos é que elas fazem uma leitura psicanalítica das questões jurídicas. O que as distingue é a inserção institucional de cada um dos psicanalistas autores dos referidos textos e o enfoque teórico para o manejo dos casos.

Comecemos por Mara Caffé (2003). Ela teoriza sobre sua experiência como perita em processos judiciais de família e é cuidadosa ao procurar delimitar as condições de possibilidade da utilização da escuta analítica neste contexto. Guiada pelas ideias de Marlene Guirado (1995) sobre a migração de conceitos, a instituição e a prática discursiva, Caffé aborda o ponto de encontro do direito e da Psicanálise na noção de conflito. Se o direito transforma o fato em conflito formalizado e decidível, como já abordado anteriormente, a prática psicanalítica busca dispor o fato como conflito em termos interpretáveis, o que implica a construção de um conflito manejável via transferência. Ambos, Direito e Psicanálise, são práticas que colocam o conflito que lhes é trazido "nos termos de um novo conflito a ser fabricado no interior de seus próprios processos institucionais", conflito que ambas elaboram como "terminável".

Para a autora, a prática da perícia pelo psicanalista promove um interdiscurso que modifica tanto a prática pericial propriamente dita quanto os referenciais psicanalíticos. Contudo, ela reconhece que a escuta analítica se encontra, nesse ínterim, determinada por diversas condições discursivas; entre elas, o fato de que a família está sob a "investigação" de um perito, determinada por um juiz. Entretanto, os "procedimentos discursivos híbridos", mobilizados em uma "perícia de base psicanalítica", engendram um conflito que se "constrói a partir da cena judiciária posta na transferência com o perito psicanalista". Caffé entende, como nós, que a possibilidade de trabalho está no deslocamento da cena judiciária "de seus termos estritamente jurídicos". Para ela, o psicanalista colocado como perito pode promover tal deslocamento.

Caffé trabalha três casos atendidos por ela: no primeiro, um pai solicita a guarda da filha com argumentos sobre a inapetência da mãe como cuidadora da criança; no segundo, um pai solicita a regulamentação de convivência à sua filha; e no terceiro, um pai solicita a guarda dos dois filhos. A autora destaca de cada caso a forma como a "experiência de sujeito se atualiza conforme as singularidades de cada periciando", apesar da estrutura, do imaginário e do objeto institucional característicos da cena judiciária. Nesse sentido, há um sujeito constituído *na* prática discursiva pericial (psicanalítica) pela singular experiência de subjetividade engendrada por tal prática.

Em todos os casos citados, o discurso formado por posições de "opositores" dificultou o reconhecimento recíproco das singularidades dos sujeitos envolvidos e a implicação de cada um na manutenção do conflito familiar. O primeiro, na repetição com o perito da demanda investigativa direcionada ao juiz; o segundo, pela "vigorosa experiência de repetição" da cena na qual os ex-cônjuges se achavam ligados, qual seja, discutir e expor publicamente as diferenças e oposições entre eles; o terceiro, pela identificação dos filhos com a oposição entre os pais.

Desses casos, Caffé conclui que o efeito do "saber pericial, bem como o seu destino", é a experiência de uma nova versão da cena judiciária, "construída na transferência com o perito". No primeiro caso, o efeito foi a abertura do campo ao tema da guarda e das convivências, eclipsado pelas acusações e defesas mútuas. Assim, a criança teria sido novamente incluída, já que estava, psiquicamente, fora da questão entre a mãe e o pai. No segundo caso, os pais da criança encerram o processo litigioso e estabeleceram um acordo. Isso ocorre após a solicitação de um trabalho com a perita, feita pelos próprios pais, depois da entrega do laudo. O juiz acata a demanda e adia o momento da sentença judicial. Para Caffé, nesse caso, o que se produziu foi "a constituição de uma versão da cena judiciária em que se produziu o seu encerramento". Ela não trata do destino do terceiro caso.

Como conclusão geral, Caffé diz que o perito psicanalista retira-se avisadamente da posição de decisão que lhe é atribuída institucionalmente para estar atento ao que diz a criança, "eclipsada/recusada/negada no discurso dos pais" em litígio judicial, e poder considerar "a sua participação e a dos periciandos na cena transferencial", para apresentar sua compreensão da questão conflitiva "tal como disposta no âmbito da perícia".

Em relação à descrição de Caffé, temos a apontar dois aspectos. Primeiramente, consideramos também que a possibilidade de trabalho encontra-se no deslocamento da cena jurídica, porém entendemos que a questão que aparece como conflito jurídico pode ser muito distinta da questão que estrutura a relação entre o casal. Dessa forma, optamos por privilegiar a diferença entre demanda e desejo envolvida no litígio, e não a questão de um conflito intersubjetivo. O segundo aspecto diz respeito a que sua atividade encontra-se limitada pela função pericial, conforme registramos no primeiro capítulo. Ao perito, *stricto sensu*, não é permitido legalmente outra atuação senão a de avaliação. Propor, mediar, conciliar ou intervir nos casos pode gerar questionamentos judiciais[96]. Podemos considerar o segundo caso citado por ela como exceção. De qualquer forma, a desconstrução do litígio imaginário e institucional tanto no primeiro como no segundo casos permite encontrar uma direção possível sobre a intervenção do psicanalista e seus efeitos nos litígios jurídico-familiares.

Outros autores como Otoni de Barros (2005) e Duarte (2006) fazem uma leitura do discurso jurídico baseados na lente fornecida pela teoria psicanalítica lacaniana e sob a influência das proposições de Pierre Legendre[97].

Otoni de Barros (2005) é psicóloga judicial e aborda sua experiência com os processos judiciais em direito de família do lugar institucional que nos interessa diretamente neste texto, extraindo conclusões interessantes sobre a paternidade para a discussão aqui empreendida. Nesse texto, a autora foca a questão do exercício da paternidade por meio de três casos jurídicos de litígio familiar. Na leitura que empreende dos casos, ela é guiada pelas elaborações de Pierre Legendre sobre

---

[96] Vide definições legais citadas no Capítulo 1.

[97] Pierre Legendre é psicanalista, antigo membro da EFP e diretor honorário de estudos da École Pratique des Hautes Études, seção V (ciências religiosas). Não pretendemos aqui explorar a riqueza da obra desse autor. É suficiente informar sua influência em diversos outros autores que tratam desta interface. Algumas referências: LEGENDRE, P. **O amor do censor**. Rio de Janeiro: Forense, 1983; Le palais de la justice. In: **Recherches, Juges et Procureurs**, Paris, n. 40, mar. 1980 ; KOZICKI, E. A. Discurso Jurídico y Discurso Psicoanalítico. El Derecho como texto sin sujeto. In: LEGENDRE, P. et al. **El Discurso Jurídico** – perspectiva psicoanalítica y otros abordajes epistemológicos. Buenos Aires: Hachette, 1982.

o direito como discurso genealógico cuja função, no ocidente, é a de exercer o poder do "em nome de..." (lugar de uma referência mítica) para fundar o sujeito ao conferir-lhe um lugar na genealogia. Legendre aproxima essa referência mítica, chamada por ele de "referência absoluta", da função paterna tal qual Freud a estabeleceu em seu mito do pai primevo exposto em "Totem e Tabu" (1913). Daí que o direito possa ser compreendido como a materialização da transcedência da função paterna em um corpo de leis, e que a economia da ordem jurídica se manifeste em montagens ficcionais que se sustentam em outra cena. Otoni de Barros também aproxima a norma fundamental proposta por Kelsen como elemento pressuposto anterior que ordena o sistema jurídico e a do pai primevo como elemento pressuposto que ordena o sistema simbólico, como Lacan estabeleceu em sua leitura estrutural do complexo de Édipo.

Nos três casos trabalhados por Otoni de Barros, um homem requer o direito de exercer a paternidade. Em dois deles, o pai descobre que não é o pai biológico e se vê afastado do filho a quem amava. No terceiro, o pai requer o direito de se encontrar com o filho após a separação judicial. Em todos os casos, a intervenção do psicanalista não foi possível, por motivos variados, e os pais não conseguiram reatar relacionamento com seus filhos. Ela conclui, então, que o discurso materno é dominante jurídica e psiquicamente, e a figura do pai é submetida aos caprichos maternos. Seguindo a elaboração lacaniana de que é o desejo da mãe que dá acesso à marca do pai (Nome-do-pai), marca esta que barra o desejo materno voraz e impede o filho de ser mantido na posição de objeto de gozo, Otoni de Barros conclui que "o Direito fracassa diante do imperativo materno" e que é necessário que o campo jurídico dê ao nome do pai o tratamento de uma instituição, marcando a função significante do pai como estruturante para o sujeito no seu processo de filiação e constituição dos laços sociais.

Para isso, um dos caminhos é a possibilidade de um "espaço de escuta da singularidade do caso a caso", espaço no qual, cada um, "ao ser atravessado pela lei jurídica, possa reencontrar-se com o fundamento da norma fundamental", no percurso singular de "construção de um pai". Contudo, ela deixa entrever que não basta o psicanalista, pois os casos não permitiram o seu trabalho. É necessário, então, que a instituição caucione esse discurso. Tal conclusão faz eco às propostas de Legendre.

A questão que poderíamos apontar para essa conclusão diz respeito à secundarização do enquadramento discursivo dos sujeitos no âmbito jurídico, ou seja, o fato de que a contenda familiar, ao ser transposta para o enquadre jurídico, modifica-se. Hoje sabe-se da influência do genitor guardião sobre a criança em muitos processos judiciais. Na verdade, o genitor que detém a guarda em geral influencia a criança de diversos modos e, por vezes, manipula, consciente ou inconscientemente, a situação jurídico-familiar a seu favor. Assim, não se trata, necessariamente, da mãe, mas do poder do guardião, seja ele o pai, a mãe ou outra pessoa[98]. Sabe-se, entretanto, que na maioria das vezes é a mãe da criança a detentora de sua guarda legal, processo social fruto das questões políticas, sociais e científicas das últimas décadas nas quais se considerou que a mãe era componente fundamental da constituição subjetiva dos indivíduos na primeira infância. Entretanto, a aproximação entre genitora-mãe-função materna e pai-homem-função paterna pode produzir uma referência imaginarizada ao pai, em contramão à intenção original que seria a de tratar do pai simbólico. Por isso, também, consideramos insuficiente a transposição direta das elaborações lacanianas sobre a função materna e paterna para os jogos jurídico-discursivos no âmbito do direito de família. Parece apressado aproximar a imagem cunhada por Lacan a respeito da função materna[99] dos fatos, tais quais se apresentam ao serem formatados pelo discurso jurídico processual. Existem de fato questões importantes a serem

---

[98] O psiquiatra Richard Gardner estabeleceu a noção diagnóstica de "síndrome de alienação parental", em 1985, para indicar o fenômeno da influência do genitor guardião sobre as crianças em litígios familiares. Tal "síndrome"' é hoje tema de pesquisas que já surtem efeitos no discurso jurídico, como as acusações de uma parte processual a outra de ser o causador de tal síndrome ou mesmo a formulação de quesitos abordando esse diagnóstico. Como toda nomeação diagnóstica, ela tende, por um lado, a esclarecer um determinado fenômeno e, por outro, a produzir uma realidade que auxilia os sujeitos a não se haverem com a implicação de cada um no sofrimento que experimentam.

[99] A boca do crocodilo que não se fecha pela existência de um rolo de pedra, o falo, que está lá em potência (Lacan, 1969-70/1992b, p. 105).

mais pesquisadas na interface do direito com as relações maternais e paternais, ou seja, nas intrincadas relações entre sexuação e filiação, mas é preciso cuidado na equivalência entre função materna e posição feminina e função paterna e homem, pontos ainda a serem mais bem elucidados pela clínica e hoje em pleno debate.

Essa reflexão é semelhante à crítica feita à proposta de Legendre em função de sua aproximação, talvez excessiva, entre a figura do pai concreto, genitor da criança, ou alguém que assume a imagem e a referência paterna, e o Pai da leitura estrutural do complexo de Édipo. Nessa aproximação, o nome-do-pai se referencia no próprio pai concreto, como se a presença de um homem para uma mulher na família fosse fundamental para a constituição do sujeito sexuado. Assim, haveria uma proximidade entre a lei (legal) que regula a vida social e a Lei (simbólica) que inscreve a subjetividade na ordem simbólica e funda o sujeito. Esta correlação tem como efeito uma ênfase no poder do símbolo para ordenar a vida humana, para ordenar o desejo. Ao porpor a necessidade de sustentar a Referência absoluta, Legendre parece acreditar que o direito seria o campo da possibilidade de lidar satisfatoriamente com aquilo que escapa constantemente à regulação: o gozo. É como se o simbólico pudesse dar conta do campo do real. Para Patoux-Guerber (2001), ao ignorar o real em jogo, Legendre retorna na própria exigência superegoica de uma Referência absoluta que exige submissão ao preço da promessa de regulação (leia-se filiação, genealogia)[100].

A mesma autora organizou outro livro, com textos de vários autores, a respeito da interface Direito e Psicanálise (Otoni de Barros, 2001). Os argumentos são semelhantes aos do texto citado e alguns autores aproximam a intervenção do psicanalista da prática da mediação, tentando encontrar também ali uma mudança na posição subjetiva dos envolvidos. Constantemente, aparece nos textos deste livro a necessidade de se considerar "o melhor interesse da criança".

A terceira autora, Lenita Duarte (2006), aborda o fenômeno da disputa da guarda de filhos na sua experiência de atendimento, em

---

[100] Roudinesco (2003, p. 194 e 195) também critica Legendre quando, em uma entrevista, ele se posiciona contrário à legitimação das uniões homossexuais pelo Estado.

consultório particular, de crianças envolvidas neste tipo de litígio. Para ela, uma questão atual e muito importante é a da forma pela qual essas crianças lidam com o exercício da parentalidade em meio aos diversos novos arranjos familiares.

A autora dá ênfase também à questão da paternidade. Ela discute as definições e a importância do exercício da paternidade e defende a paternidade socioafetiva como a que mais se aproximaria das construções psicanalíticas sobre a função paterna.

O conceito psicanalítico, que para ela faz a interlocução com o Direito, é o conceito de gozo, extraído da obra de Lacan. Ela parte da assertiva de Lacan (1972-73/1985, p. 10 e 11) de que o direito visa a repartir, distribuir e retribuir o que diz respeito ao gozo, impedindo excessos. O exemplo que Lacan utiliza é o do usufruto[101]. Duarte (2006), então, defende a perspectiva da lei, impedindo os excessos da pulsão, a fim de permitir o convívio social, enquanto que a Psicanálise opera sobre o gozo produzindo "mudanças na subjetividade do sujeito." (p. 37).

Nesse percurso, ela também recorre a Legendre e Kelsen. Do primeiro, extrai o entendimento da lei como expressão da Lei simbólica na cultura e o ato do juiz como ato simbólico que pode fazer frente à invasão do real. Ela cita, como exemplo, o ato da definição da guarda legal como uma atuação "sobre a organização pulsional da criança, do pai e da mãe." (p. 62). Do segundo, extrai a aproximação entre a norma fundamental e a instituição da Lei simbólica na releitura do mito freudiano do pai primevo pela lente do Édipo estrutural.

Duarte aborda cinco casos de sua clínica particular. Quatro meninos e uma menina em idades que variam entre cinco e oito anos, nos quais estava em evidência o litígio jurídico dos genitores da criança que ela atendia. Sua investigação se concentra na relação entre os sintomas apresentados pelas crianças com a situação de separação e divórcio dos pais. Em todos os casos apresentados, a criança responde ao conflito entre o pai e a mãe com seus sintomas, e um dos seus genitores decide

---

101 Tal dimensão teórica enfatizada por Lacan adveio de uma concepção jurídica de gozo.

encaminhá-la para tratamento. A autora destaca a construção de um mito, uma ficção, com a qual a criança tenta colocar em narrativa, o que não consegue ser dito. Uma narrativa com caráter autobiográfico, a fim de dar conta de uma posição subjetiva na relação com o Outro parental, com o desejo do Outro. As crianças respondem ao romance familiar e, portanto, ao conflito entre os genitores, que é muitas vezes transformado em litígio judicial. Ela destaca a possibilidade de intervenção analítica que desloque as questões em direção à analista e tenha como efeito a não insistência na disputa judicial.

Em três casos, havia demanda jurídica que partia do pai da criança. Em dois deles o pai tentava conseguir mais tempo para estar com o filho. Em um deles, a querela entre os genitores rendia diversos processos judiciais. Neste caso, a mudança de posição da mãe a respeito da guarda e uma atuação da criança em certo momento permitiram as intervenções da analista, que produziram um novo arranjo familiar e uma outra forma de diálogo entre os genitores, pois eles perceberam os efeitos das disputas sobre o filho e as estratégias que a criança usava para aproximá-los e distanciá-los. No terceiro desses casos, o pai demandava judicialmente um tratamento para o filho, com o qual a mãe da criança não concordava.

Em outro caso, a criança circulava pelos ambientes da casa do pai e da mãe sem encontrar neles um lugar. Era a avó paterna que assumia o neto, mas ela desvalorizava tanto a mãe quanto o pai e localizava a criança em meio ao litígio parental como uma "moeda de troca" num processo de separação judicial que já durava três anos. Assim, ela o colocava em sua própria fantasia com relação ao dinheiro.

No último caso citado, a questão jurídica parece secundária. O principal é a ausência do pai, marcada pelo descompromisso com as convivências à criança. Nesse entremeio, havia a demanda da criança pelo pai, que correspondia, de certa forma, à demanda de sua mãe pelo parceiro, na medida da dor que ela experimentara ao ter sido "abandonada".

Da mesma forma que Otoni de Barros, Duarte entende que algumas pessoas, fundamentalmente alguns pais, buscam na Justiça uma suplência da função paterna frente a mães amparadas pela Justiça que fazem valer a lei do seu puro capricho. Apesar de considerar que a noção de pai é um operador psicanalítico a-histórico e que, portanto, qualquer agente da realidade pode exercer a função paterna, a autora, ao abordar os casos dos litígios familiares, aproxima o pai concreto do pai simbólico, e assim, de certa maneira, enfatiza a dimensão imaginária do pai como aquele que produz a separação da mãe (também imaginarizada na aproximação entre genitora e função materna). Isso deriva em afirmações como a de que a função paterna é "absolutamente central na saúde psíquica do sujeito" e que a Psicanálise detecta que muitas "patologias" provêm do "desequilíbrio" do exercício da função materna, causa de "sequelas" (p. 202) irreversíveis no psiquismo, afirmações pautadas na "convergência entre paternidade e posição masculina" e na "disjunção entre maternidade e feminilidade" (p. 91 e 120) – ideias que podem ser extraídas da obra de Lacan legitimamente, mas que entendemos ser necessário repensar, como já citamos. Isso porque é preciso refletir melhor sobre a aproximação entre Lei paterna (simbólica) e lei do pai, do genitor, que se contraporia à lei arbitrária da função materna e ao capricho da mãe genitora.

Por outro lado, Duarte destaca a influência das prescrições legais na composição das situações. Tanto a forma como se propõe a guarda[102], quanto o uso da criança para justificar uma disputa pecuniária, propiciados por um certo uso da lei, podem ser fatores de sofrimento para a criança. Além disso, a atitude dos advogados, conciliadores ou adversariais pode interferir bastante na manutenção ou no acirramento do litígio entre as partes e, desta forma, interferir nos efeitos sobre a criança. Daí a sua defesa implícita da paternidade socioafetiva, da guarda compartilhada[103] e também do "melhor interesse da criança".

A autora destaca também a questão de que a morosidade das decisões judiciais pode acarretar maior sofrimento emocional. É verdade que isso acontece corriqueiramente, contudo, é preciso discutir esse aspecto um pouco mais. Por vezes, o tempo auxilia na intervenção sobre as situações. Vamos discutir esse ponto nos casos apresentados.

---

[102] A autora se refere no livro à redação original do Art. 1.584 do CC, alterado em 2008, pela lei nº 11.698, inserindo a possibilidade da guarda compartilhada.

[103] O livro foi lançado antes da aprovação da lei sobre a guarda compartilhada, citada no Capítulo 1.

Outro ponto interessante no trabalho de Duarte é a sua atitude de não recuar frente aos desafios da clínica com crianças. Por vezes, seu cálculo clínico inclui entrevistas com profissionais da escola da criança, com parentes, entrevistas conjuntas com o pai e a mãe e até mesmo atividades conjuntas entre pai e filho. Com esses procedimentos, ela consegue obter êxitos interessantes em sua clínica. Duarte chega a dizer, por diversas vezes, ter atuado como *mediadora* em meio aos conflitos familiares. Esta também é uma aproximação que merece mais discussão porque relaciona muito diretamente mediação e clínica psicanalítica; entretanto, não nos deteremos neste ponto.

Com relação a essas propostas de trabalho e de leitura, precisamos deixar claro que partimos da prática do psicanalista no Tribunal de Família, sendo secundário, neste momento, tentar compreender a cena jurídica ou a lei ou a norma jurídica, do ponto de vista da Psicanálise.

As leituras que relacionam a lei da interdição e a lei positiva, a norma fundamental e o parricídio mitificado por Freud, ou seja, que procuram refletir sobre a função do Direito do ponto de vista do sujeito do inconsciente e outras similares são, sem dúvida, importantes campos de pesquisa e debate. De certa maneira, as questões que guiam tais leituras e aproximações, do ponto de vista da Psicanálise, seriam: Por que a interdição? Por que obedecer? Há relação entre a necessidade de justiça e de direito e a estrutura subjetiva que constitui o ser falante?

Contudo, não é necessário assumir alguma das teses até hoje suscitadas pelas pesquisas e propostas citadas para pensar a intervenção do psicanalista da forma como propomos, haja vista tal intervenção se basear na própria clínica psicanalítica. É evidente que tais leituras podem auxiliar a refletir sobre as atuais questões dos laços sociais, o que inclui a família e, de uma forma importante, o Direito. Porém, não nos ocuparemos disso neste momento. Se tais questões permanecem pulsando como pano de fundo de nossa práxis, não é diretamente delas que trataremos neste texto.

Assim, apresentaremos a seguir a prática do psicólogo/psicanalista na Central de Serviço Social e Psicologia do Tribunal de Justiça de Minas Gerais para especificar as particularidades institucionais que também compõem a possibilidade de intervenção nos conflitos de família.

3.3 – O discurso institucional e o psicanalista

O indivíduo que chega à Central de Serviço Social e Psicologia, em função da determinação judicial para realização de Estudo Psicológico, encontra-se atravessado por discursos que o constituem e o fazem falar.

Por um lado, ele está sendo avaliado por um cientista supostamente qualificado para tal encargo por meio de um saber universitário capaz de indicar formas de um funcionamento mental que se traduz em atitudes, tendências e comportamentos. Esse indivíduo entende que precisa "provar" alguma coisa: sua sanidade mental, suas verdadeiras intenções, seu real interesse, seu esforço em prol das crianças, sua vitimização causada pelo outro, etc. A maioria das pessoas, quando colocadas na situação de avaliação responde com a sedução: é preciso convencer o avaliador de suas intenções e da congruência de suas atitudes com suas ideias. Outros, com a recusa. Em um processo, por exemplo, o pai foi à entrevista com a Assistente Social Judicial e levou a criança, mas se recusou a ir à entrevista agendada pelo psicólogo, afirmando que "não precisava provar que era bom pai". Esta recusa demonstra, de certo modo, a resistência do sujeito aos discursos que o avaliam e normatizam.

Além de estar sob "avaliação", esse indivíduo está sob o discurso jurídico na forma do direito civil, o que lhe indica os lugares de autor (ou requerente) de uma ação na qual requer um direito que, como já vimos, está conformado por certas normas processuais que lhe impingem o formato e a legitimidade necessários; ou de réu (ou requerido) na ação, que indica o imperativo de responder sob pena de concordar com o que o autor pleiteia. Assim, o discurso também está determinado pela necessidade de sustentar tais posições com argumentos referentes aos direitos discutidos.

Não é incomum, portanto, que as pessoas incitadas a falar nas entrevistas falem somente sobre o que já se encontra nos papéis que compõem o processo. Alguns chegam a levar vários tipos de documentos – ou papéis e outros materiais que consideram documentos ou provas – para mostrar durante as entrevistas e reforçar seus argumentos. A importância de atacar a outra parte processual e de se defender ou contra-atacar ressalta nos litígios mais intensos. Como já afirmamos anteriormente, algumas vezes os argumentos utilizados parecem ferir tão intensamente a imagem da pessoa colocada como "outra parte processual" que a resposta, eminentemente especular, é a utilização de argumentos do mesmo tipo em contra ataque. Um processo em que esse movimento encontra respaldo nos dois oponentes pode levar à exposição da vida íntima em seus detalhes mais curiosos e íntimos, mas não necessariamente desconhecidos, já que fazem parte da vida de quase todos em graus diferentes e bordejam o tragicômico, o humilhante, o sórdido e o risível. Esse tipo de exposição termina por afetar a vida de todos os envolvidos, por vezes causando estragos nas relações que custam a ser refeitas, quando o são.

Além disso, esse indivíduo também aguarda algo como resposta da instituição. Ele aguarda um reconhecimento de sua demanda, a validação de seu discurso, o apaziguamento de sua angústia. Entelman (1982) afirma que a dogmática jurídica busca as palavras tranquilizadoras, o dever-ser da fala. O discurso jurídico propõe-se a dizer o certo, o correto, dizer corretamente. Assim, a demanda do indivíduo que ali se inscreve está na correspondência imaginária da oferta que a instituição faz. E não se trata, deve-se dizê-lo novamente, de criticar esse discurso institucional. Trata-se somente de tentar demonstrar a possibilidade de outro discurso agenciado pelo psicanalista no trato com as questões de família.

Para isso, o psicanalista não ocupará, desde o princípio, o lugar do avaliador. Não que se possa abrir mão dele plenamente. Há uma especificidade aqui que já citamos e que explicitaremos ao abordarmos os casos. Contudo, é preciso sustentar, desde o início, que não há uma resposta já dada para o caso, como se indicássemos um labirinto preexistente para o indivíduo percorrer.

Propõe-se que possamos conseguir isso iniciando a entrevista, desde o primeiro contato, com a postura de quem não sabe do que se trata na verdade. É claro que lemos o processo, isso não nos deve amedrontar. Ao lermos petições e contestações, podemos oscilar entre as diversas versões da história, mas é justamente tratá-las como versões que nos abre a possibilidade de não tomá-las tais quais estão escritas pelos advogados.

Então, ao receber alguém para uma primeira entrevista, abre-se a palavra informando-lhe que os autos do processo foram lidos, mas demandando do entrevistado que diga o que quiser. Não é incomum os entrevistados perguntarem sobre o que devem falar, por onde devem começar. A demanda aqui poderia ser traduzida assim: "O que você precisa ouvir?" ou "O que você quer ouvir?". Deixando a escolha ao próprio entrevistado, surge um pouco do estilo no qual se articula sua demanda. Alguns iniciam pelo encontro do casal, outros pelas mazelas das promessas não cumpridas, outros ainda pelos filhos. As variações são muitas.

Uma dimensão que surge nessa abertura é a que poderíamos chamar de acolhimento. Não é incomum algumas pessoas dizerem no início ou no fim das entrevistas que têm a sensação de que foram ouvidas pela primeira vez no Tribunal, já que não puderam se manifestar na formalidade e no tempo das audiências. Isso já indica que o tempo é fator relevante nesse trabalho: é preciso ter tempo para permitir que a fala aconteça.

Outra dimensão é o que parece inusitado para muitas pessoas colocadas no lugar de "parte processual". Frente à demanda de falar sobre o que o levou até ali, o indivíduo vacila sobre o lugar instituído no qual estava colocado – certo papel a desempenhar frente a outro papel que responderá com o desempenho simétrico complementar – e tem a possibilidade de se ver de frente com a questão "O que ele quer?", ao que o psicanalista procura responder com "O que você quer?".

É significativo que o discurso jurídico, para sua eficácia, necessite de um determinado formalismo na sua operação. O indivíduo é representado por um advogado, e na audiência com o juiz nem sempre pode se manifestar. Como já citado, a formalidade é importante para regular as tensões do conflito no discurso jurídico. Contudo, para o psicanalista, se há uma demanda dirigida à instituição judiciária – demanda que permite falar de transferência no endereçamento a um sujeito suposto saber – abrir à fala livre e recolocar a questão do que motiva o movimento do sujeito pode permitir falarmos da possibilidade, que é a aposta do psicanalista, do estabelecimento de uma nova referência de endereçamento dessa fala. Uma referência que procura fazer semblante de saber, correlativo ao Outro da linguagem que promete o sentido, mas que suporta um não saber no qual se estrutura a própria questão do sujeito. Se estamos ali em nome da ciência, procuramos ouvir aquilo que ela *exclui:* o sujeito da enunciação. Este sujeito é efeito do dizer. Ele está sempre em busca de um saber no qual possa se alojar para evitar a divisão, como se neste saber pudesse encontrar a verdade sobre a causa da sua angústia.

A surpresa da não resposta que manteria os lugares discursivamente instituídos pode ser o início de outra demanda. Antes, ele sabia por que estava ali, agora é preciso redescobrir.

Por esse caminho é que defendemos a possibilidade de falar num deslocamento de referência dentro do discurso jurídico, segundo a posição ocupada por quem escuta. É dessa forma que se pode criar a possibilidade para uma experiência psicanalítica e para o manejo transferencial.

Em termos gerais, o que está descrito não difere do trabalho inicial do psicanalista na clínica de consultório particular. A principal diferença, talvez, seja a de que a pessoa que busca um psicanalista encontre a surpresa do inconsciente em um lugar e em um momento próprio ao tratamento, nos quais a situação é manejável em limites menos rígidos que os geralmente encontrados nas instituições. No Tribunal, o manejo será sempre mais restrito, não somente porque não se está no campo da clínica particular, como também porque a surpresa de o entrevistado ser instado a falar sem se ater ao discurso jurídico, princípio desta proposta, nem sempre é bem recebida, e quando isto acontece, diferentemente da clínica particular, o efeito não é somente um paciente a menos para atender. No Tribunal, os efeitos do discurso jurídico permanecem e suas consequências também. Mesmo que não seja possível uma abertura à experiência psicanalítica, o "caso" continuará e deverá ser terminado. Trataremos disso mais detidamente no capítulo seguinte.

Retomando a questão da verdade no discurso psicanalítico, podemos seguir dizendo que a Psicanálise desconfia da palavra dita – isto é essencial. Não que tal palavra não porte uma verdade sobre o sofrimento, mas ela não pode dizer sobre sua causa. A palavra é por essência ambígua. Contudo, ela precisa ser recebida com crédito, ela precisa ser reconhecida, tanto em sua articulação em demanda como em seu não dito sobre o desejo. Como afirma Lacan (1953-54/1986, p. 272), uma palavra não é palavra a não ser na medida exata em que alguém acredita nela. Há, em qualquer discurso, um consenso implícito de que se diz a verdade, e é por isso que conseguimos mentir, até para nós mesmos, ao tentar calcular o que o outro supostamente quer ouvir.

A partir da abertura à palavra em busca do sujeito do desejo, a verdade que pode surgir acontece no equívoco ou na surpresa, pois o ego, esta série mais ou menos típica de identificações alienantes, não quer saber dela. Ao visarmos a essa verdade que não pode ser dita por inteiro, pois o desejo não se reduz ao sentido fornecido pelo simbólico, nos distanciamo das querelas periciais sobre a simulação. Assim, não se trata primordialmente de descobrir o verdadeiro por trás da aparência, da versão ou da manipulação, mas de sustentar a pergunta sobre como tal versão foi eleita resposta ao sofrimento do sujeito frente ao impossível inscrito na relação entre os sexos e na filiação.

Entretanto, é preciso ter ciência de que, no âmbito jurídico, em função do formato discursivo que já citamos várias vezes, não basta lidar somente com a palavra do sujeito. Não que ela necessite de "provas" para nós, como o próprio discurso jurídico exige, mas a advertência de Freud (1906/1980), mesmo que relacionada ao direito penal, deve ser levada em consideração. Ele adverte que, em um atendimento clínico, o sujeito não diz o que sabe por que ele mesmo não sabe que sabe; trata-se de um saber inconsciente – efeito do recalque – ou precisa negar para si mesmo que sabe – a denegação. Em uma perícia, o sujeito intencionalmente não vai dizer aquilo que sabe, ou seja, há uma postura determinada conscientemente de não falar e, às vezes, de simular, pois ele pode sofrer as consequências do que disse. Podemos acrescentar, ademais, que o próprio discurso jurídico leva o sujeito "parte processual" à produção de cenas que podem gerar efeitos neste mesmo discurso como provas documentais e testemunhais que induzem interpretações e podem influenciar o resultado da ação judicial. No âmbito jurídico da família, preocupa-nos mais essa manipulação do próprio discurso jurídico-legal que as supostas simulações ou dissimulações das pessoas entrevistadas.

Porém, em função dessa "intenção" de não falar, é preciso ressaltar que, muitas vezes, não lidamos somente com o que é dito. Há situações nas quais é preciso verificar os fundamentos dos argumentos nos litígios familiares. Para isso, pode ser preciso buscar informações com pessoas ou instituições específicas. Tais informações podem servir em alguns casos para colocar em questão aquilo que o indivíduo sustenta de forma intencional como uma mentira para manipular o direito. É preciso, por vezes, tocar nas contradições e naquilo que o indivíduo manipula descaradamente. Em algumas situações, tais informações servem para manter aberto o sentido que se fecharia com a última palavra (ou versão) sobre os fatos. Outras vezes, auxiliam a compor o quadro discursivo pelo qual os sujeitos se movimentam no mito familiar, e isso pode indicar os pontos de intervenção.

Dessa forma, entrevistas com pessoas diversas daquelas nomeadas nos autos processuais e visitas a escolas ou hospitais podem ser procedimentos adotados com o intuito de obter informações relativas às questões de cada caso. Portanto, precisamos muitas vezes nos aproximar dos fatos por meio das descrições (linguagem), articulá-los na lógica de uma elucidação (teoria da correspondência) e termos um sistema de leitura teórica que relacione tais fatos com a fala do sujeito (teoria da coerência). Mas a verdade a que se visa é a de uma experiência singular do desejo. Tal experiência é efeito do lugar onde o psicanalista intervém no que lhe chega. Por isso, não há procedimentos padronizados, assim como não há formas padronizadas de abordagem de questões familiares judiciais. Há quem proponha certas padronizações como adotar procedimentos específicos para cada tipo de ação judicial. Diversamente, propomos que o encaminhamento de cada caso é dado pelo próprio caso, por sua singularidade. De início, não sabemos que procedimentos serão adotados, exceto o das entrevistas.

Haverá uma verdade jurídica produzida pelos operadores do Direito, pois é este o discurso agenciado. Porém, é possível contar com outra verdade neste percurso no direito de família. Uma verdade que se conclui em cada um, mas que não se diz por inteiro e nem se reduz ao que dela é dito.

Portanto, o trabalho do psicanalista no Tribunal de Família não é o atendimento clínico psicanalítico, mas a oferta de uma escuta clínica, o que significa, do ponto de vista psicanalítico, não responder à demanda do sujeito no discurso jurídico, ou seja, não oferecer de imediato respostas ao indivíduo que fala e à própria instituição que as demanda, para suportar o não saber e abrir a palavra ao sujeito. Fazendo isso, o psicanalista pode se deslocar da posição pericial e deixar de se considerar exterior ao sujeito que fala.

Isso não significa abrir mão da dissimetria própria ao discurso analítico. Os lugares de quem fala e de quem escuta são distintos e implicam o exercício de um poder cuja ética deve permanecer em questão. Afinal, como Lacan enfatizou (1958/1998f), é o ouvinte que decide o sentido do que lhe chega. Em uma análise, um entrega a palavra e o outro a interpreta. Este outro, o analista, a quem se supõe saber o sentido, carrega a promessa de significação, mas, como diz Miller (1988, p. 73 e 74), se o analista duplica o poder discricionário da palavra, é com o fim de que o sujeito possa se haver com o fato de que a palavra se desdobra e que a conclusão sobre o sofrimento que se experimenta sobre si mesmo é um limite necessário ao deslizamento significante, e sempre implica o desejo deste mesmo sujeito que conclui.

Seguindo esse caminho, aproximamo-nos da orientação freudiana de que é preciso recomeçar a cada caso e, na situação do trabalho na instituição que propomos, o seu manejo se dará no trato com a palavra do sujeito que nos chega nas diferentes cenas que a modulam. Por isso, nossa proposta de trabalho no Tribunal de Família aponta na direção da consideração da diferença entre demanda e desejo, quer dizer, entre o que se pede e espera do Outro e o desejo que sempre escapa na metonímia da cadeia significante.

A família que surge na articulação das cenas remete ao esforço de cada um e de todos em responder a um lugar no desejo do Outro. A instituição familiar aparece como *locus* de identificação simbólica, no qual se regula a insensatez do gozo por meio do valor de seus objetos e ideais.

Não se trata de confrontar "verdades", a verdade jurídica com o que chamamos de verdade do desejo (em Psicanálise). Muito menos de hierarquizar essas verdades ou, como se faz comumente, tentar fundamentar uma na outra, como se pudéssemos descobrir o fundamento último do que nos faz humanos falantes. A questão é poder manejar uma dimensão da verdade a partir de um lugar em que ela não é demandada dessa forma, mas na forma de um saber. Isso, em suma, é o que a Psicanálise se propõe onde quer que esteja sendo tentada.

Em função do trabalho na interface, o psicanalista inserido nesta instituição precisa conhecer minimamente a formatação da cena jurídica, as discussões em torno de suas interpretações sociais e jurídicas e as relações de poder, e saber que ela circunscreve e agencia. Porém, para além desse conhecimento, o psicanalista abre a palavra para a escuta suspendendo seu saber. Conhecer o discurso jurídico não significa agenciá-lo, mas manejá-lo. Ao psicanalista interessa mais o sofrimento de quem fala que a demanda institucional jurídica. Ele não sabe ao certo o que é o *maior interesse da criança*, o que significa ter *melhores condições para o exercício da guarda*, nem como *deve ser a família,* ou como ser pai ou mãe. Isso não quer dizer que ele não saiba nada, nem que esses significantes possam ser totalmente abandonados; afinal, os significantes-mestres têm como sua verdade a divisão do sujeito. Significa antes que é preciso que ele se disponha a escutar os deslizamentos a que esses significantes estão submetidos, escutar o trabalho que deles é fruto e que comporta a marca do gozo. Significa levar em conta o que excede à norma. Dessa forma, o psicanalista procura se distanciar dos significantes-mestres que alienam o discurso daqueles que sofrem por ou pela justiça e instigar/instaurar uma questão diferente sobre este sofrimento. Isso implica uma direção, um manejo que não abandona os ideais, mas mantém com eles uma relação própria, singular, crítica.

4. ESTUDO DE CASOS

Entre as centenas de casos atendidos na Central de Serviço Social e Psicologia do Tribunal de Justiça, aqueles a serem apresentados foram retirados de um montante separado aleatoriamente. Da leitura deste material, já separado do total de casos, destacaram-se algumas questões que se tornaram o eixo pelo qual agrupamos os casos expostos. Esses eixos já estão explicitados no Capítulo 2 e são temas importantes da interface Psicanálise e Direito de família: a conjugalidade e a filiação. Expor os casos em eixos, ou temas, facilita a sua apresentação didática, mas é certo que cada caso não se resume a uma questão ou tema. O destaque da questão nos auxilia a entender a leitura clínica do caso e os pontos de intervenção e manejo em cada um deles. Como dito na metodologia, foram selecionados casos nos quais havia um conflito familiar que demandava intervenção.

Nos casos apresentados a seguir, estão aqueles nos quais uma intervenção foi possível, e outros nos quais ela não ocorreu. Discutiremos essa questão em cada um deles.

Começaremos delimitando um pouco mais como a cena jurídica compõe o quadro no qual tentamos operar com o discurso analítico para depois abordarmos os dois temas citados no Capítulo 2: a conjugalidade e a fantasia de fazer existir a relação sexual; a filiação e os ideais que a marcam.

4.1 – O uso da cena jurídica

A inserção da família no discurso jurídico é, em termos ideais, fruto de um discurso social que indica as instituições do Poder Judiciário como *locus* para a resolução de conflitos que não puderam ser sanados sem este recurso. O Estado assume para si a tarefa de decidir e, caso seja necessário, de usar a força para fazer cumprir a decisão. A intervenção estatal é muito importante em diversos casos ligados à família, principalmente aqueles que incluem violência ou risco social eminente. Há casos também em que tal atuação do Estado modifica as relações familiares, tornando-as menos conflitivas, como se uma regulação externa incisiva fosse imprescindível em algumas famílias.

A entrada de um acontecimento na cena jurídica implica o início de uma representação baseada em um discurso cujos parâmetros de cena e de jogo destacamos no Ccapítulo 1. São esses parâmetros que organizam os elementos para que o jogo aconteça. Iniciado o jogo, uma carta de amor, por exemplo, pode se transformar em "documento", uma fotografia em "prova". Alguns detalhes do cotidiano, nem sempre conhecidos por todos, podem adquirir um sentido distinto do que tinham ou mesmo perder a consistência em função destes parâmetros discursivos. Por exemplo: até há algum tempo, o causador da separação conjugal era considerado culpado e perdia alguns direitos. Muitas vezes, a busca processual pelo culpado em processos litigiosos procurava se fundamentar no adultério. Legalmente, isso perdeu relevância, porém as pessoas continuam tentando se encaixar discursivamente nestes moldes que, afinal de contas, não são somente jurídicos, mas também morais. Talvez por isso, quase todas as pessoas envolvidas em separação litigiosa neguem ter iniciado um relacionamento antes de terminar o outro, sendo sabido que isto é bastante comum. Muitas vezes, o surgimento de uma nova paixão é justamente o que desencadeia o fim de uma relação.

Um ponto curioso é a "imagem pessoal". O primeiro aspecto desta imagem pode ser observado no cotidiano. As pessoas, geralmente, vestem-se de uma forma especial para ir ao Tribunal. Ademais, certas roupas não são permitidas no ambiente judiciário desta instituição. É curioso, por exemplo, que o advogado que vá representar seu cliente em audiência seja obrigado a vestir terno. As pessoas, em geral, procuram se apresentar bem naquela cena. Algumas vezes, contudo, optam por outras estratégias para reforçar a imagem de vítima ou de necessitado. É verdade que algumas parecem não se importar com esse ponto, mas não é o comum.

Para nosso interesse, mais importante é o uso da "imagem" como elemento que "prova", ou pelo menos indica, as virtudes, os defeitos, os valores e os interesses de cada um. Assim, a religião, a profissão, as declarações de entidades públicas, os cargos exercidos, as amizades e outros atributos são elencados por muitas pessoas como itens a serem considerados numa "avaliação". Se eles são signos sociais que podem indicar as particularidades das pessoas, para a Psicanálise não demonstram nada por si mesmos. Eles fazem parte do jogo imaginário, pelo qual as pessoas se sustentam na cena social e com o qual os adversários procuram sustentar sua imagem perante o Tribunal e, por vezes, perante si mesmos.

Outro aspecto do problema da imagem em sua relação com a identidade, com as questões narcísicas de cada um e com os ideais aparece em processos nos quais as pessoas se sentem tocadas profundamente pelo que é dito pelo outro nas petições e contestações dos processos. Como já indicamos no Capítulo 1, os advogados e as partes processuais precisam encontrar argumentos com respaldos legais para fundamentar as demandas e, neste ínterim, muitas vezes fazem afirmações carregadas de valores morais e culturais que nem sempre correspondem aos fatos e mesmo à própria experiência que os litigantes tiveram um com o outro. Algumas vezes, o que é registrado nos papéis que compõem o processo causa mágoas e ressentimentos perenes entre os antigos componentes da família. Não são poucas as entrevistas em que as pessoas acusadas de serem "pais maus" ou "mães más", quer dizer, negligentes, perigosos, etc., desenvolvem ódio ou entram num estado de tristeza profunda por se considerarem traídos por aquilo que o ex-parceiro foi capaz de afirmar para ganhar o jogo jurídico.

Contudo, o que queremos destacar no contexto de nosso trabalho é o fato de que as pessoas utilizam a cena jurídica das mais variadas formas. Não só a utilizam para exercer um direito que supõem obstado, o que corresponde à sua função social prevista, quanto para obter efeitos distintos do direito expresso em lei.

É muito comum casais ingressarem com ações judiciais após desentendimentos dos mais variados tipos. Algumas vezes, tais ações visam somente a provocar o outro, a demonstrar insubmissão ou a manter o laço.

Podemos citar alguns exemplos muito explícitos. Uma mulher ingressa com ação de *destituição do poder familiar* contra o pai da criança. O processo é montado na pior fase de desentendimentos do casal, quando, já separados, eles discutiam sobre a guarda do filho e as convivências do genitor não guardião. Quando o processo chegou à Central, o casal havia se reconciliado e a mulher, então, queria a extinção do feito. Ora, uma ação a princípio relacionada a casos graves era, na verdade, um processo que representava o ápice da discórdia do casal, mas não tinha o mínimo fundamento fático para ser juridicamente levado adiante.

Em um outro caso semelhante, no qual uma mãe demanda a destituição do poder familiar contra o pai, a situação se arranja antes mesmo da chegada do processo na Central: a guarda era exercida pelo pai e a mãe visitava a criança em dias e horários flexíveis. O único questionamento da mãe se referia ao fato de que era a avó paterna que cuidava da criança e, para ela, a guardiã legal deveria ser esta avó.

Em outra situação, um casal jovem vivia em residências distintas e sempre em desentendimentos e reconciliações que, porém, nunca interferiram no relacionamento entre o pai e a criança. Em um desses desentendimentos, a mãe da criança entra com o processo de regulamentação de convivência, mas quando abordamos os envolvidos alguns meses depois da entrada do processo, o casal estava formado novamente e demandava o fim do processo.

Outro aspecto importante da construção da cena no jogo jurídico é a correlação entre as ações judiciais. Um primeiro aspecto a ser ressaltado é a relação entre a propositura de ações. Um caso comum é o do guardião que move uma ação de alimentos e o não guardião que responde com uma ação de modificação de guarda ou de regulamentação de convivência, nem sempre com o objetivo de obter êxito nestas ações, mas de incomodar aquele que lhe demanda um pagamento.

Outro exemplo é a demanda do guardião para regularizar os encontros entre o não guardião e o filho que gera como resposta deste não guardião, muitas vezes, uma ação de modificação de guarda. É como se o fato de tentar regular judicialmente tais encontros representasse para ele uma ameaça à qualidade de sua relação com os filhos ou, em alguns casos, servisse de argumento para demonstrar a atitude belicosa do ex-cônjuge.

Acontece também de ações de modificação de guarda serem seguidas por ações da parte contrária demandando a suspensão dos encontros entre o não guardião e o filho, seguindo a mesma lógica citada acima. Há ainda quem pare de se encontrar com o filho calculadamente para depois mover ação de regulamentação de convivência com o argumento de que foi impedido de vê-lo.

Esses casos demonstram que as ações em Varas de Família nem sempre correspondem àquilo que realmente acontece ou é de interesse dos envolvidos. O discurso jurídico promove esse movimento e, independentemente de haver razões objetivas para cada caso, em cada tipo de ação judicial, os envolvidos precisam encontrar os argumentos que justifiquem suas demandas. Por isso, os indivíduos precisam construir versões do conflito que possam ser legítimas no discurso jurídico.

Da mesma forma que na sua montagem, a cena jurídica também pode ser manipulada *após* a instauração do processo. Intencional ou não, isso é muito comum e indica a delicadeza do trabalho em meio ao jogo.

Alguns exemplos: após a discussão mais grave do casal, a mãe da criança retorna à casa em que residia com o marido no intuito de pegar o filho. Ela vem acompanhada por policiais. Legalmente, eles não poderiam entrar na casa, somente ela. Instruída por outras pessoas a provocar a cena que serviria de álibi para os policiais, ela entra e se dirige ao quarto onde estava a criança. O marido a acompanha, como era de se esperar, e então ela grita, dando a entender que seu marido a ameaçara de agressão naquele momento. Com isso, os policiais têm a entrada permitida, pois havia uma situação de risco e imobilizam o pai da criança. Em seguida, todos vão à Delegacia mais próxima registrar os "fatos".

Em um processo em que pai e mãe disputavam a guarda de três filhos, as duas primeiras, à época com 11 e 8 anos de idade, tentaram combinar o que dizer quando o juiz as chamasse para decidir com quem ficariam – um procedimento não muito comum e que precisa ser bem calculado pelo magistrado em função do conflito de lealdade que isso representa para as crianças e para os adolescentes. Elas combinaram que uma diria que queria ficar com o pai e a outra diria que preferia a mãe. O objetivo delas era fazer com que o juiz, de alguma maneira, fizesse os seus pais permanecerem juntos. Contudo, no momento de falar, vacilaram e as duas, separadamente, disseram que preferiam a mãe, porém viviam com medo de que o pai soubesse do que tinham dito em audiência.

Há muitos casos nos quais as manipulações da cena se dão após a determinação da realização do Estudo Psicológico. A entrada do psicólogo judicial faz parte do jogo e, frente à convocação para as entrevistas, a maioria das pessoas procura se comportar da melhor forma possível, pois se considera sob avaliação. Alguns ficam indignados de serem "submetidos" a uma avaliação psicológica, pois entendem que são "normais", que não têm problemas psicopatológicos, que "não são loucos" e que é a outra parte processual que deveria estar sendo avaliada. Outros esperam as perguntas para se orientarem quanto ao que deve ser dito ou omitido. Há quem repita quase como texto decorado as petições anexadas aos autos, procurando não se arriscar muito nas palavras enunciadas frente ao psicólogo. Há mesmo aqueles que não compreendem a necessidade de falar de alguma coisa que já está escrita nos autos, como se não houvesse diferença significativa entre as duas formas de expressão. Existem ainda aqueles que se antecipam ao questionamento que o outro fará e já indicam seus argumentos de defesa.

Houve um caso, a princípio comum, no qual a tentativa de manipulação da cena tomou um aspecto curioso: O pai demandava o efetivo cumprimento dos dias e horários dos encontros com o filho, dificultados pela mãe com o argumento da irresponsabilidade do pai, pois, para ela, ele exagerava no consumo de bebidas alcoólicas, não dava muita atenção aos pedidos da criança, expunha demasiadamente o filho ao sol no clube, etc. Argumentos comuns que, nesse caso em que a relação entre o casal parecia desfeita em todos os sentidos, poderiam ser objeto de uma tentativa de "mediação"[104]. Assim, ofereci a possibilidade de entrevistas conjuntas nas quais o tema dos cuidados

[104] Utilizamos o termo mediação aqui de forma livre. Estamos nos referindo a entrevistas conjuntas que tentamos realizar em alguns casos, nos quais esta estratégia parece viável para colocar em questão alguns pontos de divergência dos relacionamentos e que tem um caráter objetivo. Não se trata da mediação em seu sentido correto, no qual é preciso seguir certos procedimentos formais e há uma técnica específica a ser utilizada, visando a uma intervenção no litígio judicial.

do pai com o filho nos seus encontros pudesse ser abordado e talvez encaminhado. Ambos aceitaram a proposta e uma primeira entrevista conjunta foi agendada.

No dia da entrevista, ela chega acompanhada do namorado e disse que se sentia mais segura assim, mesmo sabendo que ele não participaria da entrevista. Quando o ex-marido chega e a vê sentada com o namorado no corredor do Fórum aguardando ser chamada, ele se aproxima e começa a provocar o namorado dela. Algumas pessoas que estavam no corredor disseram que ele xingou o outro várias vezes até que o namorado reagiu tocando, levemente, seu sapato na perna do provocador que estava de pé, para afastá-lo. Neste instante, eu saía da Central para chamá-los e me deparo com a cena em que o homem parte processual se dizia "agredido" pelo outro, se dizia "chutado". Algumas pessoas presentes no corredor se posicionaram contra o provocador e tomaram partido do provocado. Enquanto isso, a mulher me chamou e disse que iria embora, pois não havia clima para um diálogo. Concordei com ela e a dispensei, tanto quanto o homem pai parte processual provocador. No dia seguinte, quando telefonei para falar com ele sobre o ocorrido, ouvi um pedido de desculpas, pois ele admitiu que tinha feito aquilo para tentar colher frutos jurídicos de uma possível agressão por parte do namorado dela ou mesmo dela. Ele calculou, naquele momento, que isso poderia beneficiá-lo na ação proposta e reconheceu depois que tinha sido um erro. Erro que impediu qualquer acordo naquela época. A cena, que inicialmente poderia ser interpretada como tendo por base algum vínculo erótico que ainda persistisse entre eles, e isso não deve ser totalmente descartado, na verdade se articulava ao jogo jurídico. No caso, esse homem havia preferido a via adversarial judicial a uma proposta de diálogo.

Do ponto de vista do nosso trabalho, esse caso mostra como as entrevistas conjuntas devem ser muito bem calculadas e, mesmo assim, nem sempre produzem o resultado esperado.

Por isso, é preciso manejar essa cena, pois ela compõe o discurso apresentado e constantemente construído durante o processo. Tal manejo implica conhecer o discurso jurídico e a prática clínica. Nesta interface, estaremos implicados no manejo da transferência. Esta afirmação significa que consideramos que o endereçamento do sujeito ao

Outro encontra uma suposta consistência na instituição judiciária, em verdade uma consistência necessária à realização da justiça. Entretanto, é essa mesma consistência, polo de demanda, que em muitos casos de família impede o sujeito de se haver com suas próprias questões. O jogo jurídico facilita, nesses casos, a culpabilização do outro e a vitimização do sujeito que fala na acusação ou na defesa. Mesmo havendo fatos objetivos, eles podem ser interpretados em uma lógica na qual cada um pode se posicionar para não reconhecer sua parcela de responsabilidade no sofrimento do qual se queixa. Manejar essa transferência é tentar intervir para que o sujeito advenha aquém ou além do jogo jurídico sustentado pela demanda ao judiciário, o que implica justamente a outra cena: a cena do sujeito do desejo.

Houve um processo em que uma menina de 9 anos estava para ir residir com a mãe, depois de alguns anos com o pai, dentro de um clima razoavelmente consensual. Na entrevista com a mãe, apesar do diálogo que existia entre ela e o ex-marido e das reais possibilidades de mudança de guarda a seu favor, ela mantinha um discurso assertivo e até agressivo sobre ele, sempre realçando os pontos negativos do genitor da criança, seja como marido ou como pai, e tentando demonstrar como ele não tinha interesse na filha (apesar de estar cuidando dela há alguns anos). Intervim dizendo que, afinal, as coisas não parecem assim e ela devia estar ciente de que havia a grande possibilidade de a guarda ser concedida a ela. Um pouco desarmada, mas ainda tentando manter o estilo do discurso, ela afirma que a escola da criança já tinha lhe dito que ela iria ter a guarda em função de sua atenção com a filha, etc. Como já tinha entrevistado a orientadora educacional da referida escola, intervim novamente: "A escola não disse isso". Deslocada desse discurso, restou a ela uma pequena abertura para falar mais de si mesma e da criança. Depois disso, a entrevista seguiu um curso de menos polarização entre as partes processuais. Ao final, comento sobre a capacidade de comunicação da filha, sua postura aberta e de fácil contato na entrevista, e ela responde: "Sendo filha minha e dele tinha de ser assim" – e sorri. "É um traço comum a vocês dois?", pergunto. Ela confirma, e sorri de novo, deixando ao pai agora um espaço distinto daquele que ele devia ocupar no jogo jurídico do melhor-pior, perde-ganha.

Em uma entrevista com uma adolescente de 15 anos, ela fala sempre enfatizando seu sofrimento, pois queria ir residir com a mãe, e a avó paterna se opunha. Quando o discurso na entrevista muda para o tema de sua rotina, seu cotidiano na escola e com os amigos, o tom se modifica e ela conta normalmente sobre sua vida diária. Ao final, disse a ela, em um comentário aparentemente banal, que sua rotina parecia muito comum aos adolescentes de sua idade, ao que ela responde imediatamente "Não!" e volta ao tom de sofrimento. Ela havia interpretado minhas palavras como se eu dissesse que ela não tinha motivos para mudar de residência e morar com a mãe; então, voltou ao tom de vítima, provavelmente por imaginar que mostrar tal sofrimento facilitaria a convicção sobre a importância da mudança de residência e de guarda.

Houve um homem que, já na sua terceira entrevista, mantinha um discurso defensivo todo o tempo. Defender-se das acusações do outro, postura esperada nos jogos dos processos judiciais, tornou-se para ele uma posição fixa, repetitiva. Assim, qualquer questão posta a ele parecia se transformar em suspeita ou acusação da qual ele devia se defender. Nessa entrevista, ele interrompia qualquer intervenção minha com justificativas ou novas questões que, de alguma forma, para ele serviam para se defender do que era dito. Tive de interrompê-lo, então, para marcar esta repetição: eu não o acusava de nada, apenas queria ouvi-lo falar sobre alguns pontos. A partir daquele momento, ele modificou um pouco sua posição no discurso, pois se deu conta de que estava secundarizando alguns problemas vividos na extinta relação conjugal em prol de uma "defesa" permanente.

Muitos processos têm no jogo uma intensidade que os nós que o compõem, somados às questões particulares dos envolvidos, não permitem intervenção.

Em um desses casos, após um relacionamento conturbado, pai e mãe passam a residir em cidades muito distantes uma da outra. Apesar disso, a mulher somente findou com suas expectativas de reatar o casamento quando o ex-marido publicitou um relacionamento com outra mulher. A partir daí, ela começou a obstar os encontros entre pai e filho, o que o levou a mover ação de regulamentação de convivência. A situação entre os ex-cônjuges tinha, desde esse momento, tal caráter imaginário que podia suspeitar ser esta uma característica importante desse relacionamento desde o início e que se tornara ainda mais forte após a montagem do processo e a entrada no jogo jurídico. Os argumentos apresentados pelos genitores eram especulares, ambos diziam as mesmas coisas, mudando apenas o sujeito e o objeto do discurso. Ambos enfatizavam suas preocupações com o filho, ambos entendiam a importância de regulamentar as convivência, ambos se defendiam todo o tempo das acusações do outro escritas nos autos e das acusações que supunham ter sido feitas nas entrevistas individuais. Apesar disso, nada funcionava nos encontros: ele não avisava que vinha buscar o filho, ela saía com a criança se ele se atrasasse um pouco... Todo o tempo, cada um deles interpretava as atitudes do outro como formas de ser atingido emocionalmente. Isso dificultava qualquer abertura a uma intervenção, pois o discurso estava fechado em torno do "meu inferno é o outro". O relatório foi a única forma de tentar intervir nesse caso, ao procurar deixar um pouco mais claro o jogo que ambos protagonizavam.

Cinco anos depois, o processo retorna. Após um período em que ficou sem procurar pelo filho, o pai faz nova tentativa e obtém algum sucesso. Contudo, as principais dificuldades ainda estavam presentes e as interpretações mútuas sobre as atitudes do outro continuavam carregadas do aspecto imaginário citado. Em uma das tentativas de se encontrar com o filho, o pai avisa de sua chegada, mas a mãe deixa o filho ir passear com um parente, com o argumento de que a criança não desejava se encontrar com o pai. Quando o pai chega, ele não acredita que a criança não esteja na casa e força a entrada, o que gera uma cena de agressão física que faz o relacionamento entre os genitores retornar aos patamares de total desconfiança. Dois meses depois do incidente, o pai consegue alvará judicial para se encontrar com a criança e a leva para passear, mas a mãe a busca antecipadamente com o argumento de que seu filho pediu que o fizesse.

Por um lado, era esperado que a criança não se sentisse muito à vontade na companhia do pai; afinal, foram poucos encontros durante alguns anos, porém nada que não pudesse ser recuperado desde que os genitores e suas famílias contribuíssem para isso e o desejassem. Não era o caso. A imagem do pai para a família materna era a de uma pessoa "perigosa" e isso, de alguma forma, influenciava a criança também.

Esse menino, então com 9 anos, não conseguia se posicionar frente às demandas parentais e parecia encontrar a seguinte saída: deixar o pai afastado dos familiares maternos evitaria novos conflitos. Mais que temer seu pai, parecia ser esse o motivo concreto para sua passividade frente ao conflito e suas negativas em se encontrar com o pai. Novamente, o relatório tenta intervir de alguma forma, mas as possibilidades eram muito reduzidas, pois o discurso permanecia fechado em torno das querelas especulares: nenhum dos dois reconhecia a influência de suas atitudes na manutenção do conflito e na conduta da criança.

Esses exemplos nos mostram como a cena jurídica precisa ser compreendida nas suas especificidades e como é importante o seu manejo se o objetivo for operar na interface de acordo com o discurso analítico. A seguir, entraremos nos dois grandes temas que constituem a cena jurídica da família e são também pontos relevantes da constituição do sujeito do desejo: a relação entre os sexos, que aqui chamamos de conjugalidade ou constituição do casal, e a filiação.

4.2 – O laço sexual

Como já trabalhado no Capítulo 2, o encontro amoroso tem dimensões diversas e dinâmicas. Não é possível estabelecer padrões e muito menos criar uma tipologia das relações amorosas. Tal empreitada, além de cientificamente fracassada, tenderia a criar dois movimentos opostos e talvez coexistentes nos sujeitos: por um lado, haveria aqueles que se identificariam imaginariamente com os tipos descritos, e por esta via procurariam encontrar suas respostas ao sofrimento de amar; por outro, haveria aqueles que criariam novas formas de amar e de se relacionar que não se enquadrariam nos termos descritos. De um lado, o ego que busca alienar-se para continuar não sabendo do desejo; de outro, o sujeito do inconsciente que resiste às identificações e responde com um novo fracasso à mesmidade que lhe impõem os discursos imperativos.

Há, porém, formas de falar das relações amorosas nos seus traços característicos. Um deles é justamente a fantasia da produção do UM. Quando se encontram os parceiros cujas palavras e corpos se tocam, objetiva-se um vínculo que já existia na fantasia de cada um deles. A formação do UM passa pelo imaginário da complementaridade entre o masculino e o feminino, imagem presente na sexualidade dos animais e superposta nas interpretações humanas sobre a natureza, as relações sociais e até mesmo sobre o destino. Tal é o exemplo do casal régio que, em certa época, representava a ordem social e, por extensão, em algumas sociedades, a ordem do cosmos (Lacan, 1953-54/1986, p. 249-50).

Mesmo que as relações sexuais sejam hoje consideradas mais como comportamento do que como expressão de certa subjetividade, os corpos quando juntos raramente anseiam simplesmente como corpos. Se considerarmos a vontade como algo que as pessoas têm o direito de exercer, elas podem escolher com quem manter relações sexuais, mas nunca escolhem a quem amar. Há aí um acontecimento que se pode até reconstruir discursivamente, mas do qual um pedaço sempre escapa.

Não há corpo que possa existir sem a palavra que vem do Outro. E são as palavras e os corpos que capturam o desejo por meio de traços que o eu desconhece. Um traço, que é de cada um, mas é visto no outro, faz aparecer o Outro da demanda, aquele a quem se pede e a quem se oferece algo que se entende ser pedido. É neste ponto que podemos perceber o mal-entendido, pois, na estrutura da fantasia, o sujeito se articula ao objeto e não a outro sujeito. O casal acontece quando queremos acreditar que o paredão do jogo de tênis, metáfora de Caligaris citada no Capítulo 2, não existe, mesmo que ele se materialize momentaneamente e em uma frequência crescente em cada relacionamento.

Aquele que captura o desejo é visto como exceção na série. Eleger um outro como exceção a uma série é submeter-se à sua fantasia. Porém, também é demandar constituir-se numa exceção para ele e submetê-lo à sua fantasia. Freud registrou isso nos textos já comentados sobre a escolha nas relações amorosas e também ao escrever sobre a ligação entre a pulsão e seus objetos[105].

Nos pontos ou momentos em que as demandas parecem se encontrar é que o casal tem a experiência de "ser". O amor, nesse sentido,

---

[105] A referência principal são os textos já citados que Freud reuniu sob o subtítulo "Contribuições à Psicologia do Amor", um de 1910, outro de 1912, e o terceiro de 1917.

é uma resposta à nossa falta-a-ser. Ocupar um lugar de exceção é poder sentir-se "um mais" em resposta ao "um menos" que é da estrutura do sujeito. O problema surge quando o sujeito acredita ou percebe que é "um a mais", ou seja, que é mais um na série e não a exceção.

Porém, abrir mão desse encontro nem sempre é fácil, pois a promessa implícita de dar consistência ao ser seduz o sujeito em sua falta-a-ser, mesmo que ele precise escapar desta sedução de vez em quando para continuar seduzido. Isso se confirma nas interpretações tão comuns durante as separações de que as atitudes do ex-parceiro, principalmente suas escolhas amorosas, têm a intenção de atingir aquele que as ouve ou vê. Mesmo que muitos estejam certos, isso só indica exatamente a manutenção de um vínculo na fantasia.

O filho também faz parte da fantasia do casal como UM. Já trabalhamos esse ponto no Capítulo 2. Para o homem, comumente o filho se apresenta como significante de uma potência fálica que o liga à mulher; para a mulher, ele é um significante que ela pode produzir para o homem. Um filho carrega em nossa sociedade toda a carga da união do casal. Ele é signo da tentativa de fazer existir a relação sexual, quer dizer, de produzir a suposta possível complementaridade entre os sexos: fruto de dois que teriam se tornado UM. O discurso que o indica como algo que pode ser planejado reforça essa carga, pois o filho agora é também supostamente fruto da vontade, da decisão. Para muitas pessoas, se o parceiro não deseja filhos, ele pode não desejar a relação no amor. Amar significaria querer filhos, equação que é invertida na fantasia: ter filhos significaria amar. É muito comum a gravidez ou o nascimento de uma criança quando os casais estão em crise conjugal ou próximos de uma separação.

É claro que tratamos aqui de casais adultos. É preciso considerar a diferença que há entre os adultos e os adolescentes que têm filhos. Uma parte deles vive a mesma fantasia de união ou de laço permanente por meio do filho; outra parte talvez possa ser considerada como a autêntica gravidez acidental. A gravidez originada de estupro, após o uso de drogas ou em uma rotina de muitas relações sexuais com diversos parceiros nem sempre indicaria a fantasia de encontro dos sexos pelo filho. Por outro lado, a ocorrência da gravidez sempre evoca as fantasias e as questões de cada um sobre o sexo e as relações de parentesco. Por isso, a gravidez ou o nascimento de um filho são comumente narrados como "divisores de água" na história de muitos casais, como marca que modifica permanentemente a relação.

Muitos casos em Varas de Família indicam claramente a tentativa de manter o casal a todo custo, manter o casal mesmo no sofrimento. A manutenção de um processo judicial é uma das vias para isso. Em alguns casos, tal manutenção se dá pelo uso da cena jurídica como forma de se fazer presentificar ao outro. Comumente, o vínculo se mantém, mas o afeto se modifica, por vezes se transforma em um afeto qualitativamente oposto. Como disse Freud (1915a/1980), muitas vezes o vínculo da pulsão com seu objeto permanece, mas o afeto muda de amor para ódio. Caso não houvesse vínculo, provavelmente o afeto experimentado seria a indiferença. Se o objeto continua a nos provocar é porque ele ainda consegue ocupar um lugar na fantasia que nos faz desconhecer nossa falta-a-ser.

Em um caso que se relaciona com esses pontos, realizamos dois Estudos em um mesmo processo com cerca de um ano e meio entre o fim do primeiro Estudo e o fim do segundo. No primeiro período, as questões levantadas pelo pai sobre a negligência da mãe eram insistentes e tinham algum fundamento nas dificuldades dela em cuidar dos dois filhos e trabalhar. Apesar disso, não havia motivos jurídicos para que a guarda fosse transferida para ele. Antes que o processo fosse extinto, ele acrescenta novas questões juridicamente relevantes, porém algumas infundadas e outras já resolvidas pelo próprio casal. Nesse segundo período, eles vêm juntos para a entrevista, apesar de terem sido convocados separadamente, e dizem que os problemas foram resolvidos. Quando os colocamos juntos na sala de entrevista, o clima de cumplicidade nos olhares, sorrisos e toques denotava a permanência ou a restauração de uma relação, apesar de ele já estar residindo com outra mulher. Esse "desfecho" serviu para ressignificar a conduta do homem no primeiro período, quando vigiava a casa da ex-mulher e buscava com seus vizinhos informações sobre ela. O casal permaneceu existindo na desavença, permaneceu existindo no Tribunal. Foram precisos três anos de processo judicial para que chegassem àquela situação de resolução jurídica, quiçá pessoal.

Nas cenas produzidas pelos casais, é facilmente perceptível a realização de fantasias de unidade ou de permanência. Em um caso que acompanhamos, a vizinha telefona para o pai das crianças, que já residia, havia quase um ano, em outra casa, e avisa que a mãe estava chegando em casa acompanhada de "namorados" e que, muitas vezes, eles permaneciam na casa com as crianças também. O pai se dirige para lá para verificar o que se passa e chega *justamente* em um momento em que as crianças não estão, mas a ex-mulher está acompanhada de outro homem em uma situação íntima. Ele então agride os dois fisicamente. Tal cena pode ser lida de formas diversas: um pai preocupado com a moral da mãe e que se vê no direito de corrigi-la à força; um homem que se considera dono da moral de sua mulher; um amante ciumento que se percebe substituído pelo falo sem nome; um homem que ainda ama aquela mulher... Cada um dos envolvidos e dos espectadores interpretará segundo a conveniência de seu desejo.

4.2.1 – Pai e mãe, homem – mulher

A articulação entre esses pontos – sexo, amor, desejo, filho – produz as questões com que lidamos nos litígios familiares nas suas mais variadas formas de arranjo e desarranjo. Como indicamos no Capítulo 2, uma das dimensões do filho é a de representar o elo, que na fantasia de cada um do casal, produz a união, produz o UM, o laço de proporção, de complementaridade que responde ao desejo de satisfação, à demanda de amor. Porém, ocupa também o lugar de objeto *a* encoberto pelo falo para cada um de seus pais, e assim, o filho também faz e acentua a diferença. Se o nascimento de um filho produz um novo significante que nomeia um grupo – "família", quando surge a mãe em uma mulher e o pai em um homem – os sujeitos que o compõem, constituídos cada um em sua particular relação com o sexo e o objeto, continuam fazendo a diferença, já que as fantasias não se comungam, mesmo que se casem. Se pai e mãe parecem comungar no filho, o homem e a mulher permanecem fazendo a diferença.

K era um sedutor, porém repetidamente desconfiava de que suas namoradas o traiam com um outro homem. Uma delas engravida e é eleita a escolhida com a qual K forma uma família entusiasticamente. Do seu casamento nascem ainda outros filhos. Entretanto, o fantasma da traição permanecia vivo e K desconfiava da mulher, chegando a duvidar da paternidade biológica do terceiro filho. Após a separação, ele continua vigiando a casa onde ela residia com os filhos e procurava saber de sua rotina, sempre com o argumento de zelar pela moral da mãe frente aos filhos. Em termos amplos, o não guardião pode questionar as atitudes do guardião desde que elas interfiram na rotina ou nos cuidados com os filhos, mas nesse caso, a vigilância e a cobrança dele eram exageradas. Ela realmente mantinha relacionamentos esporádicos, e K, mesmo já experimentando outros relacionamentos, mantinha a ex-esposa em um lugar privilegiado em seu desejo. As descrições que ele fazia das condutas dela que considerava "inadequadas" eram acompanhadas de descrições curiosas sobre as roupas que ela usava ou a posição de seu corpo. K não se dava conta de como a ex-mulher o incomodava, de como ela ocupava um lugar privilegiado como causa de seu desejo.

Seu objetivo com o processo judicial era a modificação de guarda. Ele pretendia deixar os filhos com sua própria mãe; por um lado, "a verdadeira mãe", aquela que sabia como exercer dignamente este papel; por outro, talvez uma das principais fontes de suas questões sobre a mãe e a mulher. Juridicamente, não havia motivos para a mudança de guarda e as crianças foram mantidas com a mãe. Porém, também não houve possibilidade de intervenção nesse caso, pois K não era tocado em suas questões fundamentais sobre o desejo por ela. Seu discurso fechado em torno da mulher que teimava em existir na mãe não permitiu um manejo da situação. Nesse caso, as crianças sofriam com os desentendimentos dos pais e não compreendiam o que acontecia ali. O segundo deles demonstrava necessitar de atendimento individual e isso foi transmitido aos pais. Apesar de algumas dificuldades, as crianças seguiam sua rotina de vida.

A manutenção do processo era a insistência de sua questão sobre a divisão entre mãe e mulher e que também era insistentemente desconhecida por ele. Além disso, o caso explicitava o paradoxo que todos experimentam: o objeto de amor é a exceção que cumprirá a regra. O objeto de amor é marcado pelos traços dos primeiros objetos de amor que tivemos e abandonamos. Nesse sentido, o objeto eleito, este outro que captura nosso desejo, é diferente em relação aos "outros", mas justamente porque repete algo que nos capturou antes. Paradoxalmente, se o objeto de amor não estivesse marcado por essa repetição, ele não poderia nos aparecer como exceção na série de imagens e palavras que nos rodeiam. Para além dessa dimensão de repetição, o amor também pode ser criação, pois eivado do real que não se inscreve simbolicamente, dos restos de gozo perdido com os quais o sujeito pode criar. Aí está a possibilidade da invenção. Até onde pudemos acompanhar esse caso, tal possibilidade não estava colocada. A repetição vencia sobre a possibilidade de criação, pois a criação implicava a perda de alguma coisa da qual não se abria mão.

É interessante registrar que, em alguns casos desse tipo, a repetição se mantém pela combinação do posicionamento subjetivo de cada um dos parceiros. Acontece de um homem não conseguir se desvencilhar de uma mulher como causa de seu desejo e esta mulher também encontrar satisfação nesta posição. Por isso, esta mulher, se não tenta estimulá-la, também não a extingue, fazendo ressoar palavras e intenções nos mal-entendidos de todo casal. O mesmo se pode dizer de alguns homens em relação à mulher que tenta seduzi-los. Trataremos de um caso assim no item "O casal como UM" mais adiante.

Em um outro caso, citado por Braga (2009), um homem, ainda muito vinculado à mulher que dele se separou, mandava bilhetes para ela pedindo para que ela "respeitasse" as crianças e não permitisse a presença de homens no antigo apartamento deles. Como ela desconsiderava os bilhetes, e geralmente os rasgava antes mesmo de lê-los, ele escreveu uma mensagem no corpo de um dos filhos. Ali, a mãe teria que ler sua palavra e isto faria recuar a mulher que o incomodava. Pelo menos era a fantasia que o sustentava. Nessa imagem, e nesse ato, ficam colocadas as questões dos filhos como signo da tentativa de fazer existir a relação sexual. O filho, que fez de um homem pai e de uma mulher mãe, permanece no lugar que vela a demanda e o gozo do UM.

Algumas vezes, o filho faz eclodir as questões do feminino e do masculino, antes veladas nas promessas de amor.

Em alguns casos, a rivalidade entre os homens (avô e pai) ou entre as mulheres (avó e mãe) destaca-se como pano de fundo de questões que dificilmente conseguem ser abordadas no âmbito jurídico. Em um processo sobre regulamentação de convivência, o ex-marido e pai da criança se queixava do ex-sogro como rival em relação ao lugar paterno para seu filho. Na verdade, a rivalidade entre os dois tornou-se gritante após o nascimento do neto, um menino em uma família de mulheres. Alguns problemas de relacionamento entre os ex-cônjuges foram pretextos para a exacerbação dessa rivalidade. Contudo, tal rivalidade tinha, aos olhos desse homem-pai, uma intensidade peculiar em função de suas próprias questões acerca da paternidade. Se o ex-sogro era realmente "intrometido", a ex-mulher facilitava isso e ele não conseguia formas de lidar com um "pai-avô" tão potente e presente.

No caso a seguir, apesar do intenso jogo produzido pelo casal, uma intervenção foi possível no discurso da mulher. L e M mantinham um relacionamento no qual as manifestações de carinho eram muito comuns. Faziam planos de constituir um lar, após um relacionamento de cerca de dois anos. Quando M anuncia a gravidez, entretanto, mudanças importantes acontecem no relacionamento. Este anúncio coincidiu com um período no qual o casal estava separado (ou "brigado") fazia cerca de quinze dias e em vez de provocar uma reação de acolhimento e união, como esperado por ela, L se afastou ainda mais.

M ainda esperou algum tempo pelo retorno de L e a constituição da sonhada família. Ela passou a lhe demandar (carinho, presença, coisas materiais) em nome da filha que nascera. Ela se mostrou uma mulher que necessitava dele, que o queria com ela. Contudo, ele se mantinha pouco presente e fazia questão de deixar marcada sua posição de fim de relacionamento. Para L, a filha inesperada não era desejada, porém menos desejada ainda era a demanda da mulher que surgiu com ela: M se mostrava agora "dependente emocionalmente", muito diferente da mulher por quem ele se apaixonara, a mulher independente, decidida. Algum tempo depois, L inicia novo relacionamento e se casa.

Em meio à dor de ver ruir seu sonho de vida em comum com L, M não consegue lidar com a situação de "ter sido enganada": o homem apaixonado era uma mentira, pois ele a abandonou no momento de provar seu amor. Com muitas discussões e até mesmo uma ocorrência policial após um enfrentamento físico, L e M constroem um clima litigioso no qual o jogo estabelecido é o jogo do poder e da dissimulação. O laço entre eles passou a ser o laço da discórdia. L provocava M com atitudes e palavras que enfatizavam o abandono; M provocava

L produzindo demandas variadas em direção a um homem que não se fez pai ou obstando os encontros entre L e sua filha.

L se incomodava com a falta de relacionamento com a filha; contudo, ele realmente não se constituíra como pai da menina. Chegava a desconfiar da paternidade biológica e não se esforçava muito para se encontrar com ela. Mesmo considerando que havia problemas entre ele e os familiares de M, parecia que para ele, encontrar-se com a filha era sempre encontrar-se com M e estes encontros sempre terminavam mal.

M se lamentava pelo fracasso de sua tentativa de constituir um pai no homem que amou. Por outro lado, havia um certo sucesso: seu próprio pai, pessoa distante emocionalmente, havia se transformado com a chegada da neta: dedicava-lhe toda a atenção, era amoroso de uma forma que ela sempre tinha desejado que ele fosse com ela própria. Ela fez de seu pai o pai desejado: "Ele hoje não consegue ficar sem ver a filha... a neta", disse certa vez. Porém, o insucesso com o homem que ela amou manteve sua questão com a divisão entre pai e homem. Não tendo se transformado em pai, o homem permanecia perigoso com seu desejo sexual[106].

Ela trazia um discurso que remetia à sua família: os pais amam as filhas, mas devem ficar distantes delas fisicamente, pois "as meninas têm que se preservar". Em torno desse discurso, ela articulava o perigo que L poderia representar para sua filha. Para ela, a distância entre o pai e o homem era tênue e foi esta questão que se repetiu no relacionamento fracassado com L. Não se constituindo em pai, L poderia ser perigoso para a filha, não somente em função de uma certa irresponsabilidade, agora enfatizada, mas simplesmente por ser homem. M havia "descoberto" o gosto de L por certo tipo de pornografia, o que agravou a seus olhos o "perigo" que ele representava.

Curiosamente, o lugar paterno para a menina começava a ser frequentado por personagens diversos: o namorado, o avô. Era como se fosse necessário mais de um para dar consistência ao lugar vazio que L se recusou a tentar ocupar.

Num outro aspecto, M mantinha a fantasia de ser o objeto de desejo de L. Ameaçando a sua esposa, deduzindo que ele a seguia a

[106] Voltaremos a esse aspecto dos laços familiares em um tópico adiante.

partir de fatos provavelmente coincidentes, interpretando o nome da esposa dele em relação ao seu próprio nome...

Na última entrevista, indicou-se a ela buscar atendimento psicológico. Foi dito também que parecia haver ainda um vínculo entre ela e ele. No dia seguinte, ela telefona para a Central com algumas questões. Queria nos perguntar[107] se o problema era na verdade com ela e se nós tínhamos entendido de tudo aquilo que ela ainda gostava dele. Não esperou respostas, nem devia. Passou a relatar o ocorrido na noite anterior. A filha adoeceu e foi preciso levá-la ao hospital. Em função do que havia escutado na entrevista conosco, ela decidiu "deixar o orgulho de lado" e mandar mensagens para o celular de L explicando o que ocorreu e dizendo que se ele quisesse ir ver a criança no hospital ela não interferiria. Ela disse ter incluído meu nome na mensagem, como se isto fosse sugestão minha. Não houve retorno por parte dele e sua conclusão foi a de que este pai devia ser abandonado. Para ela, ser pai era cuidar da saúde, algo que ela marcou desde a primeira entrevista.

De certa forma, ela testou pela última vez esse pai. E depois o abandonou. Sabemos, contudo, que provavelmente essas questões se repetiriam nos seus novos relacionamentos, caso ela não buscasse uma análise. Porém, em relação ao caso no discurso jurídico, algumas coisas mudaram. L concluiu pelo afastamento da filha, postura que já se anunciava antes. M concluiu pela impossibilidade de ter um marido e de criar um pai naquele homem. A criança, de dois anos e meio de idade, e razoavelmente preservada do conflito parental, seguia a vida com a família materna.

4.2.2 – Um homem e suas filhas

Constituído o pai como lugar, resta o homem com seu desejo sexual e a mulher como objeto deste desejo. O desejo masculino tem um traço fetichista (Lacan, 1992b), ou seja, ele se orienta marcadamente pela imagem que recobre o objeto *a*, sendo que em tal imagem

---

[107] Esse caso foi acompanhado por uma estagiária, e M se dirigiu especialmente a ela no telefonema. Abordaremos essa questão do trabalho junto aos estagiários na conclusão.

destaca-se o corpo do outro como véu que faz semblante deste objeto e permite àquele que se posiciona neste registro oferecer o seu falo-pênis como resposta ao desejo do Outro[108]. A questão aparece na cena jurídica muitas vezes em situações de violência concreta ou transformada em medos e receios e repercute em alguns casos de forma exemplar.

1º Caso: O enigma do objeto de desejo de um homem

No primeiro caso, o processo judicial dizia respeito à questão da pensão alimentícia. O pai desejava diminuir o valor argumentando ter constituído nova família e não poder mais dispor do mesmo valor antes acordado. O processo foi encaminhado à Central porque havia uma questão relativa à visitação: as três filhas se recusavam a se encontrar com o pai.

Nessa época, fazia quase dois anos da separação entre o pai (Y) e a mãe (X). Foram quase dez anos de convivência sob o mesmo teto, em meio a períodos de conflitos aguerridos relacionados principalmente a supostas relações extraconjugais de Y. Foi X quem sofreu mais com a separação, pois não a desejava. Ela se tornara, na época, a parte mais fragilizada daquela família. Contudo, manteve-se trabalhando e servindo de suporte para as filhas, que com ela permaneceram quando o pai deixou o lar.

As três meninas, duas delas já adolescentes à época, não conseguiam explicar o "medo" que sentiam do pai, um receio obscuro que elas não sabiam em que se fundamentava. A mãe dizia, e isso elas sabiam, considerar que o pai não se responsabilizaria pelas meninas como ela entendia ser adequado. Ele seria desatento e poderia até mesmo ser negligente. Porém, ela também não sustentava seus argumentos muito bem.

Para completar esse quadro, o pai tomava uma atitude ríspida com as meninas quando se sentia provocado pelo fato de elas se recusarem a acompanhá-lo. Nestes momentos, Y "exigia o seu direito" de se encontrar com as filhas, como se tal direito tornasse a companhia delas obrigatória de fato, e acusava a mãe de manipular as meninas.

---

[108] Cf. Capítulo 2.

De fato, X era procurada por Y para tratar do tema da convivência e ela transmitia o que as filhas diziam, ou seja, a recusa das meninas em acompanhá-lo. Então, ocorriam as discussões e os impropérios. Isso só complicava o problema familiar.

Havia alguns pontos na trama familiar que pareciam favoráveis à manutenção do relacionamento entre pai e filhas. Um deles era o fato de as filhas perceberem no pai o interesse que ele mantinha por elas. Não havia na história entre eles pontos de discórdia acentuados, nem de mágoas ou ressentimentos intensos. As meninas assumiam, é certo, a dor materna supostamente causada pelo pai, porém isto não era suficiente para afastá-los totalmente. Outro ponto importante era o fato de que elas mantinham um bom relacionamento com a nova esposa do pai e constituíram um vínculo de afeição com o novo irmão, um bebê de poucos meses de vida.

Um primeiro relatório, quase quatro meses após a primeira entrevista e cujo conteúdo foi comunicado anteriormente às partes processuais, indicou aos operadores do direito que não havia impedimentos aos pernoites, que X demonstrava uma insegurança talvez exagerada e que o relacionamento entre pai e filhas poderia modificar-se no sentido de uma reaproximação.

Dois meses depois, a família compareceu à Central. O juiz havia determinado que as meninas pernoitassem com o pai e que fossem entregues a ele nas dependências do Fórum, frente a um psicólogo da Central. O pai recebeu as filhas e elas o acompanharam um pouco apreensivas, mas sem sobressaltos.

Quando retomamos o trabalho com o processo, no intuito de acompanhar os encontros que haviam começado, escutamos novamente as meninas dizerem que preferiam não ir aos encontros e o pai mais uma vez "exigir" seu direito de tê-las em sua companhia. Elas também reclamavam de desencontros nos agendamentos que o pai teria feito. De fato, o pai trabalhava em escalas de revezamento que, algumas vezes, mudavam. Contudo, não se justificava ele não ter pelo menos avisado as filhas de que não iria encontrá-las.

No momento em que as meninas repetiam a mesma atitude anterior, X relata em uma entrevista duas cenas que pareciam compor o pano de fundo dos "medos". A primeira relativa à sua adolescência, em que um parente mais velho, que deveria cuidar dela, teria tentado molestá-la sexualmente. A segunda relativa a uma revelação feita por Y enquanto ainda estavam juntos e que dizia respeito à fantasia de um desejo sexual incestuoso. Esta segunda cena era, de alguma forma, vinculada por X a certos "comportamentos sexuais" de Y. Interessante que X se dizia uma mulher muito "reservada sexualmente". Ela teve sua primeira experiência sexual tardiamente e justamente com Y, a quem se vinculou intensamente. Desde a separação, ela não havia tentado nenhum outro relacionamento amoroso e se mantinha dedicada às filhas.

Tanto a lembrança das cenas quanto a sua vinculação com sua vida sexual surgiram no contexto da relação transferencial que pôde ser estabelecida ali. O medo do homem no pai era transmitido às filhas, que não sabiam do que tinham medo. Isso foi pontuado para X. A partir desse momento, ela se desloca na cena entre o pai e as filhas. X diz que dali em diante serão as meninas que decidirão sobre a convivência com o pai e diz isso a ele. Ela não se intrometeria novamente.

A estratégia que surge, então, é a de promover um encontro entre pai e filhas na Central. Havia detalhes sobre alguns incômodos das filhas durante os encontros que, apesar de dito por elas, não era escutado por esse pai, que sempre interpretava a fala delas como representando a vontade da mãe. Isso não era de todo incorreto, porém desconsiderava a palavra das filhas, como se esta palavra não tivesse valor próprio. Tanto o pai quanto elas aceitaram a proposta e o encontro aconteceu. Nele, o pai e as filhas explicitaram algumas queixas: desconforto na casa do pai, má resposta das filhas, solidão da mãe, ameaças do pai.... Intervim poucas vezes, principalmente quando foram retomadas posições litigiosas que compuseram o início da trama que eu acompanhava ou os argumentos que as sustentavam: "as visitas são obrigatórias" – o que é diferente de serem desejadas; "a mãe nunca nos impediu" – mas reconheceu que criou obstáculos; "viajar nas férias? Nós não queremos" – porque não querem se afastar da mãe. No fim do encontro, o período de férias permaneceu como impasse. Propus que continuassem os encontros e que pudéssemos falar das férias dentro de alguns meses.

Em um segundo relatório enviado pouco depois desse encontro, informamos o que foi decidido pelo pai e suas filhas. Sugeri que o processo retornasse depois de alguns meses.

Quando retomamos o processo, escutamos ainda algumas queixas das meninas: o pai ainda não as escutava como elas gostariam. Os pernoites aconteceram, apesar de que houve mais uma vez ocasião em que ele agendou e não compareceu ao encontro. Elas ainda se recusavam a acompanhá-lo nas férias, o que o fez ter a reação típica de ameaçar "não se importar mais". Contudo, elas sabiam, ele sempre voltava a procurá-las.

Intervim com o pai sobre esses pontos. Ele assentiu e afirmou que iria "negociar" os pernoites e as férias. Tal significante, surgido naquele momento, parecia indicar a possibilidade de ele, finalmente, escutar um pouco mais as filhas.

No último relatório, informamos que não havia impedimentos à determinação judicial da permanência das meninas com o pai no período de férias escolares. Contudo, elas ainda se mostravam reticentes, mas o pai havia se disposto a não mais obrigá-las. Isto pareceu instituir novamente uma relação de confiança entre eles. Sugerimos que o processo retornasse caso o juiz considerasse necessário acompanhar ainda um tempo a mais, mas o processo não voltou. Ao todo, acompanhamos o caso por, aproximadamente, um ano e meio.

Cerca de dois anos e meio depois, voltamos a fazer contato para ter notícias dos acontecimentos. Em termos das convivência, pouca coisa havia mudado: as meninas pernoitavam pouco na casa do pai e ainda não haviam viajado com ele em férias escolares. Em alguma ocasião, na qual elas repetiram a negativa, novamente o pai esbravejou e se afastou... por pouco tempo. A primeira filha fazia um curso profissionalizante indicado por ele. A segunda e a terceira haviam feito pequenos cursos também por indicação do pai.

Dessa forma, em termos objetivos, quer dizer, relativos às convivência e às férias, pouca coisa mudou. A mudança na relação, entretanto, era significativa: depois de a mãe sair de cena, as filhas puderam se haver com o pai que tinham. Não foi uma saída, na verdade foi um deslocamento importante. A mãe permaneceu como a principal referência para as filhas, mas saiu de cena para que elas se houvessem com o pai que tinham. X havia, inclusive, tentado um novo relacionamento. De certa forma, as meninas ainda compartilhavam com a mãe a dor do abandono, uma dor que localizava o homem no pai, o homem que ele foi para a mãe. Porém, agora, um homem no limite necessário para se constituir pai.

2º. Caso: O abuso sexual como meia-verdade

Um dos processos que mais comove os trabalhadores do judiciário é aquele no qual o tema do abuso sexual de crianças e adolescentes está presente. Não somente porque tem crescido o número desses casos, como também pelo fato de que tal tipo de transgressão da lei repercute profundamente na subjetividade dos envolvidos e daqueles que os cercam, despertando muitas fantasias e angústias. Submeter alguém ao ato sexual pela força, principalmente crianças e idosos, é fantasia comum e, talvez por isso, seja percebida sempre como um tipo de rompimento com a lei da qual parecem discordar até mesmo aqueles que assumem a opção da transgressão legal como forma de vida. É sabido que estupradores são, muitas vezes, estuprados nas cadeias e penitenciárias. É como se a transgressão que aquele indivíduo executou abrisse seu corpo à mesma transgressão.

Em meio aos processos que circulam nas Varas de Família, também existem aqueles que levantam suspeitas acerca do abuso sexual ou que estão diretamente relacionados à questão. O que queremos destacar com o trabalho sobre esse caso é o uso desse tipo de argumento nos processos para fins que não se relacionam necessariamente com o acontecimento do abuso sexual propriamente dito, quer dizer, com o abuso como fato objetivo da forma como o direito procura reconhecê-lo.

A simples suspeita da ocorrência de abuso sexual incita o juiz a determinar o afastamento entre o suposto abusador e a criança ou adolescente envolvidos na história. A atitude judicial corresponde à perspectiva de proteção própria a esses sujeitos jurídicos e é coerente com os princípios do Direito. Nos casos em que o abuso é fato constatado, nos critérios que o identificam na investigação policial, e o abusador é afastado da criança, em geral o efeito psíquico inicial é positivo, pois a criança é retirada da situação em que era submetida ao gozo sexual de um outro que sobre ela exerce um poder arbitrário. Nem sempre, porém, o preço a pagar é baixo.

Em um processo cujo abuso era fato, a filha havia vivido com o pai até os cinco anos de idade. Nessa época, a mãe propõe levá-la consigo para viverem juntas e isso é acordado entre ela e o pai da criança. Aos nove anos, a filha conta das carícias que o padrasto teria feito, a mãe acredita, mas não se separa do companheiro. O pai e a avó paterna buscam o Conselho Tutelar e conseguem que a criança retorne ao seu convívio. A mãe queria que ela voltasse, mas a menina se recusou em função do companheiro da mãe que lá permanecia. Depois disso, a mãe se afastou completamente da filha, que se ressentia profundamente disso, mas sustentava sua posição. Neste Estudo, a mãe se recusou a participar das entrevistas. Uma questão que por vezes emerge nesses casos, para a criança ou adolescente envolvido, versa sobre o desejo da mãe: ela "prefere" o seu homem ao filho. Esta marca, vinculada ao discurso imperativo sobre a maternidade e que cria sobre a mãe uma demanda específica, geralmente é vivida com um sofrimento marcante.

O que é interessante investigar é como ou porque algumas mulheres se escandalizam com isso, muitas vezes criando histórias ou sendo tomadas por cenas que encontram respaldo somente em suas próprias fantasias, enquanto outras convivem com fatos dessa natureza sem se afastarem dos companheiros ou maridos. O que, no desejo feminino, torna esses homens ameaçadores ou vítimas, perigosos ou sedutores?

Por outro lado, ocorre que, muitas vezes, o argumento de abuso sexual é utilizado para afastar legalmente o genitor acusado de seu filho ou filha, mas o seu verdadeiro fundamento é outro.

No caso que utilizamos como exemplo, o processo chega à Central de Serviço Social e Psicologia do Fórum Lafayette encaminhado pela Vara Criminal, sendo que havia um outro processo, no qual o pai demandava regulamentação de convivência, em trâmite em uma das Varas de Família. O processo que nos chega refere-se à acusação de atentado violento ao pudor, um dos casos que podemos incluir na categoria de abuso sexual.

A história que surge durante a realização do Estudo Psicológico é a de que Mateus e Vânia se separaram depois de uma convivência de alguns anos. Ela já tinha uma filha de seu primeiro relacionamento e teve uma segunda com Mateus, a pequena Júlia. A separação foi iniciativa dele, mas ocorreu de forma tumultuada porque Vânia o acusava de infidelidade. Apesar disso, durante cerca de um ano, os encontros entre pai e filha ocorreram, mesmo com algumas dificuldades promovidas por

Vânia com argumentos relativos a horários e à questão não resolvida entre eles sobre o valor da pensão alimentícia.

Ocorre que Mateus inicia novo relacionamento amoroso e apresenta a namorada, Sílvia, para a filha e as duas se dão muito bem. Pouco tempo depois, Mateus passa a viver com ela e continua tendo seus encontros com Júlia, agora com a participação mais efetiva de sua nova mulher, grávida de um menino. É interessante observar que Sílvia era apontada por Vânia como pivô de sua separação. Nesse meio tempo, Mateus havia conseguido a regulamentação de suas convivências com a filha no processo que tramitava na Vara de Família.

Em um dos encontros de Júlia com seu pai, ela retorna para a casa da mãe com uma pequena mancha arroxeada próximo das nádegas. Os familiares de Vânia se assustam com o episódio porque, poucos dias antes, Júlia havia pedido, segundo os avós maternos, para o avô fazer com ela o mesmo que o pai: "morder a bundinha e a pererequinha". Correlacionando os dois eventos, os familiares resolvem submeter a criança, à época com 4 anos e 8 meses, ao exame de "corpo de delito" junto ao Instituto Médico Legal. O exame de lesões corporais constata a mancha e afirma ser o resultado de contato com um "instrumento contundente". Um mês depois, a criança é interrogada na Delegacia Especializada de Crimes contra a Mulher e repete exatamente o que foi dito por seus avós. Estes fatos fazem com que a mãe denuncie o caso e proponha ação cautelar para interromper os encontros do pai com a filha. A autorização judicial para visitar a filha que o pai havia conseguido foi suspensa quando o juiz tomou conhecimento do processo na Vara Criminal.

Assim, foi composta a cena jurídica na qual a filha, que vivia com a mãe, encontrava-se impedida de estar com o pai em função da acusação (ou da suspeita) de abuso sexual, o que implicava o risco de continuar a ser submetida a tal abuso. É de se registrar que os argumentos que sustentam a versão do possível abuso sexual são frágeis, porém não há como desconsiderá-los no âmbito do discurso jurídico de proteção à criança. A mãe mantinha o argumento do risco, ao pai restava se defender. Por isso, a situação de afastamento legal e factual entre pai e filha perdurou muitos meses, até que o processo chegou à Central. A demanda jurídico-institucional foi a da realização de avaliação psicológica da criança, suposta vítima do abuso.

Com o desenrolar das entrevistas, configura-se uma nova cena familiar. A sustentação do discurso de Vânia perdeu consistência progressivamente. Em torno do núcleo que poderíamos chamar de abuso sexual, gravitavam significantes que permitiram deslocar o centro, retornando a questão à própria mãe.

O discurso de Vânia localiza Mateus como um marido que se distanciou dela aos poucos e que teria sido muito "insensível" na fase final do relacionamento, chegando a ser infiel sem procurar esconder o fato. Ele também teria sido agressivo com sua primeira filha, tendo exagerado nas correções e censuras algumas vezes, o que deixou na criança, já adolescente na época em que participou das entrevistas na Central, impressões pouco amistosas do ex-padrasto. Contudo, ainda não era fácil para Vânia suportar o novo relacionamento dele, pois ela ainda não havia desfeito sua demanda de amor dirigida a Mateus.

Vânia também se refere a algumas brincadeiras que Mateus tinha o hábito de fazer com Júlia e que ela não aprovava, mas também não se opunha quando viviam juntos, pois considerava que seu incômodo com as tais brincadeiras referia-se à sua própria história com seus pais, sempre muito distantes fisicamente. As brincadeiras envolviam contato físico e, para ela, tinham, em algumas situações, conotações sexuais: pequenas mordidas, beijos no corpo, etc. Além disso, Vânia sentia-se culpada por ter exposto a primeira filha à agressividade de Mateus em nome de sua paixão, investimento libidinal que se mostrou fracassado depois. A mesma culpa servia a ela para justificar um imaginário futuro em que teria, em nome da paixão cujo término ainda não admitia, exposto sua segunda filha a uma situação de abuso sexual.

Mateus, por seu lado, vem para as entrevistas numa posição defensiva. Afinal, ele estava sendo acusado de molestar a filha ou, pelo menos, de tentar fazê-lo. Seu discurso recupera a face mais amistosa do relacionamento com Vânia, mas traz sempre patente o rancor pelas acusações, de acordo com ele, infundadas. Sua atual mulher não acrescenta nada significativo à história, exceto o fato de relacionar sua presença mais efetiva na vida de Júlia ao início dos problemas com Vânia, o que é bastante comum.

Júlia se apresentava uma criança na qual nada se destaca que pareça se referir ao problema do abuso. Na primeira entrevista, traz um discurso pronto, mas do qual se recusa a falar espontaneamente, como se esperasse que fossem feitas algumas perguntas típicas. A mãe havia lhe dito que ela iria conversar com psicólogos que gostariam de ouvir "aquela historinha" que ela já havia contado antes. Porém, na entrevista, Júlia fala de várias coisas, mas sempre dá a entender que tem algo a dizer e que espera uma pergunta. Como a pergunta não é feita, ela não fala. Quando se fala no nome do pai, próximo ao final da entrevista, ela desvia o assunto. Também na escola nada havia que indicasse qualquer problema com Júlia. Seu desenvolvimento cognitivo seguia o esperado e ela se relacionava normalmente com professores e colegas de turma.

A questão principal nesse caso reaparece quando Vânia, numa das últimas entrevistas, volta ao tema das brincadeiras do pai com a filha. Ela diz que, no tempo em que estava vivendo com Mateus, via com incômodo tais brincadeiras, mas depois que ele estabeleceu novo relacionamento, encarou como prejudicial e suspeito o fato de que sua nova mulher não se incomodasse com as brincadeiras e, inclusive, participasse delas. Este foi o ponto principal, o material psíquico que desencadeou a questão: outra mulher assumiu seu lugar e, além disso, lidava com o vínculo paterno-filial e a sexualidade aí presente de maneira distinta da sua. Mateus passa a ocupar, explicitamente a partir de então, o lugar de pai sexualizado, o que pareceu invocar a vivência edípica de Vânia e o tornou ameaçador para a filha, com quem, afinal, ela se identificava. Concomitantemente, é possível compreender Mateus como objeto de desejo de Vânia, objeto que naquele momento é preciso degradar e ferir, já que não é possível ter. Modificando-se qualitativamente o afeto, de amor para ódio ou medo, mantinha-se a relação erótica pulsional.

Assim, o afastamento entre pai e filha demandado judicialmente por Vânia respondia a vários determinantes: atingia agressivamente o objeto de amor de Vânia, mantendo-o vinculado a ela e afastando-a do reconhecimento de seu desejo com relação a este objeto e, na outra cena, servia como desvio de (e resposta a) suas próprias questões edípicas, entre elas sua culpa em relação a um desejo incestuoso próprio à estruturação edípica.

Inicialmente, o abuso era fato para Vânia. Com as entrevistas e as pontuações acerca de sua demanda de amor a Mateus e ao pai, ela deu-se conta do lugar em que colocava a filha em meio a esta demanda. Daí, então, a certeza inicial sobre o risco a que a criança poderia estar submetida cedeu lugar a uma dúvida sobre seu desejo. Afinal, a pequena mancha arroxeada poderia ter sido causada por vários outros motivos e, além do mais, nem se tinha certeza se tal mancha não existia quando Júlia foi encontrar-se com o pai naquele dia. Quanto ao discurso sexualizado de Júlia com os avós, ele parecia relacionar-se mais a comportamentos comuns às crianças, mas que não deixa de causar perplexidade aos adultos: a sexualidade infantil e suas manifestações. No caso, serviu como ponto de apoio para a resposta sintomática de Vânia, concretizada como processo judicial no âmbito jurídico, porque se relacionava justamente às relações eróticas de uma criança com seus pais.

Nesse caso, o discurso materno se organizava em torno de uma identificação com a filha e de uma dificuldade de lidar com o amor incestuoso anunciado neste lugar. Este sim, um amor de abuso que o Édipo procura estruturar. O acontecimento que desencadeou a necessidade da construção de um sentido cuja resposta é o discurso sobre o abuso sexual de Mateus, dá-se quando Júlia, com quem a mãe se identifica, anunciou seu desejo pelo próprio pai de Vânia. Como tal desejo é inadmissível, Vânia localizou a ameaça no outro. A mancha arroxeada marcou o desejo do Outro no ponto em que ele pode extrapolar o registro fálico e transbordar num gozo com o qual Vânia não conseguia lidar: o lugar de objeto em que tinha se transformado para Mateus, segundo sua própria visada.

Talvez não seja exagerado afirmar que esta cena remete àquela em que Vânia se viu demandando do pai algo que deve ser negado na estrutura mesma do paradoxo de que é a negativa do pai em atender à demanda da filha que marca e constitui, para uma mulher, o amor paterno. Nesse sentido, é possível entender que, caso Vânia obtivesse sucesso em sua demanda jurídica, as questões sobre o amor tenderiam a se calar ou, quem sabe, a falar tão alto que desandassem nas modernas depressões. Ao procurar escutar a verdade que o sujeito pode dizer, devolveu-se a Vânia um primeiro "não", quando recusamos acatar sua demanda. Nesse caso, isso teve efeitos interessantes.

Júlia, quando retorna para mais uma entrevista, demonstra estar sentindo falta do contato com o pai e com sua nova companheira, com quem mantinha relacionamento agradável. Isso é transmitido para Vânia nas entrevistas seguintes e coincidiu com um momento em que ela começava a modificar sua questão a partir das intervenções nos pontos relativos à articulação entre sua demanda de amor, sua relação com seus pais e a outra mulher. Ao assentir sobre sua própria questão, Vânia recuperou a diferença entre ela e sua filha.

Ao final do trabalho, recomendou-se a Vânia que buscasse por atendimento especializado, pois, como ficou claro, o rompimento da relação com Mateus ainda provocava nela questões com as quais ela tinha muita dificuldade para lidar. O relatório final enfatizou a situação da criança, registrando sua vontade de se encontrar com o pai, mas não deixou de mencionar as dificuldades da mãe de maneira bastante genérica, de forma a não expô-la em questões que devem ser trabalhadas no âmbito do atendimento individual. Registrou-se que nada havia que impedisse os encontros entre pai e filha.

Quase um ano depois do encerramento do caso no serviço de Psicologia, quando já estava findo o processo criminal, o processo de regulamentação de convivência, retomado pelo pai, é enviado para Estudo Técnico. Novamente, convocamos os envolvidos, mas a situação era outra. Júlia encontrava-se com o pai regularmente e havia, inclusive, algumas flexibilizações de horário e de dias de visita quando coincidiam aniversários e outros eventos familiares. Vânia ainda não permitia o pernoite da filha na casa paterna, entretanto Mateus procurava não confrontá-la e, aos poucos, pensava convencê-la desta possibilidade. Cabe ressaltar que a postura de Mateus foi, desde o início, contra a manutenção do litígio e isto foi fundamental para o bom andamento do caso. Algumas pessoas, no lugar de Mateus, quer dizer, do moralmente ofendido, não hesitariam em mover processos de calúnia e difamação contra o agressor. Como dito antes, isso serve muitas vezes para manter o vínculo erótico pela dor, não mais pelo prazer.

O curioso dessa nova abordagem do caso se dá quando, em entrevista, perguntamos a Vânia sobre o pernoite da filha com o pai. Vânia, neste momento vivenciando um período de realização profissional e com o início de um novo relacionamento amoroso, responde que ela "ainda estava insegura". Tal insegurança se baseava, segundo ela, no fato de que a filha "não estava acostumada" a pernoitar na casa paterna e poderia sentir falta dos avós maternos durante a noite, já que depois da separação, mãe e filha residiam com eles. Era, na verdade, uma insegurança inconsistente em seu próprio discurso que admitia, por exemplo, que a criança pudesse passar parte das férias escolares com o pai. Nas entrevistas, aparece a informação de que, no fim do ano, época em que o processo criminal estava sendo encerrado, Vânia tomou a iniciativa de chamar Mateus para assistir à formatura da filha na pré-escola. Ele foi e lá eles retomaram o diálogo e estabeleceram de novo os contatos entre pai e filha independentemente da decisão judicial naquele processo na Vara de Família no qual agora estávamos trabalhando.

Nada mais é mencionado com relação ao suposto abuso sexual. Vânia se apresentava diferente também. Antes se mostrava uma mulher descuidada consigo mesma, como se quisesse ser amada porque vítima, agora podia se arriscar de novo como mulher. Lidar com o registro da paternidade recuperando o pai que Mateus representava para Júlia parece ter significado, para Vânia naquele momento, a recuperação de sua possibilidade para amar.

Júlia estava mais tranquila. Ela agora se encontrava com o pai regularmente. Curioso citar os desenhos que ela fez ao longo desse tempo. O primeiro deles, quando esteve na Central pela primeira vez, fez espontaneamente. Uma paisagem na qual se destacava um coração. O segundo, feito a nosso pedido, foi o da irmã, sozinha, no canto inferior da folha. Nada disse de nenhum deles. O terceiro, três meses depois do início do caso e quando nosso trabalho caminhava para o fim, também era uma paisagem com duas árvores, mas nela estavam três mulheres: ela, a irmã e a mãe. Naquele instante era instigante tentar entender no lugar de quem estariam aquelas duas árvores. O último desenho, um ano depois, só tinha pessoas: todos os integrantes de sua família, até o meio-irmão por parte de pai. Deslocada do lugar de resposta à demanda de amor da mãe na relação com o pai e com o homem, ela podia tentar encontrar seu próprio lugar junto ao pai.

4.2.3 – O casal como Um

Quando as palavras e os corpos se tocam, o encontro cria a demanda de fazer existir a relação sexual, de fazer consistir a complementaridade idealizada no discurso romântico. A diferença entre as fantasias, porém, marcará o mal-entendido desse encontro e as demandas se mostrarão inconciliáveis. Como disse Manuel Bandeira: "Os corpos se entendem, mas as almas não"[109].

O caso a seguir reúne muito do que foi dito até aqui: a submissão de cada um à fantasia do outro, o filho como objeto elo do casal e a cena jurídica interminável velando a fantasia do UM. Ele foi acompanhado durante muito tempo em idas e vindas dos processos judiciais. A relação transferencial estabelecida nesse caso permitiu intervenções e desdobramentos interessantes.

O casal se afastou quando a criança tinha pouco mais de um ano de vida. A menina nascera em meio a duas famílias bastante diversas. Antes de conhecer X, a mãe da criança, Y era viúvo após dezoito anos de um casamento no qual teve quatro filhos: três homens e uma mulher, que assumiu a casa e os cuidados com os homens que nela habitavam. X também já tinha dois filhos, de relacionamentos distintos, e havia se separado do pai da última filha. Juntos, X e Y viveram um tórrido romance no qual o prazer sexual destacou-se como algo intenso e muito vinculante. As fantasias que se realizavam e o gozo fálico ali experimentado bordejavam e velavam um mais-além que as aventuras sexuais, a agressividade e as demandas desmedidas anunciavam durante todo o relacionamento, até que X se afastou.

O processo que chega à Central era de uma ação cautelar. Na verdade, havia três ações que corriam juntas: uma ação cautelar, na qual a mãe pedia a suspensão dos encontros entre pai e filha sob a acusação de que a filha deles havia sofrido abuso sexual por parte de um dos filhos do primeiro casamento do pai; uma ação de regulamentação de convivência, consequente à ação cautelar; e uma ação de modificação de guarda, movida pelo pai como resposta às acusações da mãe dentro da lógica do jogo jurídico. É importante

---

109 A poesia de Manuel Bandeira se chama "A arte de amar": "Se queres sentir a felicidade de amar, esquece a tua alma / A alma é que estraga o amor / Só em Deus ela pode encontrar satisfação / Não noutra alma / Só em Deus — ou fora do mundo / As almas são incomunicáveis / Deixa o teu corpo entender-se com outro corpo / Porque os corpos se entendem, mas as almas não".

citar também a ação de alimentos, que acompanha todo o processo sem chegar à Central, mas com um papel importante na cena, como veremos adiante. Nessa época, Y já havia se casado novamente com uma mulher também viúva e que possuía dois filhos. Com ela, ele ainda teve mais um. X, por seu lado, havia retomado o relacionamento com o primeiro marido, pai do seu primeiro filho, e compunha novamente família com ele, agora acrescida de mais dois filhos de relacionamentos distintos.

A acusação de abuso sexual surgiu após uma consulta médica da criança na qual a suspeita foi levantada. Havia indícios de abuso que posteriormente foram confirmados, de acordo com a psicanalista que atendeu a criança por algumas vezes no Centro de Saúde. A reação da mãe foi afastá-la do convívio com o suposto abusador. Para o pai da criança, tal acusação era infundada e tinha como objetivo fazê-lo sofrer ao impedir seu contato com a filha. Ele não admitia, em nenhuma hipótese, que seu filho do primeiro casamento pudesse ter cometido algum ato desse tipo com a meia-irmã. Na verdade, nenhum de seus familiares admitia isso.

Após seis meses de entrevistas e acompanhamento do caso, período no qual estivemos também com o suposto abusador e outros familiares importantes no drama narrado, além do contato com a psicanalista que atendeu a criança, chegamos à conclusão de que era importante manter um afastamento entre a criança, que chamaremos de Z, e o meio-irmão acusado, pois ela não conseguia aceitar a convivência com ele, um fato constatado independentemente do fato de o abuso ser verídico ou não. Nesse período, X faz uma proposta: ela deixaria a filha se encontrar com o pai desde que ele não a levasse para sua casa, onde o acusado vivia e, dessa, forma, não pernoitasse com a criança. X mostrava-se sensível ao fato de que a menina sentia muita falta de seu contato com o pai e percebia que ele também se ressentia da distância criada. Y, contudo, não aceita. Ele entendia que se aceitasse isso, estaria aceitando também a verdade da acusação de sua ex-mulher. Ele preferia esperar pela decisão judicial.

Nesse primeiro tempo, sobressaía a acusação do abuso, que encobria outras questões dos ex-parceiros, já vislumbradas em algumas palavras e fotos juntadas aos autos dos processos.

O relatório enviado ao juiz descrevia a situação e indicava a importância de respeitar a vontade de Z de se afastar do meio-irmão. Indicava também a necessidade de atendimento especializado para a criança e para o acusado também. Sugeria-se o retorno para novo acompanhamento.

Um ano e dois meses depois, o processo retorna à Central. Nessa época, a criança era atendida por uma psicóloga havia cerca de seis meses e tal profissional mantinha a impressão da psicanalista citada de que o abuso havia acontecido. Contudo, o quadro familiar observado anteriormente havia sido modificado. O discurso da criança era menos eivado pelo temor de aproximação de seu meio-irmão. O pai parecia aceitar melhor a possibilidade de o abuso ter acontecido, mas continuava a afirmar que ele poderia se responsabilizar pela filha onde quer que ela estivesse e com quem ela estivesse. Do ponto de vista psíquico, o fato de não existir um processo criminal contra o suposto abusador favorecia o entendimento. Em verdade, a situação familiar se arranjou com o tempo, independentemente de o abuso ter acontecido ou não. A marca de uma verdade enunciada permaneceu naquela família, mas o arranjo para lidar com ela tendia a torná-la palatável.

Em meio às entrevistas, a mãe da criança aceita a proposta de que a filha possa estar com o pai, desde que ele a buscasse e devolvesse na casa da avó materna. Neste momento, aparecem as primeiras associações sobre as experiências e sofrimentos vividos no relacionamento, principalmente aquelas que levaram à separação.

O relatório segue dois meses depois registrando a nova proposta criada e negociada por eles mesmos. Nesse tempo, fica claro como ambos interpretam as ações um do outro baseados nos rastros imaginários deixados pela experiência amorosa que tiveram. Porém, permanece a questão: Em torno do quê esses rastros imaginários se articulavam para manter o casal na adversidade e o processo judicial vivo?

Sete meses depois, a realização de um novo Estudo é determinada pelo juiz. Novamente, a situação familiar era outra. A criança convivia com o pai e seus familiares normalmente. Parecia desfrutar muito da permanência na casa do pai e de suas companhias lá. Destacava-se, naquele momento, uma dificuldade de acompanhar os conteúdos escolares. Foi neste período, em que a questão dos encontros da filha com o pai já parecia resolvida juridicamente, pois retomados de uma forma prazerosa e não conflitiva, que X retoma com certa intensidade o tema da pensão alimentícia. Tal questão, uma pendência que não se resolvia desde a separação do casal, veio atrelada a uma revelação feita por X: Y aproveitava os momentos de contato telefônico, ou quando ia buscar a criança, para fazer propostas de encontros com ela. X dizia não suportar mais essas '"conversas". Em meio a isso, Y pede para se encontrar com a filha num dia diferente do previsto legalmente, fato que se tornara corriqueiro entre eles e que era manejado naquele momento sem grandes problemas. Seu argumento era o de que queria a filha participando do casamento de um de seus filhos. X nega, atrelando a flexibilização dos dias marcados para os encontros ao correto pagamento da pensão, inclusive ao pagamento do valor atrasado.

Nesse ponto, pensei ser possível "mediar" a situação e marquei um encontro conjunto, mas Y não compareceu. Afinal, não se tratava exatamente disso. Pouco tempo depois, numa audiência de conciliação com uma duração muito maior que o comum (realizada na Central de Conciliação a partir do processo de alimentos que nunca chegou à Central de Psicologia) eles chegam a um acordo sobre a pensão alimentícia e o valor atrasado a ser pago. X então libera a filha para ir ao casamento de seu meio-irmão.

Nesse período de sete meses, a questão da pensão tomou uma relevância que parecia não possuir antes. Simultaneamente, surge a questão que ainda unia o casal: *O que o outro quer de mim?* Ele acenava para ela que ainda a desejava sexualmente; ela não o rechaçava, porém também não aceitava os convites, deixando a situação em um mar de névoas. Por outro lado, ela tomava a iniciativa de telefonar e, de uma maneira disfarçada, queixar-se de ter sido somente um objeto sexual para ele, reclamando de não ter desfrutado daquilo que ela julgava ser o que uma esposa desfruta: passeios, fins de semana amenos, etc. O que cada um deles pedia não correspondia àquilo que o outro queria oferecer ou, o que tem o mesmo efeito, o que cada um oferecia era interpretado pelo outro como diferente daquilo que era pedido. Não saber disso mantinha o casal, cada parceiro, no lugar em que foi capturado na fantasia do outro.

Esse jogo de sedução só era explicitado em alguns momentos, em alguns atos. Quando a esposa de Y vai buscar a criança para que ela participe do casamento de seu meio-irmão, ela escuta de X o relato das insinuações de Y. Isto teve como efeito o afastamento de Y e sua esposa. Separação momentânea, pois Y contorna a questão. Porém, ele deixa de buscar a filha e passam-se mais seis meses sem que pai e filha se encontrem após o incidente. Y considerava que afastar-se de X era necessário para a estabilidade de seu casamento. Entretanto, afastar-se de X era afastar-se de sua filha também.

Após seis meses, retomo o processo a pedido da mãe da criança. Ela dizia que a filha estava agitada, quebrava coisas, tratava mal seus brinquedos e estava sob acompanhamento médico. Ela iniciara, inclusive, o uso de medicamentos psiquiátricos. X me pediu que fizesse um contato com o pai e lhe falasse do estado da filha, pois a ela ele não atendia mais. Quando telefonei para o pai descrevendo o estado da filha, ele rapidamente a buscou.

A questão que se colocou nesse momento é a da função que corríamos o risco de ocupar caso atendêssemos a estas demandas, sem manejo: a de fazer existir a relação sexual para ela. Atendemos em parte para desmontar a situação imaginária na qual ela jogava a filha e isto funcionou.

Os encontros entre pai e filha voltam a acontecer e a menina começa a imaginar os pais juntos novamente, coisa que é comum às crianças, mas que, nesse caso, servia também à mãe em sua fantasia. Tal desejo era sempre negado pelos seus pais das mais variadas formas. Numa entrevista, Z afirma que o pai teria dito a ela que quando ela tivesse doze anos, ela decidiria com quem iria morar. Ela tinha nove anos nessa época. Era evidente que ela havia ficado ansiosa com a informação, não porque queria ir residir com o pai, mas porque teria de decidir. Intervenho dizendo que isso aconteceria aos dezoito anos, segundo a lei. Ela fica aliviada e diz: "Ah! Até lá vou esquecer disto...". Frase de duplo sentido: esquecer até os dezoito anos ou já ter esquecido aos dezoito anos. Por outro lado, o desejo de Z de ver os pais juntos era fruto da própria fantasia deles que ela representava.

Porém, os problemas conjugais de Y continuaram quando X telefonou novamente para sua casa para cobrar a pensão alimentícia e a esposa de Y interpretou a ligação como tentativa de sedução. Mal sabia ela que o marido era conivente com isso. Dois meses depois, a filha mais velha dele leva a criança após uma visita e a deixa com o padrasto, pois a mãe não estava em casa no momento. Foram mais 45 dias sem contato entre pai e filha e a justificativa de Y foi a de que não queria ser "mal interpretado" novamente se telefonasse para X.

Ora, X e Y mantinham um vínculo erótico em um jogo de sedução e fuga em meio ao qual a menina, independentemente do desejo de cada um deles por ela, servia como elo, como objeto-suporte de uma repetição do casal. X e Y gozavam em sua fantasia, usando a filha como argumento.

Quando questionamos com Y os argumentos fictícios do afastamento entre pai e filha, ele novamente retoma os encontros. O relatório, sete meses depois da retomada do processo, procurava indicar que a discórdia entre Y e X se refletiria sempre no afastamento entre pai e filha. Clinicamente, tal discórdia era na verdade a cena cuja verdade era o gozo entre os sexos.

Quatro meses depois, em encontro casual em uma agência bancária, X me conta que sua filha está indo aos encontros com o pai e, como sempre, desfruta muito destes momentos. Ela aproveita para dizer que o problema continuava a ser a pensão alimentícia, paga em atraso. O clima familiar parecia menos conflitivo. Nem a mudança de X para uma cidade do interior do Estado para a realização de um tratamento médico especializado junto com a filha interferiu demasiadamente nos encontros entre pai e filha, pois tendo informação sobre a mudança temporária de X, Y decidiu buscar a filha assim mesmo. A frequência dos encontros diminuiu, mas Z continuou se encontrando com seu pai.

Cerca de nove meses depois da mudança, X me procura no Fórum para dizer que a rotina voltara ao normal. A filha se encontrava com o pai frequentemente e voltava sempre "muito bem". Já o problema da pensão permanecia, mas ela havia decidido não procurá-lo mais por este motivo, e acrescentou "para o bem da criança".

Esse caso teve alguns pontos muito importantes. Um deles é o longo período de acompanhamento da questão: entre a primeira entrevista e o último contato passaram-se quase cinco anos e meio.

Outro ponto é que, desde as primeiras entrevistas, houve um deslocamento da posição pericial. É evidente que, enquanto durou a questão do abuso sexual, algo sobre uma verdade factual permaneceu em relevo. Contudo, mesmo nesse período, não se tratava de encontrar um culpado pelo acontecido, postura compreendida pelos envolvidos no processo. Se algo de um saber e de um não querer saber emergiam ali, do ponto de vista do psicanalista, a questão era colher seus efeitos de verdade, ou seja, feita a acusação, o mais importante no caso era acompanhar os seus efeitos e desdobramentos na trama familiar.

O deslocamento da posição pericial fez com que X buscasse o psicanalista algumas vezes, demandando orientações sobre como lidar com a filha em certos períodos. Outras vezes, buscando manter seu sintoma relacionado à questão de como ser mulher. Mas é justamente aí o ponto de intervenção. Sob a transferência estabelecida, foi possível fazer semblante de um saber que não existia e manter em aberto a questão do desejo: Afinal, do quê não se abre mão?

Tal questão não se resolveria com o pagamento da pensão alimentícia. Houve certo tempo em que Y começou a pagar regularmente e X, então, resolveu cobrar o valor em atraso. O que eles discutiam quando discutiam o pagamento da pensão? Afinal, uma audiência de mais de três horas de duração na Central de Conciliação, como citado anteriormente, mobilizando conciliadores, psicólogos e assistentes sociais, tem de ser suportada por outra questão, mais densa, mais obscura, menos possível de conciliar.

O que esse caso demonstra, do ponto de vista da Psicanálise, é que não há como conciliar o sujeito, pois ele surge da divisão. Conciliam-se uns com os outros, os "eus" até se entendem, mas os sujeitos não, pois o que eles visam é ao objeto.

A pergunta que se pode fazer é: Por que sustentar essa posição? Nesse caso, porque havia a possibilidade de intervir na situação de sofrimento que se apresentava, principalmente para a criança envolvida. Como elo para a fantasia dos seus pais, a menina servia como justificativa para o jogo do casal, independentemente do afeto que cada um deles nutria por ela. Tentar que essa criança tivesse a chance de conviver melhor com quem ela ama era o que a situação sinalizava ser possível. Quando Z estava com cada um deles, quando ela era um significante de paternidade ou de maternidade, ela experimentava a convivência familiar prazerosa. Quando ela era o significante da relação entre eles, ela representava a impossibilidade e a insatisfação.

É evidente que um atendimento analítico de X ou de Y provavelmente facilitaria o desenlace dos nós conjugais, porém nem ele nem ela aceitavam o encaminhamento para atendimento individual. Ela produzia desculpas variadas; ele era rude o bastante para nem considerar tal possibilidade, em função de seus valores pessoais. Assim, presos na fantasia do casal e em seus sintomas, restou procurar minimamente pela possibilidade de intervir no jogo sintomático para deixar à filha, fruto desse encontro, um lugar menos pesado.

4.3 – Encontros e desencontros entre pais e filhos

4.3.1 – Ideal e Ser: a maestria das imagens e dos significantes

Trataremos do tema do ideal sustentado nas elaborações de Lacan sobre a diferença entre Eu-ideal e Ideal-do-eu, termos que Freud não separou totalmente e que Lacan articulou à constituição do sujeito do desejo.

Como vimos no Capítulo 2, o sujeito se constitui pelos significantes que vêm do Outro. Estes significantes fornecem os pontos de identificação que permitem a constituição. Na metáfora do espelho, o "eu" se apreende em uma imagem indicada pelo outro que o olha, fala dele e para ele. Este outro humano procura traduzir o grito do bebê em apelo, pois já se encontra imerso no simbólico, onde seu desejo se articula. Isso confere a esse outro o estatuto de Outro para o *infans*, de alteridade absoluta cujo fundamento é a ordem simbólica. Nesse movimento, é o bebê que resta marcado pelos significantes que serviram como resposta ao seu grito transformado em apelo no desejo do Outro. O ponto vazio desse desejo permanecerá como o lugar onde no bebê se constitui o sujeito do desejo como questão, como ausência indicada (guiada) por alguns significantes primordiais. Tais significantes marcam a onipotência da resposta que constituiu o apelo a partir do grito e ficam circunscritas na realidade pelo traço significante (Lacan, 1960/1998), formando a constelação de insígnias que chamamos Ideal-do-eu.

O Ideal-do-eu faz laço com os ideais sociais, com os imperativos que nos guiam na busca de respostas à manutenção do laço social, ao amor, à fuga do desamparo. Imagens e discursos fazem parte do que se constitui como ideal coletivo e, desta forma, como pontos de identificação e alienação do sujeito em cada época e em cada lugar. É a ilusão de Ser, de constituir-se como entidade ou substância nos sentidos de cada época.

Uma noção interessante que pode nos ajudar neste ponto é a de "sujeito sintoma do social", elaborada por Juan Dobón (2001, p. 44). É o sujeito efeito da captura da subjetividade pelas crenças advindas das verdades que emergem dos saberes e discursos que atravessam a vida do indivíduo cidadão em cada momento histórico. É o sujeito em referência aos significantes e sentidos que provém da instância do outro social. Como produção inconsciente, o sintoma, nesse sentido, é função de um enlace do campo do sujeito com a produção de seu saber inconsciente, enlace entre a intimidade do que chama psi com o exterior, estabilizando o laço social do sujeito. Tal sujeito, então, é efeito (efeito sujeito) de uma identificação alienada ao Ideal (como conjunto de significantes que indicam os valores do Outro). Tal identificação faz com que o sujeito congele seu ser nos sentidos de sua época. Para a psicanálise, é com "falsos nomes" produzidos socialmente que cada época procura suturar as incertezas do homem (alienando com falsos nomes ao sujeito da linguagem que habita a cidade). Tal subjetividade se apresenta, assim, como efeito do saber-poder que presenteia com a ilusão de um ser unificado, frente a uma verdade que não é mais que, no dizer de Foucault, o que cada sociedade instaura como "política geral da verdade", ou seja, o conjunto de regras e coerções segundo as quais um enunciado é considerado verdadeiro ou falso.[110].

---

[110] A referência de Dobón é o texto de Foucault "Verdade e Poder": "A verdade é deste mundo; ela é produzida nele graças a múltiplas coerções e nele produz efeitos regulamentados de poder. Cada sociedade tem seu regime de verdade, sua política geral de verdade: isto é, os tipos de discurso que aceitam e fazem funcionar como verdadeiros; os mecanismos e instâncias que permitem distinguir entre sentenças verdadeiras e falsas, os meios pelos quais cada um deles é sancionado; as técnicas e procedimentos valorizados na aquisição da verdade; o *status* daqueles que estão encarregados de dizer o que conta como verdadeiro." (FOUCAULT, 1992, p. 12).

A articulação da cena jurídica em família, mesmo que imbuída de um caráter quase banal pela cotidianidade de seus temas, é complexa, pois se articula com outros discursos e relações de poder na sociedade. A guarda, por exemplo, ainda é prioritariamente concedida à mãe após a separação de um casal, seja porque as mulheres ainda se disponham, desejam ou se obrigam a cuidar de seus filhos, seja porque muitos pais não desejam, não se dispõem, não se obrigam ou não sabem cuidar deles. O cuidado cotidiano com a prole humana ainda é geralmente delegado à mulher, mesmo que hoje saibamos que a relação entre o desejo de maternidade e a criança não é direto nem natural, sendo atravessado por muitos outros fatores que ainda necessitam ser mais bem pesquisados e compreendidos.

O fato é que há um discurso sobre a maternidade que ainda pesa fortemente sobre as mulheres. Não é incomum que mães que delegam os cuidados de seus filhos a outros parentes – avós, tios e tias comumente – não aceitem, ou pelo menos digam não aceitar, "ceder" a guarda desses filhos a estas pessoas em processos judiciais movidos pelos guardiães de fato. Parece que concordar com a mudança de guarda indica para essas mulheres algo de ruim ou mau em seu posicionamento como mãe e, mesmo que não possam ou não tenham interesse em cuidar de seus filhos, elas agem como se necessitassem manter um discurso de que "são mães". A mudança de guarda, juridicamente, não elimina o poder familiar, ou seja, o direito e o dever de acompanhar e auxiliar o desenvolvimento da criança. Porém, mesmo informadas disso, essas mães preferem não concordar com o processo judicial. De certa maneira, algumas podem ter razão quanto às dificuldades advindas da guarda por uma terceira pessoa; afinal, o guardião pode impor determinações sobre a vida da criança independentemente de seus pais. Porém, a maioria parece estar respondendo a um imperativo sobre a maternidade. É perceptível mesmo que algumas precisam sustentar essa negativa mesmo sabendo que não têm chance de conseguir vencer em termos jurídicos. O fantasma da "mãe que abandona" assusta as mulheres e, muitas vezes, surge como queixa e dor no discurso do filho. Este, também, submetido aos imperativos dos ideais sociais que naturalizam as relações e fazem com que o abandono materno seja mais sofrido ou mais vergonhoso que o abandono paterno.

Em um processo em que a avó paterna requeria a guarda de dois dos três filhos de sua nora, filhos estes que viviam com esta avó e eram cuidados por ela, a mãe concorda tacitamente, porém se recusa a ser entrevistada no Fórum, mesmo após várias tentativas de marcação por carta e por telefone. Nesse caso, as condições socioeconômicas não poderiam ser alegadas para estas ausências não justificadas, explicação presente em vários casos, pois essa mãe era uma profissional com nível universitário e trabalhava em um emprego cujo salário era razoável. A questão que parecia tocá-la era ter de assumir perante o outro a sua recusa ao "exercício do papel" de mãe, exercício que nos é marcado como imperativo.

Tal discurso também está presente nos homens. Vários fatores podem estar relacionados a isso, mas é preciso pesquisar e acompanhar as mudanças sociais para se ter uma noção mais clara do fenômeno. Hoje ainda é comum nos casos em que a guarda fica com o pai que ele busque uma mulher para cuidar de seus filhos. Seja uma nova parceira, a irmã ou a mãe. Alguns desses homens, mesmo tendo constituído outra família com uma nova mulher, delegam os filhos às suas próprias mães, que nem sempre os acolhem de bom grado.

Houve um caso no qual o pai, que não havia tido uma vida em comum com a mãe da criança, pleiteava entregar a guarda do filho para a avó materna, sua ex-sogra, em função de comportamentos da mãe da criança que ele considerava impulsivos, o que levaria esta mãe a ser negligente com seu filho. Em realidade, a mãe da criança não se responsabilizava por ela, tinha outros interesses e certa ingenuidade que fazia suspeitar de um pequeno *déficit* intelectual. O pai acertava em não confiar na mãe para cuidar sozinha de um bebê de pouco mais de um ano, porém, curiosamente, entregava a guarda para a avó, que concordava, em vez de assumi-la para si.

Quando conjugamos o peso desse Ideal com a densidade do Ser no amor, relação que está posta na própria constituição do Ideal, percebemos como a demanda que se quer fazer ver e ouvir escamoteia a questão da ausência fundamental do objeto do desejo e aponta para o gozo que resta no pano-de-fundo das relações.

Nos casos a seguir, destacou-se essa dimensão naquilo que diz respeito às imagens e aos discursos sobre pai, mãe, filhos e irmãos.

Significantes pelos quais certa demanda vem se constituir no lugar do desejo que se escamoteia.

Constituir um pai e uma mãe

Dar consistência à existência de um pai ou de uma mãe é uma questão que surge insistentemente na vida de todos. Os laços familiares fornecem em parte esse lugar simbólico e essa consistência imaginária, laços que em nossa cultura são atravessados por crenças e valores como o sangue, a hereditariedade, etc. Contudo, o real insiste em criar as diferenças e, por isso, a questão sobre o que é ser pai ou ser mãe, refletida em qualquer outra relação de amor (ser tia, tio, padrinho, avô...) é sempre respondida pela metade e provisoriamente. Porém, algumas vezes isso toma rumos estranhamente excessivos. Como exemplo, podemos lembrar o fato de que hoje o discurso vigente exige do pai uma atitude menos distante, mais afetiva, mais participativa na vida dos filhos. Tal nova exigência tem merecido pesquisas e na escuta clínica alguns efeitos desta nova demanda ao pai podem ser percebidos. Veremos isso em meio aos casos citados.

Independentemente disso, constituir pai ou mãe reatualiza as questões de cada um com as instâncias e imagens que o constituíram como sujeito.

Houve um casal formado, ainda bastante jovem, que decidiu residir com os pais dela enquanto a gravidez seguia seu rumo, pois ambos eram dependentes economicamente dos próprios pais. Havia, porém, um sentimento de "humilhação" por eles serem sustentados em tudo. Após o nascimento do bebê, o homem se transforma: o pai que surge quer provar que é pai e constituir uma mãe. Ele passa a controlar o bebê e a relação dele com cada um dos membros da família. Impediu, por exemplo, a volta da esposa para a casa da mãe enquanto se recuperava do parto porque "eles já eram uma família". Depois, passou a exigir da esposa atitudes de prontidão e disponibilidade para o bebê que não eram compatíveis com o comum: queria que ela o amamentasse durante toda a noite. Ela tentou corresponder, mas certa noite desmaiou. Outra vez, ele a agrediu porque ela adormeceu amamentando. Além disso, criticava a alimentação preparada por ela e a forma de administrá-la, subestimando sua capacidade para cuidar do filho.

A saída para os conflitos advindos dessa situação foi a separação, quando ele voltou a viver com os próprios pais na cidade natal. Contudo, o casal permanecia. Ele ainda a seduzia e esperava que ela o acompanhasse; ela ainda imaginava uma vida possível junto dele. A família dela, sensibilizada pela distância entre pai e filho, tentou levar a criança para ver o pai na outra cidade. Na primeira vez, ele pediu para ficar mais um pouco e ela, com medo de isso ser utilizado juridicamente como "abandono" em meio à cena do jogo, não permitiu. A polícia foi acionada e o clima familiar ficou ruim. Na segunda vez, ela insistiu para levar o filho, contra a vontade seus pais que ainda estavam marcados pela última experiência, mas desta vez deu tudo certo. O casal se encontrava em um momento de possível entendimento, apesar de planos distintos sobre o futuro.

Em outro caso, muito curioso por algumas de suas características, a intervenção parece ter produzido alguns efeitos. I era um profissional muito bem-sucedido no seu ramo de atuação e, após um casamento do qual nascera um filho, casou-se novamente e gerou uma menina. Dois anos depois da separação de seu segundo casamento, quando a menina já estava com cerca de cinco anos, I começou a se irritar com os obstáculos que J, a mãe da criança, colocava ou criava nos dias e horários dos encontros entre ele e a filha. Rapidamente ele monta um processo judicial para modificar a guarda da filha como resposta a esses obstáculos. É fato que a mãe havia criado alguns obstáculos, porém não da forma ou na intensidade como ele afirmava ter acontecido. O que se destacava nesse caso, contudo, era a insistência com que I queria provar que tentava ser pai e que era impedido por J. I produzia sem cessar vários tipos de "documentos" para provar sua tese. Ele insistia no argumento jurídico de que "contra documentos não há argumentos", porém grande parte dos documentos que ele apresentava nos autos ou levava para as entrevistas, era frágil. Havia algumas coisas por ele chamadas de "documentos" – fotos, reportagens jornalísticas e matérias científicas – cuja interpretação poderia ser a mais ampla possível, mas para ele indicava o caráter da ex-esposa, seus verdadeiros interesses ou a intenção dela de atrapalhá-lo no exercício de sua paternidade. Outros documentos, produzidos por iniciativa sua – telegramas, bilhetes escolares, testemunhas, Boletins de Ocorrência Policial, etc. – também eram tratados por ele como provas concretas de suas teses sobre a dificuldade de se sustentar como pai. Havia até mesmo uma correspondência da escola que tratava do tema da mudança de alunos de sala a cada ano, prática comum em muitas escolas. O objetivo do texto era simplesmente explicar aos pais os motivos desse tipo de "rodízio" e utilizava algumas citações de especialistas para evitar ou diminuir o incômodo de alguns pais e alunos. I destacou no texto algumas frases nas quais ele encontrava a expressão da importância da participação do pai na vida da criança e da capacidade de adaptação a mudanças, argumento para sustentar seu pedido de modificação da guarda da filha.

Tudo que acontecia era transformado por ele em "provas" cujo caráter imaginário sobressaltava. Era preciso sustentar que não era sua culpa se ele não conseguia ser pai como era preciso ser. Essa profusão de "provas" e de "documentos" impingia um tom persecutório ao cotidiano da ex-esposa; afinal, tudo poderia servir para o processo: qualquer coisa feita, omitida ou dita poderia entrar na mesma série. Isso, definitivamente, interferia ainda mais na rotina de encontros entre pai e filha, pois transformava o cotidiano em imagens e significantes de uma questão sobre a paternidade.

Tal articulação sobre a questão da paternidade fazia suspeitar de uma estrutura psicótica em I. Havia outros pequenos indícios que não cabe aqui relatar, porém não é possível afirmar tal diagnóstico. Se havia uma estrutura psicótica, seu laço social estava sustentado até aquele momento na sua carreira exitosa; porém, frente a essa questão, o viés imaginário de suas respostas ao Nome-do-pai sobressaía, ou seja, destacava seu esforço em construir e estrelaçar os significantes na tentativa de dar consistência imaginária ao fracasso da função paterna. A sua crença na importância das "provas" estava além da lógica própria ao discurso jurídico e, por isso, não dependia do assentimento do outro. Poderíamos supor também uma estrutura neurótica cujo discurso obsessivo tenha bordejado a construção imaginária psicótica por fatores a que não tivemos acesso. Nesse caso, estaríamos frente a um sujeito que acreditava piamente na possibilidade de o discurso jurídico assentar a sua paternidade. Havia a história de um filho falecido que tocava especialmente aquilo que ele apresentava como angústia sobre a paternidade: Perder um filho e perder-se como pai?

Independentemente de uma certeza sobre a questão diagnóstica, uma intervenção cessou o movimento de produção de provas. Em uma entrevista, além de mostrar novos "documentos", I relata o último encontro com sua filha e menciona a conversa que tiveram, quando ele diz a ela que tinha se decepcionado novamente com J, porque ela teria dito à filha que o pai não queria encontrá-la em um dia em que ele se atrasou. Mais uma vez, I tentava provar à filha que ele se esforçava por ser pai, mas a ex-mulher tentava impedi-lo. Nesse momento de sua narrativa, ele relatou que a filha teria dito: "Ah, pai, mas eu não acreditei!". Antes que I prosseguisse seu discurso, intervim marcando a fala da filha: Afinal, o que ela estava dizendo ali? Ela dizia que acreditava no pai. I permanece em silêncio por alguns segundos e depois prossegue a narração um pouco mais. Aquela foi a última entrevista. Ele não telefonou mais para o Fórum para nos procurar, como havia feito antes na expectativa de encontrar uma testemunha de seus esforços.

Nos dois meses seguintes a essa entrevista, a situação se modificou. Não marcamos entrevistas, apenas telefonei para J algumas vezes para acompanhar a situação familiar. No último telefonema, ela informa que o clima entre ela e I estava diferente. Ele parara com a produção de provas e eles começaram a flexibilizar alguns horários de encontros entre o pai e a filha, trocando datas em função de eventos familiares, coisa impossível anteriormente. A intervenção sobre a palavra da filha parecia ter lhe assegurado uma possibilidade de ser pai independentemente das provas, pelo menos naquele momento. Ele escutara a filha e, na palavra dela, ele parecia ter encontrado um lugar menos angustiante. Não é possível afirmar que houve uma implicação de I com a questão sobre a paternidade. Porém, algo mudou naquele momento. Talvez possamos dizer que pelo menos houve um desdobramento: a mulher que o impedia de ser pai tornou-se menos persecutória, pois a palavra da filha o reconhecia neste lugar. Afinal, pai e mãe não são substâncias palpáveis. Se eles têm corpos, é a materialidade inconsistente do significante que lhes dá um lugar.

No entanto, a articulação familiar ainda tinha atravessamentos imaginários derivados desse período em que o jogo imaginário passou a organizar aquelas relações. Por um lado, J continuava se resguardando com seus próprios "documentos" em função do que havia acontecido antes, nas muitas vezes em que precisou se defender. Por outro, o primeiro filho de I, que antes vivera uma relação afetiva importante com J durante os anos de união de seu pai, afastara-se dela por interpretar que ela não se importava com ele, a mesma interpretação que ela tinha sóbre o comportamento dele – e, no entanto, ambos sentiam a falta um do outro.

É preciso registrar também que a criança, apesar de toda a confusão dos genitores, estava preservada do conflito em boa medida. O fato de ela estar em atendimento analítico por um consenso dos pais contribuiu muito nesse processo. A psicanalista em questão conseguia manejar a transferência dos pais de forma a não cair em seu jogo imaginário. e isso diminuiu as chances de um acirramento ainda maior durante certo tempo.

De forma diferente, há também aqueles para os quais a resposta sobre o que é ser pai já está dada e é inamovível. Alguns processos de regulamentação de convivência indicam isso claramente.

Para P, o fato de ser o pai biológico de uma criança deveria constituir por si só um estímulo para que o filho quisesse estar com ele. Acrescente-se a isso o seu nível de renda, sua "cultura" e a sua profissão, para ele fontes de certo tipo de sedução. Foi justamente por causa da profissão que ele teve um caso furtivo com Q, seduzida pelo glamour de sua posição. Para ela um namoro, para ele uma transa. Quando ele decide esclarecer isso, ela anuncia a gravidez e acontece o período de ajustamentos familiares, mas eles não se casam. Ambos mantêm atitude amistosa, apesar de pequenos desentendimentos, durante cerca de quatro anos. Dois acontecimentos parecem, então, modificar fortemente o clima familiar: P começa a depositar a pensão alimentícia sem a regularidade anterior e se casa. Q começa a obstar os encontros entre pai e filho com argumentos variados e, de certa forma, fundamentados. O principal era o de que P era inconstante na vida da criança devido à sua profissão e isso fazia a criança se recusar a estar com ele. Ocorre então uma violenta discussão entre os avós paternos da criança e Q. A questão, na verdade, se ligava ao fato de Q dar-se conta do casamento de P e, a partir daí, começar a não aceitar mais alguns fatos produzidos por ele, antes tolerados provavelmente em função de uma expectativa de relacionamento que se materializava nos momentos em que ela insistia para ir junto e, muitas vezes, estar presente nos encontros entre pai e filho, "em função do filho", dizia ela.

Quando começamos a abordar o caso, havia cerca de oito meses que P não se encontrava com o filho (que já tinha cinco anos) e cerca de seis meses que ele havia tentado o último contato telefônico sem sucesso. P considerava "óbvio" que a recusa de seu filho em se encontrar com ele se devia à manipulação intencional de Q e de seus familiares, apesar de reconhecer que a profissão tornava irregular sua disponibilidade de tempo para estar com o filho. As entrevistas com a criança revelaram a forte influência do discurso materno, mas não se podia desconsiderar a postura de P como outro fator determinante das oscilações do infante. O menino, por seu lado, sentia a distância do pai e de alguma forma desejava uma aproximação.

Aproveitando a proximidade das férias escolares que coincidiriam com as férias de P, propus que ele tentasse se reaproximar da criança neste período e comuniquei isso a Q. Por um lado, P poderia tentar estar com o filho, coisa que ele afirmava tanto desejar; por outro, Q conseguiria o que dizia faltar: a presença paterna na vida do filho, o interesse do pai por ele (e por ela?). Evidentemente que as principais questões não eram essas, porém tentar esse caminho poderia ter efeitos nas outras questões e retirar a criança de uma posição alienada ao discurso familiar materno. Não havia razões objetivas para que ambos não aceitassem a proposta.

Quatro dias depois acontece um encontro qualificado pelo pai de "excelente". O encontro seguinte não aconteceu devido a um compromisso da criança, segundo Q. Isso, porém, não afetou P, pois o filho o havia convidado para sua festa junina. Ele vai à festa e ambos desfrutam do acontecimento. Após o evento, P marca o dia de encontro com a criança e desmarca duas vezes com o argumento de impedimentos de trabalho. Contudo, por alguma razão própria de suas questões, ele retoma a interpretação de que Q estava fazendo um jogo para chantageá-lo, interpretação que aponta novamente para sua concepção, repetida por ele desde o início, de que filho procura pelo pai, "mesmo que seja quando já não for criança". Passam-se mais de vinte dias e ele não procura pelo filho, nem por telefone. Mais vinte dias depois ele informa que tentou se encontrar com o filho, mas não conseguiu, pois a criança se recusava novamente. Para ele, a única solução seria o filho estar obrigado a se encontrar com ele.

O relatório é enviado três meses depois do início do trabalho e nele se registram a rigidez das posições parentais e a diferença marcante entre as concepções de um e de outro sobre o que é ser pai. Q idealizava um pai diferente para o filho e não conseguia se desvincular amorosamente de P; ele mantinha a postura de superioridade sedutora e entendia que o fato de ser o pai, de ter sido registrado como pai, garantia-lhe a admiração do filho e o seu desejo.

Nove meses depois, o processo retorna à Central. P diz que tentou se encontrar com o filho por três vezes e, como este se recusou a acompanhá-lo, ele lavrou um Boletim de Ocorrência, conforme orientação de seu advogado, e disse à criança que não ia mais procurá-la até o dia em que ela própria o procurasse. Os discursos parentais sobre a paternidade permaneciam os mesmos: para Q, ele não tinha interesse verdadeiro pelo filho; para P, ela manipulava a criança. A rigidez dessas duas posturas foi apontada para eles, porém isso não surtiu efeito durante o tempo do segundo Estudo. O relatório deixou registrada essa dificuldade e a decisão de P, além de indicar a importância do contato entre pai e filho.

Nesse caso, o trágico da posição de cada um dos pais impedia a sinalização de uma mudança na situação familiar da criança que, no entanto, sofria com o desencontro. Um pai que se acreditava suficiente em sua posição era confrontado por um excesso de mãe; um homem e uma mulher que disputavam falicamente a lealdade do filho em meio ao rancor de considerarem que foram enganados.

4.3.2 – Demanda e Ideal entre pais e filhos

Nos casos a seguir, destaca-se o imbróglio da demanda na sua articulação com o Ideal. Para uns, o lamento e o rancor de uma demanda ao Outro não satisfeita, que substitui uma questão sobre seu próprio desejo; para outros, identificados ao Ideal, uma demanda do Outro que só faz marcar cada vez mais sua própria impotência. Em meio a isso, a questão do que os pais podem ou devem dar aos seus filhos e do que os filhos devem a seus pais.

O dinheiro e a demanda

A questão do dinheiro sempre é relevante em qualquer relação de um sujeito com o outro. Se a fantasia pode fazer UM, o dinheiro geralmente divide, pois carrega em si a parcela de gozo renunciada.

Um aspecto importante, tão antigo quanto a diferença social, é a utilização dos matrimônios e das filiações como forma de escalada social e mudança de situação econômica. Evidentemente, nesses casos, os filhos não são sempre "calculados", pode haver amor envolvido. Contudo, não devemos desconsiderar esse cálculo em muitas situações. Há muitos casos nos quais o cálculo é evidente; há outros em que os envolvidos chegam a esta conclusão depois de algum tempo, quando o amor arrefeceu.

Em geral, as acusações sobre o "interesse" envolvido em um matrimônio ou em uma gravidez desse tipo recaem sobre as mulheres, não somente porque elas "controlam" o poder de engravidar, como também pelo fato de ainda serem elas que geralmente têm renda inferior à do parceiro. Entre nós, isso tomou o nome popular de "golpe da barriga", em comparação ao antigo "golpe do baú", quando o casamento era ainda uma instituição estável e prometia realização social mais duradoura. O direito de todas as crianças a não serem diferenciadas em relação ao estado de filiação e de usufruírem de todos os direitos inerentes a qualquer filho, desconstruindo juridicamente a figura do "filho bastardo", teria também influído nesta transformação? É uma pergunta curiosa.

Esse tipo de atitude parece não provocar na sociedade brasileira muitos comentários de reprovação às mulheres e aos homens que se submeteram a isso. Ao contrário, as mulheres que "conseguem" engravidar de alguma celebridade ou de alguém economicamente poderoso parecem contar com a aprovação popular ao serem rotuladas como "espertas".

Já nos casais que se separam, isso surge de uma forma bastante peculiar. De maneira geral, por questões históricas e culturais, as mulheres ainda têm renda inferior aos homens. Como a guarda é ainda atribuída principalmente a elas, pode-se compreender as dificuldades enfrentadas comumente[111]. Após a separação, o nível de renda diminui. Não somente é preciso viver em casas diferentes, mas é preciso dar conta das despesas individualmente. Outros aspectos relativos aos valores materiais pertencentes ao casal também se fazem presentes nas discussões que se tecem entre os adultos e entre eles e seus filhos. Nesse sentido, o matrimônio mostra seu aspecto de contrato, de sociedade. Uma sociedade muito peculiar, diga-se de passagem. Se tomar como exemplo principal o dinheiro, é justamente pelo seu caráter de troca universal, mas todos os bens do casal entram na contabilidade do significado das relações. Daí o ditado popular que diz que antes do casamento dizia-se "meu bem" e depois da separação se diz "meus bens". Se a escolha foi feita por amor, como se idealiza, depois da desilusão, o primeiro "bem" se transforma nos fragmentos de gozo que ainda se quer recuperar, os "meus bens", seja tomando posse deles, seja impingindo perdas ao outro.

Não é simples articular como o dinheiro, este equivalente universal da troca, e o significado do ato de pagar por alguma coisa estão emaranhados com o desejo e a demanda de amor. Mas observar como o dinheiro circula na sociedade conjugal pode indicar a forma como se articula essa demanda entre os parceiros. Em termos bastante gerais, o dinheiro só tem sentido na troca: ele é fruto de uma renúncia, do esforço ou da sorte (acaso) e representa uma promessa de satisfação. Ele será entregue ao outro com a expectativa de receber em troca algo que seja acompanhado de alguma satisfação.

Um dos parceiros pode, por exemplo, sustentar o outro como forma de mostrar a sua potência fálica frente aos pares, satisfazendo a fantasia de ter o que oferecer, ter um objeto específico que pode ser usado para alimentar a demanda do outro. Isso é bastante comum. As queixas de um de que o outro é fonte de despesas constantes e exorbitantes nem sempre representa realmente uma queixa. Ela encobre outras dimensões como o gozo experimentado ao ocupar esse lugar. Ainda é comum encontrarmos homens nessa posição, mas existem

---

[111] Hoje, em função da igualdade jurídica entre homens e mulheres, há homens que requerem a pensão da ex-esposa e obtêm êxito.

muitas mulheres que também fruem da mesma posição frente aos seus homens, vistos por elas comumente como "infantis" ou "impotentes".

O dinheiro também pode aparecer como o que é esperado ou exigido do outro como signo de sua oblatividade, de sua dedicação ou submissão ao ser amado. Há casais para os quais o dinheiro existe em quantidade suficiente para escamotear outras questões. Evidentemente, a demanda se desloca para outros pontos, mas, muitas vezes, o dinheiro ainda pode contribuir para apaziguar os anseios.

O dinheiro pode ser o significante daquilo que se paga pelo que se fala ou pelo que se faz (ou até mesmo pelo que se deixou de fazer). Em muitos relacionamentos desfeitos, ele surge como forma de "compensação" ao sofrimento vivido.

Os processos judiciais sobre pensão alimentícia guardam também algumas especificidades. Há de se registrar que, em um país com a desigualdade social como a que apresenta o Brasil, o problema do pagamento de pensão alimentícia ocupa um lugar importante na dinâmica do discurso jurídico, principalmente para os mais pobres. Afinal, depois que a criança e o adolescente se tornaram sujeitos de direito, o pagamento da pensão alimentícia se transformou em uma obrigação jurídica cuja consequência pela inadimplência pode ser a prisão. Grande parte das ações em direito de família, levadas a cabo pelos serviços de assitência jurídica gratuita, são ações de pensão alimentícia. As mulheres, que geralmente ficam com os filhos para cuidar, nem sempre fazem jus a esse pensionamento; entretanto, aos filhos a pensão sempre deve ser concedida.

Independentemente do aspecto social envolvido nesses casos, o que queremos destacar é o que pode não aparecer nesse tipo de demanda no discurso jurídico: muitas vezes, o dinheiro organiza as relações e, neste sentido, interfere fortemente na montagem de muitas cenas jurídicas. Pereira (2001, p. 235) destaca que o pagamento da pensão alimentícia ainda é uma das formas de controle de comportamento exercido pelo homem sobre a mulher, já que é ela que geralmente fica com a guarda dos filhos e com o direito de receber alimentos.

Um caso curioso, mas não incomum, é o do pagamento irregular da pensão alimentícia que não é questionado pelo guardião até que um acontecimento qualquer o motive. Em um caso acompanhado, tal pagamento irregular, feito durante alguns anos, somente passou a ser questionado pelo guardião quando o não guardião moveu uma ação para regulamentar as convivências. Novamente, uma reação frente a uma ação.

Outras situações indicativas do lugar subjetivo ocupado pelo pagamento para cada sujeito acontecem durante a tramitação dos processos. Alguns homens deixam o emprego para alegar falta de condições de pagamento. Algumas mulheres se julgam isentas do pagamento de pensão simplesmente por serem mulheres. Outros chamados a responder pelo pagamento de alimentos preferem pagar honorários aos advogados a pagar pensão alimentícia aos ex-parceiros. Alguns alimentantes tentam negociar o pagamento "correto" da pensão em troca de encontros mais frequentes com o filho ou, em casos menos comuns, em troca de favores sexuais do outro. Há casos nos quais os filhos passam a residir com o alimentante e ele continua pagando a pensão alimentícia durante algum tempo. Quando decide mover ação para regularizar a situação, o ex-cônjuge não aceita, pois pretendia continuar recebendo os valores estipulados, mesmo que os filhos não estivessem mais ali.

De qualquer forma, uma criança assumida no lugar de filho representa também um custo e, portanto, uma renuncia pulsional. O tamanho e o valor desta renúncia é que sempre estão em discussão em meio aos rancores e mágoas do relacionamento rompido.

Um pai que não conseguia se encontrar com o filho por uma combinação de fatores dos quais se destacava seu estilo autoritário e a manipulação da criança pela mãe, desistiu dos encontros e disse que começava a considerar, daquele momento em diante, o pagamento da pensão alimentícia como um "*leasing*" que fazia para talvez um dia poder estar com o filho ou ter um retorno dele.

Dar o que não se tem

O processo, movido pela mãe das crianças, pediu a suspensão dos encontros entre o pai e elas. Como não houve contestação e o pai não compareceu à audiência, o juiz decidiu pela suspensão e determinou a realização do Estudo em seguida. O processo chega à Central um mês depois da decisão.

De acordo com os entrevistados, após a separação do casal, de iniciativa do marido, as relações permaneceram amistosas até cerca de um ano e meio antes da chegada do processo à Central. Mesmo com alguns problemas no relacionamento entre os ex-cônjuges e até entre pai e filhas em alguns momentos, tudo seguia sem grandes transtornos. Durante cerca de dez anos, o pai vivera em outra cidade e durante cerca de seis meses, as filhas chegaram a residir com ele para experimentar um novo ambiente, já que a mãe delas havia se casado novamente e tinha outros dois filhos com o novo marido. A experiência não havia dado certo, pois o relacionamento do pai com sua nova esposa, à época, já dava sinais de desgaste. No fundo, as duas filhas desejavam o retorno do pai para a companhia da mãe, que vivia também um período complicado em seu segundo casamento.

Algum tempo depois de elas retornarem para a cidade na qual viviam com sua mãe, o casamento do pai se desfez e sua empresa faliu. Como é comum em muitas situações como essa, ele decidiu retornar à sua cidade e, mesmo tentando retomar sua vida no trabalho, entrou em período depressivo, quando buscou tratamento e tentou conseguir apoio emocional da ex-mulher, mãe das crianças em questão. Ela não recusou o apoio, pois sempre teve com ele um bom relacionamento, porém também sempre afirmou que não havia possibilidade de retomar o extinto casamento.

Acontece que nesse período de depressão, ele começa a ingerir bebidas alcoólicas em demasia. Isso o levou a agredir verbalmente a mãe das crianças e até mesmo as próprias filhas em algumas ocasiões, nas quais havia se sentido humilhado ou contrariado por elas. Além disso, por considerar que havia perdido o apoio "afetivo" que recebia da mãe das crianças, ele começa a demandá-lo da primeira filha, à época com pouco mais de 14 anos. Esta filha entra num jogo difícil, pois sabendo ser a preferida do pai, algo que não era escondido das outras pessoas, obrigava-se a servir como apoio, a escutá-lo em suas queixas, a acolhê-lo ao telefone em sua embriaguez. Essa menina, porém, não suportou mais a tensão quando, submetida a um tratamento médico que a fragilizara, o pai a agrediu verbalmente por algo que ela nunca compreendeu muito bem. Antes mesmo desse episódio, as meninas já relatavam certo medo do pai quando ele ingeria bebidas alcoólicas, o que era incrementado com um agravante: ele dizia não se lembrar do que poderia ter feito quando embriagado. Foi então que a mãe demandou a suspensão dos encontros e as filhas concordaram com ela. Esse afastamento, mesmo acordado entre mãe e filhas, teve efeitos diversos, principalmente na filha mais velha: insônia, desatenção e falta de concentração na escola, etc.

Contudo, mesmo decretada a suspensão, a mãe levou as meninas para visitarem o pai quando ele sofreu um tipo de paralisia muscular, fruto de fatores que provavelmente combinaram o exagero das bebidas com o humor depressivo. A partir daí eles reataram relações, independentemente de os encontros ainda estarem judicialmente suspensos. Porém, as queixas continuavam as mesmas. Em um incidente ocorrido durante a realização do Estudo, a filha mais nova teria ido encontrá-lo na casa da avó paterna no dia do aniversário dele, e ele, embriagado, teria dito que ela não precisava ter ido e, além disso, teria telefonado na mesma hora para a filha mais velha, sua "preferida".

Era fato que as filhas gostavam de se encontrar com o pai, quando ele estava sóbrio. Era fato também que o pai desejava ter as filhas consigo. Entretanto, alguma coisa circulava entre eles, principalmente entre o pai e sua primeira filha, que insistia em não aparecer no discurso. Isso só se tornou mais claro na última entrevista com ele.

Naquele momento, inicialmente, o pai negou as dificuldades de relacionamento e até mesmo o abuso de bebidas alcoólicas naquele período, apesar de reconhecer que o havia feito num passado recente. Assim, ele não reconhecia a relação entre o abuso do álcool e os problemas com as filhas. Contudo, algo surge quando ele recebe a notícia de que as filhas sofrem quando estão com ele, após o seu abuso na ingestão de bebidas alcoólicas: o que aparece é a articulação entre sua imagem ideal de pai e a demanda de amor.

Ele vivia seu declínio financeiro e social como uma perda em sua capacidade ou merecimento de ser amado como pai. Ouvia das filhas a demanda por objetos variados a serem comprados e as escutava como cobranças que o afetavam de maneira particularmente intensa. Na época em que o dinheiro não era um grave problema, os objetos comprados e dados pareciam suprir (ou estar no lugar de) aquilo que um pai dá aos filhos. Eles circulavam e encobriam o infinito da demanda. Agora, ele não podia mais dar a elas o que elas pediam e sentia que elas não se importavam mais com ele. Ele tinha receio de que elas nem mais o procurassem a partir do momento em que a pensão alimentícia passaria a ser descontada em folha de pagamento. Dizia, com sofrimento, que se sentia um "pai-cofre".

A questão que se colocava era se o que ele podia oferecer e o que elas desejavam seriam realmente os objetos. Outra questão importante: a bebida lhe parecia uma saída para isso. Ele ainda insistia que o álcool não era o problema, mas ele sabia que era um anestésico para a sua imagem castrada, impotente. Insisti sobre as suas lembranças dos encontros com as filhas, perguntei sobre o fato recente do seu aniversário já mencionado. Ele deu uma versão diferente das filhas. Na verdade, como de costume, ele não se lembrava e as filhas haviam ficado magoadas com uma atitude sua que ele quis desconhecer. Frente ao seu "eu não me lembro", intervim: "Parece que elas se lembram". A entrevista terminou assim. Fiz indicação para atendimento clínico, mas ele recusou.

Foram dois meses entre a primeira entrevista e o relatório do Estudo enviado ao juiz. Neste laudo, a situação familiar foi descrita de forma genérica e indicamos haver a possibilidade de retomada da relação entre pai e filhas em moldes mais amenos e gratificantes.

Sete meses depois, recebemos notícias pela mãe de que o relacionamento entre o pai e as duas filhas havia se modificado. Ele não mais ingeria álcool quando estava com elas e, assim, elas agora o acompanhavam mais nos encontros, podendo se encontrar também com a avó paterna sem os conflitos anteriores. A primeira filha continuava a ser a que mais era exigida na situação de lidar com o pai, mas agora parecia que ele "a escutava". A adolescente esteve em tratamento psicológico durante alguns meses e, de acordo com a mãe, isto teve efeitos interessantes nos sintomas descritos antes.

A pergunta é: O que pôde ser escutado dali em diante? O que não era escutado antes? A demanda era interpretada como se já portasse a mensagem de forma clara e inquestionável. O não dito prevalecia e, daí, a escuta de um e de outro era impossível. A resposta era o sofrimento ou a anestesia alcoólica. O pai descobriu que o que ele podia oferecer às filhas dependia da renúncia ao seu gozo particular. Ter filhos é renunciar a certo gozo em nome do amor. Para o Outro, isso será sempre pouco, mas para o sujeito poderá estar na medida.

Uma mulher e sua filha: o Ideal e o segredo

O casal se separou após 17 anos de convivência e uma filha já adolescente. Os desentendimentos do casal recrudesceram após uma doença grave da mãe que precisou de tratamento em dois períodos distintos: aos 11 e depois aos 13 anos de casamento. A doença teria afetado muito as atitudes da mãe: períodos de oscilação de humor, uma busca frenética por trabalho e retorno financeiro, atitudes impulsivas anteriormente improváveis, tristeza e pesar que surgiam "do nada". Foram muitas as mudanças. Com a separação, iniciativa da mulher, a filha permaneceu com a mãe, porém o clima entre elas tornou-se difícil gradualmente, em proporção direta às dificuldades vividas no relacionamento entre os ex-cônjuges. Após a mãe ter dado queixa numa Delegacia de Polícia sobre uma atitude do pai, houve uma discussão intensa entre mãe e filha por um motivo aparentemente banal e depois uma cena em que a mãe ameaçou se suicidar por causa dos problemas com a filha e com o ex-marido. Foi então que a adolescente pediu para ficar algum tempo residindo com o pai. Tanto a mãe quanto o pai aceitaram a proposta. Contudo, cerca de dois meses depois, a filha decidiu permanecer com o pai e a mãe aquiesceu, mesmo um pouco magoada.

Por um período de três meses, mãe e filha mantiveram contato regular. Entretanto, o contato foi se tornando escasso até terminar um ano depois. Quando o processo no qual o pai requeria a mudança de guarda da adolescente chegou à Central, havia cerca de sete meses desde o último contato telefônico entre mãe e filha. A adolescente parou de retornar os telefonemas da mãe e as suas mensagens no celular. Nem nas datas festivas ela o fazia. O motivo para isso, segundo a adolescente, seriam as atitudes da mãe com relação ao pai. Para ela, a mãe se aproveitava de qualquer fato ou atitude que servisse para indicar uma falha de seu pai e a apontava. A denúncia na Delegacia teria sido uma "afronta" à imagem do pai que fazia série com a sua iniciativa da separação, quando ela teria "excluído" o pai de sua vida. O pai aparecia, assim, como aquele que sofreu com a impulsividade da mãe e com a sua decisão de se separar; a mãe como aquela que teria "pensado mais em si própria". Essa filha não conseguia perceber que o sofrimento da mãe tornara-se intenso na frustração que vivenciara quando de sua doença, pois o apoio esperado do marido foi muito aquém de suas expectativas, sentimento que se aprofundou quando ela se submeteu a uma cirurgia difícil.

A possibilidade de contato entre elas estava posta desde o início, pois ambas sofriam com o distanciamento, porém nenhuma delas parecia disposta a tomar a iniciativa, seja por orgulho, seja por receio da resposta da outra. Após a primeira entrevista, circularam mensagens de celular entre elas, por iniciativa da mãe. Mas foi na segunda entrevista da adolescente que algo da balança imaginária pôde ser tocado. Ao comparar novamente o pai com a mãe em alguns aspectos, a adolescente disse que a mãe não falava de sua vida, mas o "pai contava tudo". A queixa aqui se localizava num certo segredo em torno de atitudes de sua mãe relativas à sua vida sexual, aos parceiros que supostamente buscou na época da separação, à sua demanda pelo amor de um homem na qual não cabia mais o pai e que também marcava este pai como um "sofredor", de certa forma uma vítima de abandono. A mulher, que teria surgido na mãe após o tratamento de sua doença, não suportava mais o marido e terminou servindo como ponto de apoio na necessária devastação entre filha e mãe. Contudo, a idealização do pai e sua vitimização quanto à separação, convergiam para outra queixa implícita: a mãe também a havia excluído, seja para se tratar, seja para viver o que desejara.

A intervenção se deu justamente sobre esta aliança edípica baseada na idealização: aliar-se ao pai idealizado e queixar-se da mãe idealizada, curiosamente ideais dessexualizados. Sobre a fala de que o pai sempre "contava tudo" uma pergunta foi feita: "Tudo?". A resposta dela, após um pequeno silêncio no qual estava implícito o segredo da vida sexual, foi: "Bem, tudo não...".

Um mês depois, os contatos telefônicos se tornaram mais numerosos e elas haviam se encontrado uma vez no trabalho da mãe, um trabalho que serviu de argumento para que mãe e filha compartilhassem um tema muito feminino: o cuidado com os cabelos. Ainda restavam as dúvidas de cada uma sobre o lugar ocupado no desejo da outra, mas dali em diante talvez os segredos pudessem existir sem serem alvos de cobrança. E isto sucedeu independentemente da questão jurídica da pensão alimentícia, ainda fruto de discordâncias entre os ex-cônjuges.

4.4- Da cena psicanalítica à cena jurídica: lugar e função do relatório na interface

O relatório ou laudo[112], a escrita final a ser enviada para o magistrado, é talvez o que enlaça de forma mais forte o trabalho do psicólogo psicanalista com o discurso jurídico. Afinal, tal escrita se torna um documento, uma prova que auxilia a instrução do processo. O relatório será lido e interpretado pelo juiz, pelo promotor de justiça e pelos advogados, que poderão tecer comentários a respeito dele e mesmo utilizá-lo a favor de seu cliente, contra o adversário ou as duas coisas. Nesse sentido, o relatório expõe o psicólogo judicial a questões delicadas a respeito de sua atuação profissional. Seja em relação à ética do sigilo, seja em relação àquilo que vimos questionando como normalização.

Dois aspectos sociais importantes desse relatório (ou laudo) devem ser mencionados. O primeiro é a aceitação dos juízes. É fato que tal relatório influi na decisão dos magistrados. Mesmo aqueles que não valorizam o trabalho da Psicologia procuram se assegurar das decisões seguindo as indicações do relatório. Uma pesquisa realizada em São Paulo mostrou que os juízes tendem a seguir o que está indicado no "laudo pericial" (Rodrigues, Couto & Hungria, 2003). Outro aspecto é que a maior parte dos processos éticos movidos nos Conselhos Regionais de Psicologia parece provir dos relatórios relacionados ao âmbito jurídico. Pesquisa de Shine (2009) procurou investigar as condições pelas quais os laudos são fontes de argumentação para processos éticos. Há vários tipos de argumentos para fundamentação, porém esse autor concluiu que "o principal erro verificado foi o de fazer afirmações sobre pessoa que não foi diretamente avaliada." (p. 215). Dado interessante é o de que os psicólogos judiciais não estão entre os profissionais mais acionados em processos éticos junto ao CRP06.

---

[112] Apesar da proximidade entre as noções de laudo e relatório, utilizaremos o termo *relatório*, pois chamamos de "Estudo Psicológico" ao trabalho realizado e não de perícia. Daí que o título do que escrevemos ao final seja "Relatório do Estudo Psicológico". A denominação "estudo", utilizada nas determinações judiciais inclusive, indica, como já mencionamos, uma distinção em relação ao enquadre pericial tradicional. Para nós, indica a abertura para um trabalho que possa tocar nas questões antes citadas e tentar modificar o sofrimento do litígio.

Percebe-se que não é tarefa simples a confecção de tal escrito. Para muitos autores que defendem a inserção pericial, e que já mencionamos anteriormente, devemos nos restringir aos parâmetros dos laudos periciais, indicando as características e tendências de cada indivíduo ou mesmo do grupo familiar e, com isso, auxiliar o juiz a decidir a causa. Não podemos deixar de considerar que o relatório deve auxiliar a decisão do magistrado, porém nosso foco de trabalho é o sujeito do desejo e, por isso, não compartilhamos dessa posição. Não somente porque corremos o risco de normatizar as relações quando nos damos a tarefa de indicar o que é um '"bom relacionamento" familiar ou quem exerce melhor os papéis parentais, mas porque entendemos que o trabalho primordial não aparece nesse relato. Queremos aqui colocar em questão a função dessa escrita e vamos explicitar isso um pouco mais na sequência.

Na narrativa do laudo pericial tradicional, os tópicos se dividem entre os procedimentos utilizados, as pessoas examinadas, a avaliação realizada e a conclusão técnica. É um tipo de texto que procura se aproximar do discurso científico, ao separar o sujeito da ciência do objeto pesquisado ou avaliado. O discurso da psicopatologia psiquiátrica e o discurso das tendências centrais do campo da avaliação psicológica, campo no qual os testes psicológicos encontram assento, constituem discursos nos quais esta "objetividade" parece ser alcançada ao preço de universalizar (generalizar) parâmetros e escamotear a singularidade dos sujeitos. Frente a uma disputa de guarda, por exemplo, opta-se pelo exame das características individuais e da qualidade dos relacionamentos por meio de instrumentos estandardizados para se chegar a uma conclusão psicológica sobre o melhor ambiente ou o melhor guardião para a criança.

Não desconsideramos a perspectiva psicopatológica ou mesmo a da avaliação psicológica (Cf. Miranda Jr., 2003); contudo, entendemos que para tentar fazer operar o discurso analítico, o relatório pode ter outra função e, portanto, outro estilo de redação.

Se optarmos por escutar o sofrimento que chega por meio dos conflitos familiares, optamos então por abordar a palavra de cada um como demanda que se articula na busca de um objeto perdido. Daí não ser possível nos orientarmos estritamente pelos parâmetros dos discursos tecnocientíficos. Ora, se o que encontramos é a ficção do amor transposta para um discurso que a padroniza para julgar, distanciamo-nos da objetividade pretendida pela ciência. Novamente, é preciso dizer e reconhecer: existem fatos e eles se articulam com a questão processual. Porém, o tratamento desses fatos passa pelo discurso e pela fala, o que confere a eles um estatuto subjetivo importante.

Vamos delinear um pouco a construção sequencial do relatório.

Um primeiro ponto que compõe o relatório pode ser uma descrição sucinta da situação familiar que gerou o conflito. Nem todos os profissionais fazem isto, mas é muito comum. Outro ponto é a descrição sucinta da situação atual, que pode já ter sido modificada pela atuação do psicanalista. Essa descrição pode indicar problemas psíquicos ou psicopatológicos quando isto é relevante no encaminhamento do caso, desde que se tenha o cuidado de explicar para os operadores do direito o que significam as indicações feitas. Essa descrição pode comportar também indicações das posições subjetivas dos envolvidos no litígio. Por posição subjetiva, queremos dizer a forma como cada um lida com as questões que fundamentaram o litígio de acordo com sua versão. Torna-se claro que, para alguns, o litígio deve ser mantido, pois é ali que a relação do casal se mantém. Para outros a concepção de conjugalidade, de paternidade, de maternidade ou de filiação são rígidas e a articulação destas concepções com as formas de demanda – demanda constituída pelas questões de cada um com o sexo, o amor e o desejo – produzem um posicionamento assertivo que impede a intervenção clínica. São muito variados os posicionamentos dos sujeitos e sua articulação com a demanda dirigida ao Outro. Quais elementos expor dessas conclusões clínicas sobre a posição subjetiva é tarefa a ser decidida em cada caso.

Há questões que fazem parte da leitura clínica do caso e que compõem o cálculo de seu manejo, mas que não aparecerão na escrita dirigida ao âmbito jurídico. Por exemplo: Não podemos afirmar nos relatórios que uma das partes processuais não consegue se desvincular da outra ou que ainda a ama ou que quer destruí-la. Essas interpretações podem nos guiar nas tentativas de intervenção no caso, mas muitas vezes servem mais aos interesses judiciais adversariais presentes na composição jurídica do conflito que ao deslinde do conflito. Além do mais, podem ser contestadas facilmente ou utilizadas pelos advogados de uma forma muito distinta da que fundamentou a conclusão clínica.

Pode até ser que um caso ou outro necessite desse registro no relatório, porém, na maioria das vezes, aquilo que fundamenta a condução do caso não aparece nele, faz parte de um trabalho que não aparece na cena jurídica formalizada e é geralmente desconhecido dos operadores do direito: o trabalho de intervir nos sintomas singulares que atuam na montagem do conflito articulado judicialmente.

Um terceiro ponto que compõe o relatório é a conclusão. A conclusão esperada pelos operadores do direito é a conclusão "objetiva", na qual se indicaria a melhor situação depois da leitura psicológica do caso. Comumente, tais operadores se queixam de que nossos relatórios "são inconclusivos". Novamente, é preciso dizer que não há formato específico para a conclusão se optamos por lidar com o sujeito e seu sofrimento.

Em um determinado caso, pode ser preciso indicar o guardião naquele momento, em outro tal indicação pode tornar o litígio ainda mais intenso. Em um caso pode ser importante registrar a situação das crianças; em outro, isso pode ser irrelevante. Em um caso pode ser interessante registrar que o casal se mantém na adversidade; em outro, isso pode ter efeitos de afastamento e acirramento das disputas familiares. Em um caso pode ser muito importante dizer que a criança precisa ou deve se encontrar com o genitor não guardião, em outro, dependendo do momento, isto pode se tornar mais um componente do afastamento entre pai ou mãe e filho. É interessante não esquecer que a cena jurídica no direito de família tem um caráter adversarial, ou seja, os elementos que compõem os autos do processo servem para as argumentações dos advogados que representam as partes e o relatório é parte integrante deste processo. Por isso, é preciso ponderação na exposição feita no relatório para que informações interessantes do ponto de vista clínico (e de manejo do caso) não sejam objeto de um uso que possa distorcer sua função em relação ao cálculo do psicanalista na interface com o discurso jurídico.

Shine (2009 p. 215) registrou um dos possíveis problemas enfrentados pelos psicólogos que atuam no âmbito jurídico e que se relaciona com o que chamamos de cena jurídica: os casos nos quais os processos éticos movidos junto ao CRP visam, na verdade, a interferir no processo judicial da Vara de Família, a qual deu origem à avaliação, como uma forma de "enfraquecer" a prova que o laudo representa no referido processo. Muitas vezes, ao "ganhar" a causa na Vara de família, o denunciante desiste de continuar o processo no CRP.

Em suma, o que indica a escrita final é também o que orienta a escuta: o próprio caso. Se há uma direção a ser dada, um manejo clínico, é o caso que nos indica o caminho. O sujeito que a Psicanálise convoca tem um caráter repetitivo, mas é na surpresa que ele se movimenta. E se há surpresa, é preciso um manejo também singular. Este caráter singular é que determina os procedimentos a serem utilizados e, por consequência, o conteúdo da escrita final.

Em um caso em que a mãe da criança havia falecido e o pai requeria a sua guarda, a disputa se estabeleceu juridicamente entre a avó materna e o pai da criança. De fato, quem levava o processo adiante e que era referência para a criança era uma tia materna e não a avó, que não tinha condições mentais, em função da idade e de problemas orgânicos, de se responsabilizar pelo neto. Num primeiro momento, o juiz definiu a guarda para o pai, e o menino de 9 anos passou a viver com ele, a madrasta e a meia-irmã. A convivência inicial não era fácil, pois essa criança estava acostumada ao ambiente familiar materno. Em certo dia, o menino aproveita um descuido do pai quando o levava a uma consulta e foge, indo se encontrar com os parentes maternos, e eles o acolhem. Junto com esses parentes, a criança inventa estórias de agressão e de abuso sexual por parte do pai em sua entrevista no Conselho Tutelar. Com esses dados, o juiz mantém a criança junto aos familiares maternos e determina a realização de um Estudo.

Ao iniciarmos o Estudo, a Assistente Social Judicial constata que o acompanhamento da criança na casa dos familiares maternos era muito precário. A avó não podia fazê-lo em função de suas limitações, a tia não conseguia devido a diversos fatores. Em contato com a criança, percebemos como o menino continuava a atuar: não ia à escola, machucou-se de maneira grave em uma brincadeira com substâncias inflamáveis e fugiu novamente, por cerca de dois dias, da própria casa dos familiares maternos.

O pai continuava convencido da importância de ter o filho consigo, mas não conseguia mais acesso a ele. No relatório, indicou-se a importância de o filho retornar para a casa paterna, pois o pai era a única referência capaz de fornecer a este menino um norte depois do falecimento da mãe. Com todos os problemas de relacionamento com o filho, o pai mantinha vivo o desejo de cuidar dele e era, naquele caso, a possível saída para uma criança que insistia em se confrontar com o limite que a morte da mãe inscreveu. Suas mentiras e queixas em relação ao pai eram, na verdade, efeitos de uma demanda de amor não escutada, demanda esta que poderia se enlaçar nos adultos que ele encontraria caso iniciasse a anunciada "trajetória de rua", como se diz atualmente.

Já em outro caso, em que a criança residia com a mãe, a indicação do pai como guardião no relatório de um psicólogo teve como efeito a interrupção dos encontros entre pai e filho. Tal interrupção se deu a partir das negativas da criança em acompanhar o pai nos dias determinados e era consequência de uma manipulação feita pela mãe com objetivo de afastar a criança do pai, e assim impedir que a guarda fosse modificada, fundamentada na recusa insistente da criança em estar com ele.

Percebe-se, então, que é importante frisar o *aspecto circunstancial* desse escrito, o que é praticamente consenso entre os autores que trabalham e pesquisam esse campo. Isso significa que o relatório registra um momento, um período, um tempo específico do arranjo familiar. Para o psicanalista significa, além disso, que o elemento circunstancial (ou contingente, um termo mais próximo das elaborações lacanianas) deve estar inserido do manejo do caso, pois sustenta as respostas de cada sujeito ao seu sofrimento.

Seguindo esse caminho, não podemos afirmar um padrão para a escrita desses relatórios. Existem, sim, indicações e limites relacionados ao saber específico da Psicologia e que encontram indicações em resoluções do CFP sobre a redação de documentos.

Shine (2009, p. 207 e 208) cita Alchieri & Cruz[113] e suas cinco recomendações genéricas sobre esta redação: a) linguagem científica, ou seja, texto objetivo, coerente e consistente; b) evitar emissão de juízo

---

[113] ALCHIERI, J. C.; CRUZ, R. M. **Avaliação psicológica**: conceitos, métodos e instrumentos. São Paulo: Casa do Psicólogo, 2003. (Coleção Temas em Avaliação Psicológica)

de valor; c) evitar dogmas; d) evitar incorreções teóricas e técnicas; e) evitar impropriedade na escrita e no uso de termos[114].

É sempre interessante conhecer tais recomendações e refletir sobre elas. Entretanto, como nosso foco orienta-se pela singularidade do caso e pela ética proposta pela Psicanálise, na qual ocupamos um lugar de não saber para tentar desalojar o sujeito do saber em que ele se aliena, as regras mais evidentes que seguimos para escrever são as regras próprias da linguagem. É preciso um texto claro, compreensível e que contenha informações relevantes para os operadores do direito. Um texto com sequência lógica, estruturado pelo raciocínio investigativo científico. Apesar disso, como se trata de narrativa, de fragmentos de uma história e de um manejo típicos do campo da clínica psicanalítica, tal escrito comporta também um caráter ensaístico.

Isso significa que, seguindo a trilha aberta por Freud, não abrimos mão do rigor, mas assumimos que escrevemos a partir da singularidade, do inesperado que surge nos atendimentos. A diferença com o campo da clínica psicanalítica *stricto sensu* é que não estamos realizando uma apresentação de casos na qual o caráter ensaístico é mais evidente. No discurso jurídico, tal escrito é um comunicado que se tornará parte de um processo judicial e que comporá também a história daquele litígio. Isso nos coloca frente a questões específicas dessa interface, pois o que se torna escrito pode ter um valor peculiar em nossa cultura, extremamente pautada pelo registro escrito. Daí que esse caráter ensaístico se encontre também mais limitado.

Correndo o risco da generalização, mas por considerar que há diferenças importantes entre algumas perspectivas da Psicologia e o trabalho do psicanalista em relação à ética a qual lhe é peculiar, podemos dizer que talvez o que marque mais efetivamente a diferença que a Psicanálise propõe esteja na função do relatório. Para o psicanalista, o relatório não se resume à "informação técnica". Isto já era evidente desde nosso questionamento da norma na perspectiva que a tomamos

[114] Deve-se sempre consultar o CFP. Atualmente, está em vigor a Resolução 06/2019, que trata da elaboração de documentos escritos. Cf. <https://site.cfp.org.br/wp-content/uploads/2019/09/Resolu%C3%A7%C3%A3o-CFP-n-06-2019-comentada.pdf>. Acesso em: 8 nov. 2021.

no Capítulo 3. Se o juiz não deve se abster da função de normatizar, mesmo que considere a singularidade de cada caso, o psicanalista não deve se deixar levar pela alienação característica da norma.

Shine (2009), autor com quem dialogamos frequentemente, entende que o laudo psicológico "permite que a dinâmica familiar intempestiva seja 'traduzida' em termos inteligíveis ao discurso jurídico" (p. 206), com o que concordamos, pois esta "tradução" é necessária para auxiliar os operadores do direito. Contudo, Shine chega a afirmar que a utilidade do laudo é a de "promover uma distância 'segura' do drama familiar para o julgador", o que significa colocar "os conflitos e as demandas em termos 'cientificamente' racionais e objetiváveis" (p. 206).

Entendemos que esta é a promessa implícita ao discurso científico, mas que resta impossível. O drama familiar, do ponto de vista psicanalítico, não se submete plenamente à linguagem e à lógica científicas. Há sempre algo que insiste em não se inscrever e é por considerar este elemento que a psicanálise tenta não se afastar do trágico e do singular que sustenta o desejo na família. Se alguma tradução há, e é preciso que haja, é aquilo que não se traduz que atrai o trabalho do psicanalista.

Por isso, afirmamos que o principal trabalho não aparecerá no relatório. Se, por exemplo, as intervenções surtiram efeito, é somente este efeito que constará no relatório para indicar ao magistrado e o representante do Ministério Público que a situação familiar se encontra alterada.

Por isso também, sustentamos que há casos nos quais o próprio relatório faz parte da tentativa de intervenção. Em alguns, porque ele conclui um processo de modificação subjetiva que se construiu durante as entrevistas; em outros, porque ele é, em termos de um cálculo clínico, a última possibilidade de intervir na medida em que registra alguma coisa que pode ter efeitos de implicação nos sujeitos que compõem o conflito ou inserir na cena jurídica algum elemento que desestabilize a articulação imaginária na qual os indivíduos navegam e sofrem[115].

Como um exemplo em que este cálculo foi feito, podemos citar um caso de separação e guarda no qual havia vários fatores que incitavam

[115] Essas tentativas de intervenção com a escrita do relatório ainda merecem debate, sustentado em discussão de casos, para verificarmos melhor a efetividade dessa possível função do relatório.

a mãe das crianças a dificultar os encontros entre pai e filhos. Um deles se revelou, no decorrer das entrevistas, um fator que atravessou todo o relacionamento e tomou dimensão maior próximo da separação: o fator econômico. As tentativas de intervenção durante o Estudo, que durou cerca de seis meses, surtiram pequenos efeitos na relação difícil entre os ex-cônjuges. Pouco mudou da situação inicialmente encontrada. O fator financeiro não pôde ser adequadamente abordado, pois, como se relacionava nesse caso diretamente à desilusão amorosa, tinha tal grau de fechamento em uma demanda intransigente que impedia outras intervenções. Para tentar indicar a importância desse fator e sua interferência nas outras questões do caso, registramos isto no relatório dizendo que havia indicadores de que, se tal questão fosse decidida, outras possibilidades poderiam surgir. Em nosso cálculo, se essa questão sofresse a intervenção jurídica que estabiliza as demandas, as questões em torno poderiam se articular melhor e indicar outros pontos de intervenção. Nesse caso, ao final, sugerimos que o processo retornasse para outro Estudo, depois de definida a separação do casal. Entendemos que talvez, a partir daí, outras intervenções fossem possíveis.

Dessa forma, o relatório também compõe a trama do litígio depois das tentativas de intervenção, e assim, também faz parte da ficção que enlaça os sujeitos. Se alguma nova posição subjetiva se produz durante a realização dos Estudos, se os sujeitos concluem pelas perdas inevitáveis e se abrem para novas possibilidades ou se mantêm a mesma posição na qual se defendem dos outros e de si mesmos, tudo isso é parte de uma narrativa cujo fundamento muitas vezes é o solo movediço do desejo e do amor, no qual o caráter fictício de toda verdade é relevante. A verdade só é dita pela metade, afirmou Lacan (1969-1970/1992b).

A função jurídica do relatório está definida, mas sua função na interface da Psicanálise com o Direito pode ser diferente. Por um lado, registra-se uma história e um movimento, a repetição; por outro, pode-se criar o espaço de uma invenção.

Assim, o que será escrito é fruto de um cálculo feito na interface discursiva. O que se afirma e o que não pode ser concluído são frutos de um trabalho que articula a leitura clínica, na qual se evidenciam as questões de cada sujeito, com as intervenções do psicanalista e o endereçamento deste escrito para os operadores do direito e para os próprios sujeitos.

5. CONCLUSÃO

A partir de nossa inserção como psicólogo judicial na área do direito de família e de nossas vinculações com o discurso analítico, levantamos a questão sobre a possibilidade da intervenção do psicanalista em meio aos processos judiciais de família.

Partimos de uma leitura do discurso e da prática jurídicos como cena social que responde à necessidade de regular a convivência em sociedade. Tal cena formata a realidade humana, de acordo com parâmetros discursivos peculiares para a realização da Justiça, e tem como base o Direito. Contextualizamos essa cena e suas particularidades na área do Direito de família para, em seguida, nos debruçarmos sobre a noção de "outra cena": a cena do desejo desvelada por Freud. Nessa outra cena, consideramos, sobretudo, aquilo que se refere à família nas dimensões da conjugalidade e da filiação.

Pudemos verificar que há pontos de tangência nas preocupações do Direito de família e da Psicanálise, mas também muitos pontos de diferença. Foi nessa interface que procuramos trilhar o caminho no qual questionamos a norma, tomada no sentido foucaultiano, como forma de alienação na qual o trabalho do psicanalista pode tentar interferir. Para isso, utilizamos muitos casos litigiosos atendidos durante o tempo de trabalho no Fórum.

Os casos escolhidos não abrangem todas as questões que podem surgir na interface da psicanálise com o direito de família. Não é somente a riqueza do material que dificulta abordar as várias questões que atravessam as relações familiares no campo do amor conjugal e do amor filial. Devemos considerar também os principais determinantes discursivos que sustentam a cena jurídica como o fato de que o guardião das crianças após a separação ser comumente a mãe.

Este fato, tomado como exemplo e presente em quase todos os casos citados nesta pesquisa, favorece o surgimento de litígios cujo foco é a relação paterno-filial em processos de regulamentação de convivência ou mesmo de modificação de guarda. Evidentemente, tais litígios suscitam as questões próprias da relação entre os sexos e de cada um com a paternidade, porém em muitos casos citados nesta pesquisa, as questões da mulher-mãe ou do próprio filho sobre a relação entre feminilidade e paternidade ou filiação e paternidade é que sustentavam o ponto de ancoradouro da angústia.

Contudo, como já afirmamos anteriormente, não podemos deduzir disso que é somente a especificidade do gozo feminino e do lugar que o filho ocupa para uma mãe que determina tais fenômenos. Se existe uma especificidade que é preciso considerar, ou seja, a questão do lugar de objeto que o filho ocupa na fantasia feminina, também são relevantes vários outros determinantes para compor o fato social de que a guarda geralmente ainda é exercida por uma mulher – determinantes culturais, econômicos e até mesmo alguns efeitos de mestria do discurso da ciência.

Se não considerarmos este aspecto da questão, podemos tender a compreender a relação materno-filial como já esclarecida, quase como "natural", sendo a especificidade do gozo feminino um dado constante e já dado nesta compreensão.

Esse exemplo demonstra não somente que muitas outras questões relativas à conjugalidade e à filiação podem ser articuladas por meio da experiência dos casos atendidos nos Tribunais de Família, como também que muitas outras articulações serão relevantes na dinâmica que acompanha a história social, na medida em que modificações nas condutas individuais, nas concepções sobre o direito e nas relações amorosas não cessam de ser produzidas (não cessam de se inscrever).

Podemos lembrar alguns polêmicos temas em Direito de família, como o dos casais homoparentais, o da inseminação heteróloga e o da mãe (ou "barriga") de aluguel. É possível teorizar sobre essas situações apoiados na Psicanálise, porém somente os casos poderão nos dizer sobre os efeitos de sujeito desses arranjos familiares. Curiosamente, na literatura psicanalítica dificilmente se encontram apresentações de casos relacionadas a tais questões.

Há também questões ligadas aos casos em que existe um sujeito psicótico entre os litigantes da família. Abordamos somente um caso no qual houve suspeita deste diagnóstico, porém há vários outros que mereceriam ser discutidos e nos quais esta questão teve tratamentos e desfechos muitos variados. Apontamentos sobre estes casos podem ser objeto de outro trabalho.

Por isso, ainda estamos engatinhando na reflexão sobre a família e os laços de parentesco que a constituem e modificam. Seguindo Garcia (2004), entendemos que não se trata de lastimar a família atual, na nostalgia de um ideal familiar, mas de tratar a família em suas transformações. Caso contrário, corremos o risco de eleger modelos, não no sentido de formas a serem buscadas, porém de imperativos a serem impostos. Os modelos tendem a se transformar em fôrmas de modelar. Em função disso, para continuar este trabalho é importante manter uma distância crítica dos ideais culturais, de valores e ideias que não acompanham a dinâmica e a complexidade das relações sociais.

Pode ser também que outras elaborações possam considerar uma leitura das relações entre os sexos pelo viés das parcerias amorosas[116]. Pode ser mesmo que o estudo dos litígios familiares contribua para esse tema. Isto, porém, deve ser fruto de outro trabalho.

Nosso foco foi o lugar do psicanalista na instituição judicial e, apesar das limitações dos casos em termos de variedade de questões, pudemos demonstrar que é possível ocupar uma posição distinta do enquadre estritamente pericial no trabalho judicial com os conflitos familiares. Os efeitos desse outro posicionamento ainda merecem ser mais estudados. Em termos amplos, os efeitos esperados a partir do discurso analítico se relacionam com a subversão da posição do sujeito frente a seu dizer, o que Dobón (2001 p. 52) chama "apropriação subjetiva do dizer", tempo segundo de afirmação que advém uma vez que o sujeito é surpreendido na veracidade ou equivocidade de seus ditos. Isso permite, pelo menos, desinflar o imaginário pelo qual o eu constrói

[116] Uma das elaborações sobre esse tema pode ser encontrada em MILLER, J.-A. Sobre [os circuitos d'] a parceria. In: ESCOLA BRASILEIRA DE PSICANÁLISE (Org.). **Os circuitos do desejo na vida e na análise**. Rio de Janeiro: Contra Capa Livraria, 2000, p. 153-207.

com o sintoma seu não querer saber do desejo. Porém, as questões que permanecem são semelhantes àquelas que já foram levantadas em outros textos (por exemplo, Caram et al., 2003): Pode-se falar em retificação subjetiva quando os membros da família se implicam em suas queixas? Pode-se pensar que esses efeitos evidenciam uma modificação da posição subjetiva de cada um deles frente às fantasias que os aprisionam?

Lacan (1955/1980) chamou de mito individual do neurótico a tentativa de dar sentido à falta que estrutura o sujeito. Talvez possamos dizer que provocamos o sujeito a dar outra forma ao mito familiar como ficção do impossível encontro que está na origem de cada um. Se desconstruimos uma versão ou pelo menos a colocamos em questão é para abrir espaço para outra.

Fazer operar o discurso analítico, na instituição ou fora dela, é provocar a divisão do sujeito. É fazer com que aquele de quem recebemos a palavra se divida em relação aos seus enunciados, seja ele a pessoa que nos fala, seja a própria instituição. Nesse sentido, é histericizar o discurso.

Contudo, apesar de cumprir uma finalidade didática para diferenciar as diferentes perspectivas de trabalho, o "dualismo" que estabelecemos entre as práticas avaliativas e interventivas e que atravessa todo este texto precisa ser melhor articulado[117], pois não corresponde exatamente à *praxis*. Afirmamos anteriormente esta dificuldade de definição, que corresponde à peculiaridade da inserção do psicanalista nas instituições, e citamos um texto no qual cotejamos a possibilidade desta difícil articulação (Miranda Jr., 2005).

Para ampliar as elaborações sobre o discurso analítico na atualidade, é preciso a contribuição de outros psicanalistas inseridos em experiências semelhantes. No caso dos conflitos familiares no Tribunal de Justiça, podemos indicar que, provavelmente, o acompanhamento de casos após as sentenças judiciais permita aprofundar o conhecimento clínico sobre este trabalho na interface[118].

---

[117] Esta observação foi feita por Mara Caffé durante a sua arguição na defesa da tese que gerou este texto.

[118] Sabemos que, em cidades menores, com uma população reduzida em relação à Belo Horizonte, esse acompanhamento acontece, muitas vezes informalmente.

A psicanálise tem sido convidada a se posicionar sobre o atendimento às demandas sociais de outras formas. O *Centre Psychanalytique de Consultation et de Traitement* (CPCT) é um exemplo ousado nesse sentido. A proposta é polêmica entre os psicanalistas e não vamos discuti-la aqui[119], mas podemos extrair dela o fato de que, ao abrir este empreendimento e colocar essas questões em discussão, surgem temas que tangenciam o nosso. Em uma breve "crônica", Victoria Horne-Reinoso (2006) discute as urgências familiares que aportam no CPTC de Paris e destaca um ponto que nos interessa. Os procedimentos frente ao problema, à demanda que chega, são variados e não padronizados. Para ela, a entrevista individual, o acolhimento em pequenos grupos, a intervenção de um ou mais analistas constituem um dispositivo no qual é preciso inventar a prática em cada caso. A autora emprega o termo "situação clínica" para diferenciá-lo de caso. "Caso" se tornará tal situação quando o analista consegue buscá-lo ali por meio de seu manejo.

É certo que nem sempre as circunstâncias favorecem o acontecimento de efeitos próprios do discurso analítico. Há muitas variáveis presentes no contexto do trabalho institucional. Uma delas é que o indivíduo é "enviado" para uma avaliação psicológica. Pelo menos esse é o discurso. O motivo de sua demanda à Justiça pode ser seu sofrimento em meio às questões próprias das relações amorosas e familiares. Porém, seu endereçamento ao psicólogo judicial é atravessado, a princípio, pela composição do litígio e pelo jogo jurídico relacionado ao convencimento. Seu sofrimento aparece ali como apêndice que deve ser explicitado para compor a imagem da pessoa lesada e mesmo da vítima ou deve ser escondido, camuflado, para não denotar suas questões com o desejo

---

Provavelmente as informações colhidas a partir desta peculiaridade poderão ser úteis nas reflexões sobre os pontos que vimos trabalhando.

[119] O CPCT, ligado à Escola Brasileira de Psicanálise, é fonte de debates calorosos na atualidade em torno de questões como sua pertinência ao campo psicanalítico, sua possibilidade de resposta às questões atuais do laço social, seu vínculo político com a sobrevivência da Psicanálise em meio ao crescimento dos discursos organicista, cognitivo e comportamentalista, entre outros. Informações atuais podem ser obtidas, por exemplo, nos *sites* <http://cpct.lyon.online.fr> e <http://www.ebp.org.br>. Esta experiência terminou, em Belo Horizonte, em dezembro de 2010.

do Outro. Modificar esse endereçamento é o que defendemos como possibilidade de um trabalho não estritamente pericial.

Contudo, não somente os elementos componentes do trâmite do processo judicial, sobre os quais os operadores do direito interferem, mas outros itens também influenciam na tentativa de modificação. Um deles é o fato de que mesmo que o indivíduo não esteja plenamente alienado no discurso jurídico, da forma como abordamos a composição deste discurso no processo judicial, ele encontra no psicólogo judicial alguém que ele não escolheu para falar de si. Nesse sentido, não se pode falar do traço inicial que captura a transferência, como Lacan indicou (1967/2003c). Muitas vezes, o sexo aparente do psicólogo, masculino ou feminino, interfere na fala do sujeito. Há casos nos quais é importante perceber as dificuldades de o indivíduo falar sobre determinados temas em função dessa questão.

Em alguns deles, e aqui remetemo-nos novamente à nossa própria experiência, o indivíduo tem falas e comportamentos diferentes quando está numa entrevista comigo ou com uma mulher, por exemplo, uma assistente social judicial que também trabalha no caso, ou uma estagiária. Em alguns casos, torna-se claro que inicialmente o sujeito havia feito um vínculo entre o sexo do psicólogo e o sexo de uma das partes processuais, como se os homens compartilhassem mais as questões masculinas e as mulheres compreendessem mais as femininas. Do ponto de vista imaginário, isso tem fundamento e, na verdade, pode ser um vetor de distorção na escuta dos casos, se nos deixarmos levar pelos ideais que nos alienam.

Nesse sentido, o tema da participação dos estagiários é relevante para nosso trabalho. Na Central há estagiários selecionados em períodos regulares para auxiliar os técnicos. Entendemos que o estágio é um momento especial no percurso de cada aluno e por isto o estruturamos em nosso setor de acordo com esta compreensão. Cada estagiário selecionado acompanha durante um ano um profissional específico do setor. O estagiário pode participar das discussões de caso e de outras atividades, mas permanece vinculado a apenas um profissional, com o qual trabalhará nos processos judiciais relacionados a este profissional[120].

[120] Esse formato já foi modificado algumas vezes desde a primeira redação desse texto. De qualquer forma, o que é mais importante é a transmissão da experiência do

Dessa forma, o estagiário participa diretamente de todo o tempo dos Estudos realizados pelos psicólogos. Por esse motivo, a preparação do estagiário é lenta e gradual. Inicialmente, ele assiste às entrevistas realizadas pelo psicólogo e as discute e contextualiza para, gradualmente, adquirir autonomia e realizar algumas tarefas sozinho. Cada profissional delega autonomia ao estagiário que o acompanha de acordo com as suas próprias avaliações do trabalho de seu auxiliar e de acordo com a sua compreensão do ponto aonde deve chegar esta autonomia sem interferir no resultado de seu trabalho. Afinal, é o psicólogo judicial que assina o relatório e que se expõe aos comentários e intervenções institucionais ou mesmo dos advogados.

Há estagiários que chegam ao final do período a fazer entrevistas sem a presença do psicólogo ou mesmo a realizar sozinhos os Estudos Psicológicos em processos menos complexos.

A questão a registrar aqui é a da presença, em muitas entrevistas, do psicólogo judicial e de um estagiário, simultaneamente. Em alguns dos casos citados neste trabalho, esta dupla presença nas entrevistas aconteceu, porém a direção do caso sempre foi dada por um dos dois presentes, enquanto o outro permanecia em uma posição menos interventiva. Nesse tipo de experiência, é curioso observar como algumas pessoas se endereçam mais a um ou outro entre os presentes, por vezes não sendo afetadas pela definição anterior de qual dos dois conduziria a entrevista. Os motivos podem ser, algumas vezes, supostos: a diferença de sexos, a diferença na posição institucional e mesmo acadêmica, a diferença de idade, entre outros. As experiências são muito variadas.

Contudo, o que queremos enfatizar é a necessidade de considerar essa variável no trabalho institucional. Não é o indivíduo que escolhe o profissional e, algumas vezes, considerar corretamente os detalhes do campo imaginário pode ser fundamental para o trabalho acontecer, tanto para facilitar o deslocamento transferencial quanto para obstar qualquer tentativa de intervenção.

Houve casos nos quais a intervenção do estagiário foi fundamental. Há outros em que foi preciso ter manejo dos endereçamentos

---

manejo dos casos na interface.

diferenciados para o psicólogo e para o estagiário. Há outros ainda nos quais puderam manejar os componentes imaginários dos endereçamentos iniciais a favor da tentativa de intervenção. Tudo isso depende muito da leitura que se faz do caso e das possibilidades na sua direção, o que pode incluir o cálculo sobre a presença do estagiário.

Optamos por não enfatizar esse aspecto no trabalho com os casos citados, porém indicamos a importância de refletir melhor sobre esse ponto do trabalho em futuras pesquisas.

Apesar de todas essas variáveis que compõem o trabalho do psicanalista na instituição, entendemos que a existência do psicanalista e da própria Psicanálise depende desse exercício, dessa tentativa constante de produzir, mesmo sob condições precárias, o advento de um sujeito (Garcia, 2000). Afinal, conforme Lacan[121] (*apud* Guyomard, 1998), a Psicanálise não é uma ciência, é uma prática. Nesse sentido, o psicanalista não é um *expert*. Lacan (1967/1998, p. 255-56) disse que sobre os objetos que a linguagem trouxe ao mundo da realidade da exploração inter-humana, "não se pode dizer que o psicanalista seja perito. Isso seria bom, mas, na verdade, é muito pouco".

É a questão da prática que implica o psicanalista na ética que o movimenta. A ética não é algo estabelecido, não é norma, moralidade ou lei. De acordo com Guyomard (2007), a ética é um debate que "consiste muito mais em deixar uma margem de liberdade às exceções do que impor normas fixas" a serem aplicadas da mesma forma a todos. Neste sentido, a ética se relaciona à interpretação da lei. Por isso, para este mesmo autor (Guyomard, 1998), o lugar do psicanalista é rebelde a toda identificação e não pode se preservar senão se reinterpretando[122].

Em relação à interface da prática psicanalítica com o discurso jurídico, podemos afirmar que é possível caminhar na medida em que o psicanalista toma a demanda institucional de forma similar àquela pela qual toma a demanda de todo sujeito: partindo da pergunta sobre

---

[121] "La psychanalyse n'est pas une science, c'est une pratique". Conferénces et entretiens dans des universités nord-américanes. Scilicet nº 6/7. Seuil, Paris, 1976 p. 53.

[122] "Cette place rebelle à toute identification ne se garde qu'en se réinterprétant" (Guyomard, 1998. p. 16).

o que isso quer dizer. Se não podemos desconsiderar a demanda, pois ela indica a resposta possível, sabemos que ela não leva às saídas se não for manejada a partir de um lugar que não deseje ter respostas prontas. O psicanalista aceita a demanda, mas não procura corresponder a ela. Ele sabe, pela experiência do inconsciente, que a demanda se diferencia do desejo.

Permanecer no lugar de perito *stricto sensu* é estar na contramão do discurso analítico. Por isso, a necessidade de enfrentar a experiência por um outro viés, aquele que indica à instituição a importância de desestabilizar pontualmente o discurso do mestre.

Não abrimos mão de um suposto saber alicerçado nas denominações que nos localizam: ciência, Psicologia, Direito e, na interação delas, "Psicologia jurídica". É justamente este saber suposto que nos permite o início do trabalho, pois é aceitando esta suposição que acolhemos a demanda para depois provocar o desejo. Por isso, é importante esse adjetivo que acompanha o "saber". Assim, aceitamos o *status* de perito para daí construirmos outro trabalho na interface com o direito de família.

Por outro lado, é importante também colocar em questão o discurso analítico e não recuar frente àquilo que se lhe opõe. É essa a razão de termos empreendido esta tarefa, de termos enfrentado os limites e verificado as possibilidades da atuação do psicanalista nos conflitos de família no Tribunal de Justiça.

Para Foucault (1994, p. 74), não é a sistematização de um discurso que detém sua verdade, mas, "ao contrário, sua possibilidade de dissociação, de reutilização, de reimplantação[123]". Colocar o sujeito do inconsciente (a conjectura sobre o sujeito do inconsciente) à prova frente a outras concepções de subjetividade que se desprendem de outras práticas é o que pode indicar à Psicanálise suas possibilidades e suas limitações.

---

[123] "Ce n'est pas la systematicité d'un discours qui détient sa vérité, mais, au contraire, sa possibilité de dissociation, de réutilisation, de réimplantation ailleurs" (Entretien avec P. Werner) Politique. Hebdo nº 212: Délier la folie, 4-10 mars 1976, p. 14-16 (sur T. Szasz: Fabriquer la Folie, trad. M. Manin et J.-P. Cottereau. Paris, Payor, 1976) p. 74-79.

De um ponto de vista político, pode ser que a interface da Psicanálise com o Direito de família possa também indicar uma forma de resistência ao poder normalizador. De acordo com Fonseca (2002), podemos destacar na obra de Foucault três imagens do direito: o Direito como legalidade, relacionado ao princípio da soberania, cujo tema central é o da legitimidade do poder; o Direito normalizado-normalizador, relacionado aos mecanismos da disciplina e do biopoder (que nos interessou particularmente no Capítulo 3); e o "Direito novo", relacionado à desconfiança de todas as "formas" do direito – a forma da lei e da produção legislativa, as formas das instâncias de julgamento, a forma da reprodução do saber jurídico – e à possibilidade de práticas implicadas com o direito nas quais se realiza algum tipo de resistência à normalização.

Entendemos que o discurso analítico, ao questionar a suposta linearidade do discurso institucional jurídico pela consideração da contingência do desejo, pode contribuir para a postura de não alienação a que convida o ensino de Foucault. É evidente que nossa prática é apenas um ponto (Uma interrogação? Uma pontuação?) no seio do discurso jurídico, mas entendemos que o psicanalista na instituição não deve recuar de sua posição política; afinal, a tarefa analítica implica interferir nos efeitos de alienação da política de produção das verdades.

Foucault (2002) disse que Lacan "buscava na Psicanálise não um processo de normalização dos comportamentos, mas uma teoria do sujeito"[124] que pudesse achar uma outra via diferente da concepção do sujeito radicalmente livre ou daquela do sujeito determinado pelas condições sociais. Indo um pouco mais além, Rosa, Carignato e Berta (2006) afirmam que é com a questão do sujeito do inconsciente que a Psicanálise pode contribuir na resistência à instrumentalização social do gozo. Tal instrumentalização está relacionada ao discurso capitalista no qual acontece a colagem do objeto da demanda ao objeto de consumo, discurso que, tanto quanto outros, mostra sua face totalitária na tentativa de fazer coincidir o ideal do eu com o objeto de gozo. Para essas autoras, a experiência do desejo implica criar, inventar o que

[124] Entrevista de Foucault a J. Nobecourt, em 1981, e publicada com o título "Problematização do Sujeito: Psicologia, Psiquiatria e Psicanálise".

deve estar no lugar vazio e sem autor do sujeito. O discurso jurídico, se submetido à lógica científica e de mercado, tenderá também a se opor à emergência das singularidades e do imprevisível.

Assim, a Psicanálise também deve se colocar à prova. De acordo com Lacan (1967/2003c, p. 258), "só temos escolha entre enfrentar a verdade ou ridicularizar nosso saber". Optamos pelo caminho de não ridicularizar nosso saber, pelo caminho da prática que incita ao debate constante e que nos retira da cômoda estabilidade do conceito estabelecido.

Entretanto, caminhar na interface não é simples. Exige uma articulação que reconheça seus impasses. Ao mesmo tempo, é gratificante reconhecer algo novo que surge. Uma imagem utilizada por Célio Garcia[125] é interessante neste caminho: a ferrugem. Um metal é exposto à noite ao orvalho. Pela manhã, aparece a ferrugem. Ela não é o metal de antes, nem se reduz ao orvalho. É o que surgiu da interação. A substância se modificou. Esta é a interface. O que fazer com a ferrugem? Ela pode permanecer sem a atenção de ninguém, ela pode se tornar um objeto de estudo ou mesmo uma obra de arte. Depende de quem a toma.

---

[125] Célio Garcia utilizou esta imagem na palestra intitulada "Psicanálise Aplicada", no dia 26/11/2006, no Curso de Especialização em "Clínica Psicanalítica na Atualidade: Contribuições de Freud e Lacan", da PUC Minas São Gabriel.

REFERÊNCIAS

ALMEIDA, M. C. Paternidade biológica, socioafetiva, investigação de paternidade e DNA. In: CONGRESSO BRASILEIRO DE DIREITO DE FAMÍLIA. 3 – **Família e cidadania**: o novo CCB e a vacatio legis. 2001, Belo Horizonte. Anais. Belo Horizonte: IBDFAM/Del Rey, 2002. p. 449-460.

ALVARENGA, L. L. **Na Escuta do Laço Conjugal**. Uma proposta de um novo modelo teórico-clínico. Rio de Janeiro: UAPÊ, 1996.

ANSERMET, F. **Clinique de l'Origine**. L'enfant entre le médicine et la psychanalyse. Paris : Psyché/Payot Lausanne. 1999.

ARAGÃO, L. T. O casamento acabou, viva o casamento. Estigma social e sexualidade na cultura brasileira. In: CALLIGARIS C. et al. **O Laço Conjugal**. 2 ed. Porto Alegre: Artes e Ofícios, 1999. p. 49-64.

ARIÉS, P. **História Social da Criança e da Família**. Rio de Janeiro: Zahar, 1978.

BALANDIER, G. **O Poder em cena**. Brasília: Editora UnB, 1982.

BATISTA PINTO, E. Pesquisa Qualitativa em Psicologia Clínica. **Psicologia USP**. São Paulo, v.1/2, n 15, p. 71-80, 2004.

BEVILACQUA, C. **Teoria Geral do Direito Civil**. Rio de Janeiro: Francisco Alves, 1929.

BEZERRA JR., B. Subjetividade Moderna e o Campo da Psicanálise. In: BIRMAN, J. (Org.). **Freud**: 50 anos depois. Rio de Janeiro: Relume-Dumará, 1989. p. 219-239.

BIRMAN, J. **Psicanálise, Ciência e Cultura**. Rio de Janeiro: Ed. Zahar, 1994.

BITTAR, E. C. B.; ALMEIDA, G. A. **Curso de Filosofia do Direito**. 4 ed. São Paulo: Atlas, 2005.

BOHANNAN, P. A antropologia e a lei. In: **Panorama da Antropologia**. São Paulo: Editora Fundo de Cultura, 1966. p. 165 – 173.

BOBBIO, N. et al. **Dicionário de Política**. 5 ed. Brasília: Universidade de Brasília. São Paulo: Imprensa Oficial do Estado de São Paulo, 2000.

BRASIL, M. A. C. O anel que tu me deste. In: Calligaris et al. **O Laço Conjugal**. 2 ed. Porto Alegre: Artes e Ofícios, 1999. p.101-110.

BREUER, J.; FREUD, S. (1983-95). **Estudos sobre a Histeria**. Rio de Janeiro: Imago, 1980. (Edição Standard das Obras Psicológicas Completas de Sigmund Freud, v. 2).

BRITO, L. M. T. Guarda Conjunta: conceitos, preconceitos e prática no consenso e no litígio. In: CONGRESSO BRASILEIRO DE DIREITO DE FAMÍLIA. 4 – **Afeto, Ética, Família e o novo Código Civil**, 2003. Belo Horizonte. Anais. Belo Horizonte: IBDFAM/Del Rey, 2004. p.354-367.

BRITO, L. M. T. Alianças desfeitas, ninhos refeitos: mudanças na família pós-divórcio. In: BRITO, L. M. T. (Org.). **Famílias e Separações**. Perspectivas da Psicologia Jurídica. Rio de Janeiro: Eduerj, 2008. p.17-47.

BRUNO, D. D. Posse do estado de filho. In: CONGRESSO BRASILEIRO DE DIREITO DE FAMÍLIA. 3 – **Família e cidadania**: o novo CCB e a vacatio legis. 2001, Belo Horizonte. Anais. Belo Horizonte: IBDFAM/Del Rey, 2002. p. 461-472.

CAFFÉ, M. **Psicanálise e Direito**. A escuta analítica e a função normativa jurídica. São Paulo: Quartier Latin, 2003.

CALEJON, L. M. C; BEATÓN, G. A. **Avaliação Psicológica, os testes e o diagnóstico explicativo**. Piracicaba: G. E. Degaspari, 2002.

CALLIGARIS, C. O grande casamenteiro. Questionamentos psicanalíticos sobre o que nos leva a casar. In: CALLIGARIS et al. **O Laço Conjugal**. 2 ed. Porto Alegre: Artes e Ofícios, 1999. p.11-23.

CARAM, C.T.R.M.et al. Família: o que sai desse baú? In: MEIRA, Y.M. (Org.) **O porão da família**. Ensaios de psicanálise. São Paulo: Casa do Psicólogo, 2003. p.43-53.

CASEY, J. **A História da Família**. São Paulo: Ática. 1992.

CECCARELLI, P.R. Diferenças sexuais...? Quantas existem? In: ___________ (Org.) **Diferenças Sexuais.** São Paulo: Escuta, 1999 p. 151-160.

CHAVES, J. C. Os amores e o ordenamento das práticas amorosas no Brasil da *belle époque*. **Análise Social**, [S.l.], v. XII, 180, 2006. p. 827-846.

CHIOVENDA, G. **Instituições de direito processual civil**. Campinas: Bookseller, 2000.

COSTA, J. F. **Ordem Médica e Norma Familiar**. 3 ed. Rio de Janeiro: Graal, 1989.

DEL PRIORE, M. (Org.). **História da Criança no Brasil**. São Paulo: Contexto, 1991.

DEL PRIORE, M. (Org.). **História das Mulheres no Brasil**. 5 ed. São Paulo: Contexto, 2001.

DIAS, M. B. Filiação homoafetiva. In: CONGRESSO BRASILEIRO DE DIREITO DE FAMÍLIA. 4 – **Afeto, Ética, Família e o novo Código Civil**. 2003. Belo Horizonte. Anais. Belo Horizonte: IBDFAM/ Del Rey, 2004. p. 393-397.

DINIZ, M. H. **Dicionário Jurídico**. São Paulo: Saraiva, 1998.

DINIZ, M. H. **Curso de Direito Civil Brasileiro**. 5 vol. Direito de Família – 21 ed. São Paulo: Saraiva, 2006.

DOBÓN, J. El Sujeto en el laberinto de discursos. Algunos aportes del psicoanálisis al campo psi-jurídico. In: ___________(comp.). **Lo Público, Lo Privado, Lo Íntimo**. Consecuencias de la ley em el sujeto. Buenos Aires: Letra Viva, 2001. p. 43-75.

DOLTO, F. **Quando os pais se separam**. Rio de Janeiro: Jorge Zahar, 2003.

DONZELOT, J. **A Polícia das Famílias**. Rio de Janeiro: Graal, 1980.

DUARTE, L. P. L. **A guarda dos filhos na família em litígio**. Uma interlocução da psicanálise com o direito. Rio de Janeiro: Lúmen Júris, 2006.

DUMONT, L. **Ensayos sobre el individualismo**. Madrid: Alianza Editorial, 1987

DUQUE, C. Simulação. In: TABORDA, J.G.V.; CHALUB, M.; ABDALLA-FILHO, E. **Psiquiatria Forense**. Porto Alegre: Artmed, 2004. p. 93-104.

ÉDIPO, COMPLEXO DE. In: KAUFMANN, P. **Dicionário Enciclopédico de Psicanálise**: o legado de Freud e Lacan. Rio de Janeiro: Zahar, 1996. p. 135-142.

EGLIN, M. Deux histoires de famille: chez le juge des enfants, chez le défenseur des enfants. **Terre du Cien – Journal du Centre Interdisciplinaire sur l'Enfant**. Institut du Champ Freudien.Chaponost. n. 22 Janvier 2008 p. 5-8.

ETELMAN, R. Aportes de la formación de una epistemologia jurídica en base a algunos analisis del funcionamiento del discurso jurídico. In: LEGENDRE, P. et al. **El Discurso Jurídico** – perspectiva psicoanalítica y otros abordajes epistemológicos. Buenos Aires: Hachette, 1982. p. 85-109.

EWALD, F. **Foucault**. A Norma e o Direito. Lisboa: Veja, 1993.

FACHIN, L.E. A nova filiação – crise e superação do estabelecimento da paternidade. In: Repensando o Direito de Família. In: CONGRESSO BRASILEIRO DE DIREITO DE FAMÍLIA, 1 – 1997. Belo Horizonte. **Anais**. Belo Horizonte: Del Rey, 1999. p. 123-133.

FAYOL-NOIRETERRE, J.-M. Les enfants ne disent pas toute la vérité. **Terre du Cien – Journal du Centre Interdisciplinaire sur l'Enfant.** Institut du Champ Freudien. Chaponost. n. 22, Janvier, 2008. p. 8-10.

FERDINAND DE SAUSSURE. In: **Wikipédia, a enciclopédia livre**. Disponível em: <http://pt.wikipedia.org/wiki/Ferdinand_de_Saussurre>. Acesso em: 19 jun. 2007.

FERRAZ JÚNIOR, T. S. **A ciência do direito**. 2 ed. São Paulo: Atlas, 1980.

FÉRES-CARNEIRO, T. Conjugalidade: um estudo sobre as diferentes dimensões da relação amorosa heterossexual e homossexual. In: __________. (Org.). **Casal e Família**. Rio de Janeiro: Nau, 1999. p. 96-117.

FIGUEIREDO, A. C.; NOBRE, L.; VIEIRA, M. A. Pesquisa clínica em psicanálise: a elaboração de um método. In: FIGUEIREDO, A.C.

(Org.). **Psicanálise**: Pesquisa e Clínica. Rio de Janeiro: Ed. IPUB/CUCA, 2001 p. 11-23.

FIGUEIREDO, L. M. C. **Matrizes do Pensamento Psicológico**. 2 ed. Petrópolis: Vozes, 1993.

FINK, B. **O sujeito lacaniano**. Entre a linguagem e o gozo. Rio de Janeiro: Jorge Zahar, 1998.

FIÚZA, C. **Direito Civil**: curso completo. 9 ed. Belo Horizonte: Del Rey, 2006.

FONSECA, M. A. **Michel Foucault e o Direito**. São Paulo: Max Limonad, 2002.

FOUCAULT, M. **A Arqueologia do Saber**. 3 ed. Rio de Janeiro: Forense Universitária, 1987.

FOUCAULT, M. **Microfísica do Poder**. 10 ed. Rio de Janeiro: Graal, 1992.

FOUCAULT, M. **A História da Loucura na Idade Clássica**. São Paulo, Perspectiva, 1993.

FOUCAULT, M. **Dits et écrits** II (1970-75). Paris: Gallimard, 1994.

FOUCAULT, M. **A Verdade e as Formas Jurídicas**. Rio de Janeiro: Nau, 1996.

FOUCAULT, M. **História da Sexualidade**. I: A Vontade de Saber. 16 ed. Rio de Janeiro: Graal, 2001.

FOUCAULT, M.. **Ditos e Escritos I**. 2 ed. Rio de Janeiro: Forense Universitária, 2002.

FREUD, S. **A Interpretação dos Sonhos**. Rio de Janeiro: Imago, 1980. (Edição Standard Brasileira das Obras Psicológicas Completas de Sigmund Freud, v. 4 e 5).

FREUD, S. **Três Ensaios Sobre a Teoria da Sexualidade**. Rio de Janeiro: Imago, 1980. (Edição Standard das Obras Psicológicas Completas de Sigmund Freud, v. 7).

FREUD, S. **Fragmento da Análise de um Caso de Histeria**. Rio de Janeiro: Imago, 1980. (Edição Standard Brasileira das Obras Psicológicas Completas de Sigmund Freud, v. 7).

FREUD, S. **A psicanálise e a determinação dos fatos nos processos jurídicos**. Rio de Janeiro: Imago, 1980. (Edição Standard das Obras Psicológicas Completas de Sigmund Freud, v. 9).

FREUD, S. **Fantasias histéricas e sua relação com a bissexualidade**. Rio de Janeiro: Imago, 1980. (Edição Standard das Obras Psicológicas Completas de Sigmund Freud, v. 9). p. 163-174.

FREUD, S. **Moral sexual civilizada e doença nervosa moderna**. (Edição Standard das Obras Psicológicas Completas de Sigmund Freud, v. 9). p. 187-208.

FREUD, S. **Análise de uma fobia em um menino de cinco anos**. (Edição Standard das Obras Psicológicas Completas de Sigmund Freud, v. 10). p. 15-154.

FREUD, S. **Romances familiares**. Rio de Janeiro: Imago, 1980. (Edição Standard das Obras Psicológicas Completas de Sigmund Freud, v. 9). p. 243-249.

FREUD, S. **Cinco Lições de Psicanálise**. Rio de Janeiro: Imago, 1980. (Edição Standard das Obras Psicológicas Completas de Sigmund Freud, v. 11). p. 7-51.

FREUD, S. **Um tipo especial de escolha de objeto feita pelos homens**. (Contribuições à psicologia do amor I). Rio de Janeiro: Imago, 1980. (Edição Standard das Obras Psicológicas Completas de Sigmund Freud, v. 11). p. 149-157.

FREUD, S. **Sobre a tendência universal à depreciação na esfera do amor**. (Contribuições à psicologia do amor II). Rio de Janeiro: Imago, 1980. (Edição Standard das Obras Psicológicas Completas de Sigmund Freud, v. 11). p. 163-178.

FREUD, S. **A Dinâmica da Transferência.** Rio de Janeiro: Imago, 1980. (Edição Standard das Obras Psicológicas Completas de Sigmund Freud, v. 12). p. 131-143.

FREUD, S. **Totem e Tabu**. Rio de Janeiro: Imago, 1980. (Edição Standard das Obras Psicológicas Completas de Sigmund Freud, v. 13).

FREUD, S. **Sobre o narcisismo**: uma introdução. Rio de Janeiro: Imago, 1980. (Edição Standard das Obras Psicológicas Completas de Sigmund Freud, v. 14). p. 89-121.

FREUD, S. **História do Movimento Psicanalítico**. Rio de Janeiro: Imago, 1980. (Edição Standard das Obras Psicológicas Completas de Sigmund Freud, v. 14). p. 16-88.

FREUD, S. **O instinto e suas vicissitudes**. Rio de Janeiro: Imago, 1980. (Edição Standard das Obras Psicológicas Completas de Sigmund Freud, v. 14).

FREUD, S. **Observações Sobre o Amor Transferencial**. (Novas recomendações sobre a técnica da psicanálise III). Rio de Janeiro: Imago, 1980. (Edição Standard das Obras Psicológicas Completas de Sigmund Freud, v. 12). p. 207-221.

FREUD, S. **O tabu da virgindade.** (Contribuições à psicologia do amor III). Rio de Janeiro: Imago, 1980. (Edição Standard das Obras Psicológicas Completas de Sigmund Freud, v. 11). p. 179-198.

FREUD, S. **História de uma neurose infantil**. Rio de Janeiro: Imago, 1980. (Edição Standard das Obras Psicológicas Completas de Sigmund Freud, v. 17). p. 13-151.

FREUD, S. **Uma criança é espancada**. Rio de Janeiro: Imago, 1980. (Edição Standard das Obras Psicológicas Completas de Sigmund Freud, v. 17). p. 225-257.

FREUD, S. **Dois verbetes de enciclopédia**. Rio de Janeiro: Imago, 1974. (Ed. Standard das Obras Psicológicas Completas de Sigmund Freud – v. 18). p. 287-314.

FREUD, S. **A dissolução do complexo de Édipo.** Rio de Janeiro: Imago, 1980. (Edição Standard das Obras Psicológicas Completas de Sigmund Freud, v. 19). p. 217-224.

FREUD, S. **A perda da realidade na neurose e na psicose**. Rio de Janeiro: Imago, 1980. (Edição Standard das Obras Psicológicas Completas de Sigmund Freud, v. 19). p.229-230.

FREUD, S. **Mal-estar na civilização**. Rio de Janeiro: Imago, 1980. (Edição Standard das Obras Psicológicas Completas de Sigmund Freud, v. 21). p. 81-177.

FREUD, S. **O parecer do perito no caso Halsmann**. Rio de Janeiro: Imago, 1980. (Edição Standard das Obras Psicológicas Completas de Sigmund Freud, v. 21). p.287-289.

GARCIA, C. **Psicologia Jurídica**. Operadores do Simbólico. Belo Horizonte: Del Rey, 2004.

GARCIA, C. **Clínica do Social**. Belo Horizonte: Ed. UFMG, 2000.

GARCIA-ROZA, L. A. **Palavra e Verdade na filosofia antiga e na psicanálise**. Rio de Janeiro: Zahar, 1990.

GIORGIS, J. C. T. A natureza jurídica da relação homoerótica. In: CONGRESSO BRASILEIRO DE DIREITO DE FAMÍLIA. 3 – **Família e cidadania**: o novo CCB e a vacatio legis. 2001, Belo Horizonte. Anais. Belo Horizonte: IBDFAM/Del Rey, 2002. p.109-141.

GOMES, O. **Raízes Históricas e Sociológicas do Código Civil Brasileiro**. São Paulo: Martins Fontes, 2003.

GOMES, R. M. M. Freud, Dostoievski e o parricídio: o que a obra literária ensina à teoria psicanalítica. In: I CONGRESSO NACIONAL DE PSICANÁLISE, DIREITO E LITERATURA – FICÇÕES DA LEI, LEIS DA FICÇÃO. 2009. Belo Horizonte. **Anais**. Belo Horizonte: Fac. Milton Campos, 2009 p. 359-374. CD-ROM.

GUILHON ALBUQUERQUE, J. A. **Instituição e Poder**. Rio de Janeiro: Graal, 1980.

GUIRADO, M. **Psicanálise e Análise do Discurso**: matrizes institucionais do sujeito psíquico. São Paulo: Summus, 1995.

GUYOMARD, P. **Le désir d'éthique**. Paris: Aubier, 1998.

GUYOMARD, P. Au-delà du Complexe d'Oedipe. In: GUYOMARD, P.; MAJOR, R. (Orgs.). **Depuis Lacan.** Colloque de Cerisy. Paris: Aubier, 2000. p. 13-29.

GUYOMARD, P. A Lei e as leis. In: ALTOÉ, S. (Org.). **A Lei e as leis**. Direito e Psicanálise. Rio de Janeiro: Revinter, 2007. p. 1-59.

HANLY, C. **O problema da verdade na psicanálise aplicada**. Rio de Janeiro: Imago, 1995.

HEGENBERG, L. **Significado e conhecimento**. SP: EPU/Universidade de São Paulo, 1975.

HERRMANN, F. Pesquisando com o método psicanalítico. In: HERRMANN, F.; LOWENKRON, T. (Orgs.). **Pesquisando com o Método Psicanalítico**. São Paulo: Casa do Psicólogo, 2004. p. 43-83.

HESSEN, J. **Teoria do Conhecimento**. 2 ed. São Paulo: Martins Fontes, 2003.

HORNE-REINOSO, V. Chronique du CPTC. L'enfant et les urgences familiales. In : **Lettre Mensuelle**. Ecole de la Cause Freudienne. Paris, n. 251, set/out 2006. p. 14-16.

HUIZINGA, J. **Homo ludens**. O jogo como elemento da cultura. São Paulo: Perspectiva, 1980.

KOZICKI, E. A. Discurso Jurídico y Discurso Psicoanalítico. El Derecho como texto sin sujeto. In: LEGENDRE, P. et al. **El Discurso Jurídico** – perspectiva psicoanalítica y otros abordajes epistemológicos. Buenos Aires: Hachette, 1982. p. 23-39.

LACAN, J. **O mito individual do neurótico**. Lisboa: Assírio e Alvim, 1980. p. 61-62.

LACAN, J. **O Seminário Livro 20 – Mais, ainda**. 2 ed. Rio de Janeiro: Jorge Zahar, 1985.

LACAN, J. **O Seminário Livro 1** – Os escritos técnicos de Freud. Rio de Janeiro: Jorge Zahar, 1986.

LACAN, J. **O Seminário Livro 2** – O eu na teoria de Freud e na técnica da psicanálise. 2 ed. Rio de Janeiro: Jorge Zahar, 1987.

LACAN, J. **Os Complexos Familiares**. 2 ed. Rio de Janeiro: Jorge Zahar, 1990a.

LACAN, J. **O Seminário Livro 11** – Os Quatro Conceitos Fundamentais da Psicanálise. 4 ed. Rio de Janeiro: Jorge Zahar, 1990b.

LACAN, J. **O Seminário Livro 7** – A ética da psicanálise. 2 ed. Rio de Janeiro: Jorge Zahar, 1991.

LACAN, J. **Seminário Livro 8** – A Transferência. Rio de Janeiro: Jorge Zahar, 1992a.

LACAN, J. **Seminário Livro 17** – O avesso da psicanálise. Rio de Janeiro: Jorge Zahar, 1992b.

LACAN, J. **O Seminário Livro 4** – A relação de objeto. Rio de Janeiro: Jorge Zahar, 1995.

LACAN, J. Função e campo da fala e da linguagem em psicanálise. In: **Escritos**. Rio de Janeiro: Zahar, 1998a. p. 238-324.

LACAN, J. De nossos antecedentes. In: **Escritos**. Rio de Janeiro: Jorge Zahar, 1998b. p. 69-76.

LACAN, J. Subversão do sujeito e dialética do desejo no inconsciente freudiano. In: **Escritos**. Rio de Janeiro: Zahar, 1998c. p. 807-842.

LACAN, J. Observações sobre o relatório de Daniel Lagache: "Psicanálise e estrutura da personalidade". In: **Escritos**. Rio de Janeiro: Zahar, 1998d. p. 653-691.

LACAN, J. A juventude de Gide. In: **Escritos**. Rio de Janeiro: Zahar, 1998e. p. 739-775.

LACAN, J. A direção do tratamento e os princípios de seu poder. In: **Escritos**. Rio de Janeiro: Zahar, 1998f. p. 591-652.

LACAN, J. **O Seminário Livro 5** – As formações do inconsciente. Rio de Janeiro: Jorge Zahar, 1999.

LACAN, J. Televisão. In: **Outros Escritos**. Rio de Janeiro: Jorge Zahar, 2003a. p. 508-543

LACAN, J. Nota sobre a criança. In: **Outros Escritos**. Rio de Janeiro: Jorge Zahar, 2003b. p. 369-370.

LACAN, J. Proposição de 9 de Outubro dde 1967 sobre o psicanalista na Escola. In: **Outros Escritos**. Rio de Janeiro: Jorge Zahar, 2003c. p.248-264.

LAPLANCHE, J. e PONTALIS, J.-B. **Vocabulário de Psicanálise**. 9 ed. São Paulo: Martins Fontes, 1986.

LEGENDRE, P. **O amor do censor**. Rio de Janeiro: Forense, 1983.

LEGENDRE, P. Seriam os fundamentos da Ordem Jurídica razoáveis? In: ALTOÉ, S.(Org.). **Sujeito do Direito. Sujeito do Desejo.** Rio de Janeiro: Revinter, 1999. p. 17-31.

LÉVI-STRAUSS, C. **A família** – Origem e Evolução. Porto Alegre, Villla Martha, 1980.

LÉVI-STRAUSS, C. **Estruturas Elementares do Parentesco**. Petrópolis: Vozes, 1982.

LINTON, R. **O Homem**. Uma introdução à antropologia. 12 ed. São Paulo: Martins Fontes, 2000.

LOWENKRON, T. S. O objeto da investigação psicanalítica. In: HERRMANN, F.;

LOWENKRON, T. (Orgs.). **Pesquisando com o Método Psicanalítico**. São Paulo: Casa do Psicólogo, 2004. p. 21-31.

MAUSS, M. **Sociologia e Antropologia**. São Paulo: Cosac & Naify, 2003.

MALINOWSKI, B. **Crime e costume na sociedade selvagem**. Brasília: Editora Universidade de Brasília; São Paulo: Imprensa Oficial do Estado, 2003.

MARQUES, J.F. **Instituições de Direito Processual Civil**. Campinas: Millenium, 1999. v. III.

MARQUES NETO. A. R. **Sujeitos coletivos de direito**: pode-se considerá-los a partir de uma referência à psicanálise? In: II ENCONTRO INTERNACIONAL DE DIREITO ALTERNATIVO. Florianópolis, 1993. (mimeografado).

MELMAN, C. Como ser feliz no amor em uma lição. In: CALLIGARIS C. et al. **O Laço Conjugal**. 2 ed. Porto Alegre: Artes e Ofícios, 1999 p. 79-90.

MILLER, D. As três transferências. In: **Clínica Lacaniana**: Casos clínicos do campo freudiano. Rio de Janeiro: Jorge Zahar, 1989. p. 44-50.

MILLER, J.-A. **Percurso de Lacan**. 2 ed. Rio de Janeiro: Jorge Zahar, 1988.

MILLER, J.-A. Cosas de familia en el inconsciente. In: **Rev. Mediodicho** – Escuela de Orientacion Lacaniana. Cordoba, n. 32, p. 11-23, ago 2007.

MIRA Y LÓPEZ, E. **Psicologia Jurídica**. Buenos Aires: Paidós, 1945.

MIRANDA JR., H.C. Psicologia e Justiça. A psicologia e as práticas judiciárias na construção do ideal de justiça. In: **Psicologia**: Ciência e Profissão. Brasília, n.1, p. 28-37, 1998.

MIRANDA JR., H. C.**A Pessoa em Desenvolvimento**. O sujeito de direito e o discurso psicológico nas leis brasileiras para a infância e juventude (1927, 1979 e 1990). 1999. Dissertação. (Mestrado em Psicologia Social). Universidade Federal de Minas Gerais. Belo Horizonte, 2000.

MIRANDA JR., H. C. Psicanálise e Avaliação Psicológica no Âmbito Jurídico. In: SHINE, S. (Org.). **Avaliação psicológica e lei**: vitimização, separação conjugal, dano psíquico e outros temas. São Paulo: Casa do Psicólogo, 2005. p. 159-174.

MIRANDA JR., H. C. **O Direito e os Personagens da Família**. Uma leitura antropológica do processo civil em direito de família, 2005. Inédito.

MIRANDA JR., H. C. **Palavra e verdade na ciência e na psicanálise**: Algumas contribuições sobre aproximações e diferenças, 2005. Inédito.

MIRANDA JR., H. C. Os nomes jurídicos do amor. In: XVI ENCONTRO BRASILEIRO DO CAMPO FREUDIANO. 2006. Belo Horizonte. **Anais**. EBP. 2006 p. 71-73.

MONTENEGRO FILHO, M. **Curso de Direito Processual Civil**. Teoria Geral do Processo e Processo de Conhecimento. V. 1. São Paulo: Atlas, 2005.

MORAES, J. & FRIDMAN, S. Medicina forense, psiquiatria forense e lei. In: TABORDA, J.G.V.; CHALUB, M.; ABDALLA-FILHO, E. **Psiquiatria Forense**. Porto Alegre: Artmed, 2004. p. 21-29.

NASCIMENTO, Á. B. **A retextualização como instrumento de manipulação no discurso jurídico penal**. 2007. Dissertação de Mestrado – Estudos Linguísticos. Universidade Federal de Minas Gerais. Belo Horizonte, 2007.

NASCIMENTO, W. V. **Lições de história do direito**. 14 ed. Rio de Janeiro: Forense, 2004.

NERY JÚNIOR, N.; ROSA, M. A. N. **Novo Código Civil e Legislação Extravagante Anotados**. São Paulo: Revista dos Tribunais, 2002.

NOMINÉ, B. **O sintoma e a família**. Conferências belorizontinas. Belo Horizonte: Escola Brasileira de Psicanálise, 1997.

OGILVIE, B. **Lacan**. A formação do conceito de sujeito (1932-1949). 2 ed. Rio de Janeiro: Jorge Zahar, 1991.

OTONI DE BARROS, F. (Org.). **Contando "Causo"**. Psicanálise e Direito: a clínica em extensão. Belo Horizonte: Unicentro Newton Paiva; Del Rey, 2001.

OTONI DE BARROS, F. (Org.). **Do Direito ao Pai**. A paternidade no tribunal e na vida – 2ª ed. Belo Horizonte: Del Rey, 2005.

PATOUX-GUERBER, C. Juízes para salvar o pai? **Rev. Curinga – Lacan e a Lei** – Escola Brasileira de Psicanálise. Belo Horizonte. v. 17. p. 96-105, Nov. 2001.

PEREIRA, R. C. **A sexualidade vista pelos Tribunais**. 2 ed. Belo Horizonte: Del Rey, 2001.

PEREIRA, R. C. A primeira lei é uma lei de direito de família: A Lei do pai e o fundamento da lei. In: GROENINGA, G. C.; PEREIRA, R.C. (Coords). **Direito de Família e Psicanálise**. Rumo a uma nova epistemologia. Rio de Janeiro: Imago, 2003. p. 17-29.

PEREIRA, T. S. Famílias Possíveis: Novos paradigmas na convivência familiar. In: In: CONGRESSO BRASILEIRO DE DIREITO DE FAMÍLIA, 4 – **Afeto, Ética, Família e o novo Código Civil**. 2003. Belo Horizonte. Anais. Belo Horizonte: IBDFAM/Del Rey, 2004. pp.633-656.

PERROT, M. Funções da família. In: ___________(Org.). **História da Vida Privada**: Da Revolução Francesa à Primeira Guerra. São Paulo: Companhia das Letras, 1991. p. 105-119. v. 4.

PHILIPPI, J. N. Reflexões acerca do sujeito de Direito. **Revista Palavração**. Curitiba, ano 2, n. 2, out 1994.

PORTUGAL, A. M. A família ao avesso: a estrutura do cristal. In: PORTUGAL, A.M. [et al.], MEIRA, Y.M. (Org.). **O Porão da Família**: ensaios de psicanálise. São Paulo: Casa do Psicólogo, 2003. p. 206-216.

RAMOS, M; SHINE, S. A família em litígio. In: RAMOS, M. (Org.) **Casal e Família como Paciente**. 2 ed. São Paulo: Escuta, 1994 p. 95-121.

RAMOS, P. P.de O.C. **O poder familiar e a guarda compartilhada sob o enfoque dos novos paradigmas do direito de família**. Rio de Janeiro: Lúmen Júris, 2005.

RIZZARDO, A. **Direito de Família Lei nº 10.406 de 10.01.2002**. 2 ed. Rio de Janeiro: Forense, 2004.

RODRIGUES, M. C.; COUTO, E. M.; HUNGRIA, M. C. L. A influência dos laudos psicológicos nas decisões judiciais das Varas de Família e Sucessões do Fórum Central da capital de São Paulo. In: SHINE, S. (Org.). **Avaliação psicológica e lei**: vitimização, separação conjugal, dano psíquico e outros temas. São Paulo: Casa do Psicólogo, 2005. p. 19-36.

ROSA, M. D. O não dito familiar e a transmissão da história. **Psyche**, São Paulo, n. 8, p. 123-138, 2001.

ROSA, M.; CARIGNATO, T.; BERTA, S. Ética e política: a psicanálise diante da realidade, dos ideais e das violências contemporâneas. In: **Rev. Agora**, Rio de Janeiro, v. IX, 2006. p. 35-48.

ROUDINESCO, E. **A Família em Desordem**. Rio de Janeiro: Zahar, 2003.

ROVINSKI, S. L. R. Perícia psicológica na área forense. In: CUNHA, J.A. e col. **Psicodiagnóstico**. 5 ed. Porto Alegre: Artmed, 2000. v. 5.

ROVINSKI, S. L. R. A identificação da mentira e do engano em situações de perícia psicológica. In: CRUZ, R.M.; MACIEL, S. K.; RAMIREZ, D.C. (Orgs.) **O trabalho do psicólogo no campo jurídico**. São Paulo: Casa do Psicólogo, 2005. p.81-96.

SAURET, M.-. A pesquisa clínica em psicanálise. **Rev. Psicologia USP**. São Paulo, v. 14 n. 3, 2003. p. 89-104.

SCHRITZMEYER, A. L.P. **Controlando o poder de matar**: uma leitura antropológica do Tribunal do Júri – ritual lúdico e teatralizado, 2001. Tese (Doutorado em Antropologia Social) – Faculdade de Filosofia, Letras e Ciências Humanas, Universidade de São Paulo. São Paulo, 2001.

SHINE, Sidney. **A espada de Salomão.** A psicologia e a disputa de guarda de filhos. São Paulo: Casa do Psicólogo, 2003.

SHINE, Sidney. Avaliação Psicológica em contexto forense. In: ___________. (Org.). **Avaliação psicológica e lei**: vitimização, separação conjugal, dano psíquico e outros temas. São Paulo: Casa do Psicólogo, 2005. p. 1-18.

SHINE, Sidney. **Andando no fio da navalha**: riscos e armadilhas na confecção de laudos psicológicos para a justiça. 2009. (Doutorado em Psicologia) – Instituto de Psicologia, Universidade de São Paulo, São Paulo. 2009.

SILVA, C. M. **Entre autos e mundos**. Belo Horizonte: Del Rey, 2003.

SILVA, De P. **Vocabulário Jurídico**. 20 ed. Rio de Janeiro: Forense, 2002

SILVA, D. P. **Psicologia Jurídica no Processo Civil Brasileiro**. São Paulo: Casa do Psicólogo, 2003.

SOUZA, O. Uma visita ao amor e à conjugalidade na época de Freud. In: CALLIGARIS C. et al. **O Laço Conjugal**. 2 ed. Porto Alegre: Artes e Ofícios, 1999.

STOLCKE, V. Gloria o maldición del individualismo moderno según Louis Dumont. **Revista de Antropología.** São Paulo, v. 44, n. 2, 2001.

Disponível em: <http://www.scielo.Br/scielo.php?script=sci_arttext&pid=S00340120010002000001&Ing=p&nrm=iso>. Acesso em: 9 mar. 2007. Pré-publicação: dói: 10.1590/S0034-7012001000200001.

THEODORO JR., H. **Curso de Direito Processual Civil**. Rio de Janeiro: Forense, 2005. v.1.

VIGANÓ, C. **Conferência proferida no Seminário de Saúde Mental**, Psiquiatria e Psicanálise, AMMG, 20/08/97 (mimeografado).

VILLELA, J. B. Desbiologização da paternidade. In: **Revista da Faculdade de Direito da Universidade Federal de Minas Gerais**. Belo Horizonte, n. 21, maio, 1979.

WALD, A. **O novo direito de família**. 15 ed. São Paulo: Saraiva, 2004.

WERNER, J.; WERNER, M.C.M. Direito de Família e Psiquiatria Forense da Criança e do Adolescente. In: TABORDA, J. G. V.; CHALUB, M.; ABDALLA-FILHO, E. **Psiquiatria Forense**. Porto Alegre: Artmed, 2004. p. 77-91.

Leis

BRASIL. **Lei nº 10.406**, de 10 de janeiro de 2002. Institui o Código Civil. Diário Oficial da União, 11/01/2002.

BRASIL. **Lei nº 3.071**, de 10 de janeiro de 1916. Código Civil (revogado).

BRASIL. **Lei nº 5.869**, de 11 de janeiro de 1973. Código do Processo Civil. Diário Oficial da União, 13/10/1941.

BRASIL. **Decreto-Lei nº 2.848**, de 07 de dezembro de 1940. Código Penal. Diário Oficial da União, 31/12/1940.

BRASIL. **Decreto-Lei nº 3.689**, de 03 de outubro de 1941. Código do Processo Penal. Diário Oficial da União, 13/10/1941.

BRASIL. **Lei nº 8.069**, de 13 de julho de 1990. Estatuto da Criança e do Adolescente.

BRASIL. **Lei nº 11.698, de 13 de junho de 2008.** Altera os arts. 1.583 e 1.584 da Lei 10.406, de 10 de janeiro de 2002 – Código Civil, para instituir e disciplinar a guarda compartilhada.

BRASIL. **Lei nº 12.004**, de 29 de julho de 2009. Altera a Lei nº 8.560, de 29 de dezembro de 1992, que regula a investigação de paternidade dos filhos havidos fora do casamento e dá outras providências.

Este livro foi composto com tipografia Bembo
e impresso em papel Pólen Natural 80g.
na Gráfica Viena em junho de 2024.